JOHANNES FRIEDRICH

Universalisieru
des Europäischen Zivilver

Schriften zum Prozessrecht

Band 268

Universalisierung des Europäischen Zivilverfahrensrechts

Die unilaterale Erstreckung
des Europäischen Zivilverfahrensrechts
auf Drittstaatensachverhalte

Von

Johannes Friedrich Bachmann

Duncker & Humblot · Berlin

Der Fachbereich Rechtswissenschaft der Justus-Liebig-Universität Gießen
hat diese Arbeit im Jahre 2019 als Dissertation angenommen.

Bibliografische Information der Deutschen Nationalbibliothek

Die Deutsche Nationalbibliothek verzeichnet diese Publikation in
der Deutschen Nationalbibliografie; detaillierte bibliografische Daten
sind im Internet über http://dnb.d-nb.de abrufbar.

Satz: TextFormA(r)t, Daniela Weiland, Göttingen
Druck: CPI buchbücher.de GmbH, Birkach
Printed in Germany

ISSN 0582-0219
ISBN 978-3-428-15818-8 (Print)
ISBN 978-3-428-55818-6 (E-Book)

Gedruckt auf alterungsbeständigem (säurefreiem) Papier
entsprechend ISO 9706 ∞

Internet: http://www.duncker-humblot.de

Meinem Vater

Vorwort

Die vorliegende Arbeit wurde im Sommersemester 2019 vom Fachbereich Rechtswissenschaft der Justus-Liebig-Universität Gießen als Dissertation angenommen. Literatur und Rechtsprechung konnten bis April 2020 und teilweise darüber hinaus berücksichtigt werden.

Die Abfassung dieser Schrift war nicht nur für mich eine harte Geduldsprobe. Daher gebührt einigen Personen, die mich auf diesem langen Weg begleitet haben, mein Dank:

Größten Dank schulde ich meinem Doktorvater, Prof. Dr. Jens Adolphsen, der mir an seinem Lehrstuhl hervorragende Arbeitsmöglichkeiten geschaffen und mich während – und nach – meiner Zeit als sein Mitarbeiter stets vorbildlich gefördert hat. Sein Zutrauen war für das Entstehen dieser Arbeit maßgeblich.

Prof. Dr. Christoph Benicke danke ich für die rasche Erstellung des Zweitgutachtens mit den dort enthaltenen wertvollen Hinweisen.

Meinen Kollegen am Lehrstuhl – darunter zuvörderst Sarah Becker – danke ich für viele gewinnbringende und freundschaftliche Fachdiskussionen; den Kollegen in „Haus 76" – hier sei stellvertretend Dr. Udo W. Becker genannt – für eine interessante und abwechslungsreiche Zeit, an die ich, mit wenigen Ausnahmen, gern zurückdenke.

Einen ganz besonderen Dank möchte ich Dr. Jan F. Hellwig und Dr. Philipp Köster aussprechen, die mir – vor allem, aber nicht ausschließlich – in der nicht enden wollenden „Schlussphase" meines Forschungsvorhabens unermüdlich den Rücken gestärkt und den Kopf geradegerückt haben: Ich schätze mich glücklich, Euch meine Freunde nennen zu dürfen.

Größerem Unbill als diesen beiden Herren war einzig meine Verlobte Melisa J. Kißler ausgesetzt. Bei ihr muss ich für die vielen Abende im Arbeitszimmer – und einige Übellaunigkeit – um Entschuldigung bitten und ihr von Herzen für ihre tapfere und liebevolle Unterstützung danken: Liebe Melisa, ich bin froh, Dich zu haben.

Abschließend möchte ich meiner Familie danken, ohne die ich heute nicht der wäre, der ich bin:

Mein erster Dank gilt hier meiner Mutter Ella Angelika Bachmann für ihre bedingungslose und liebevolle Unterstützung und Zuversicht in wirklich jeder Lebenslage.

Ebenso großer Dank gebührt meinen Geschwistern Michaela B. Bachmann, Dipl.-Ing. Guido E. W. Bachmann und Kathrin E. C. Bachmann für ihren ganz unterschiedlichen, aber in jeder Ausprägung wichtigen und unverzichtbaren ideellen und auch finanziellen Beistand – nicht nur während meiner Promotionszeit. Als jüngstes von vier Geschwistern ist es nicht immer leicht, dem prüfenden Blick der Älteren standzuhalten. Gerade dieser Blick hat mich aber stets gefördert und motiviert. Liebe Börbel, Kathrine & Guido: Ich bin froh, dass es Euch gibt und stolz auf unseren festen Zusammenhalt, auf den ich mich immer verlassen kann, wenn es darauf ankommt.

Gewidmet ist diese Arbeit meinem bereits 2005 verstorbenen Vater Dipl.-Ing. Hans Wolfgang Bachmann, dem der akademische Werdegang seiner Kinder stets eine Herzensangelegenheit war und der – wenn ich uns vier heute anschaue – mit seinen vielen Eigenheiten und Marotten prägenden Einfluss auf uns alle hatte.

Langgöns, im Juni 2020   *Johannes Friedrich Bachmann*

Inhaltsverzeichnis

Kapitel 4

Exkurs: Das Vereinigte Königreich nach dem Brexit

Kapitel 5

Fazit 184

Einleitung

A. Einführung

Die Schaffung des Europäischen Zivilverfahrensrechts als regionales Internationales Zivilverfahrensrecht hat den Rechtsverkehr zwischen den EU-Mitgliedstaaten unzweifelhaft verbessert und beschleunigt.[1] Es bildet heute trotz aller inhaltlicher Inkonsistenzen[2] einen Europäischen Rechtsraum: den Raum der Freiheit, der Sicherheit und des Rechts.[3]

Bei der Schaffung dieses Rechtsraums war der Blick des Europäischen Gesetzgebers bisher fast ausschließlich nach innen gerichtet. Dies war zu Beginn der Verfahrensrechtsvereinheitlichung noch nachvollziehbar: Das EuGVÜ[4] von 1968, als Ausgangspunkt eines vereinheitlichten Verfahrensrechts, war ein völkerrechtlicher Vertrag, der naturgemäß zunächst nur zwischen den Vertragsstaaten Regeln über die internationale Zuständigkeit, die Verfahrenskoordination sowie die Anerkennung und Vollstreckung ausländischer Entscheidungen festlegen wollte.[5]

Nichtvertragsstaaten wurden dagegen nur sehr begrenzt von den Regelungen berührt: Bei Rechtsstreitigkeiten mit Bezug zu eben diesen „Drittstaaten" kam weiterhin regelmäßig das autonome Internationale Zivilverfahrensrecht der Vertragsstaaten zur Anwendung.

Diese Binnenperspektive hat das Europäische Zivilverfahrensrecht seitdem geprägt. Das gemeinsame – *vergemeinschaftete* – Recht hat sich in den letzten Jahrzehnten als Integrationsinstrument und als justizielle Infrastruktur für den Europäischen Binnenmarkt etabliert.[6]

Daran hat sich selbst nach Einführung der Kompetenztitel Art. 61 lit c und Art. 65 EGV durch den Vertrag von Amsterdam sowie deren Neufassung in Art. 81

---

[1] Zur Brüssel I-Verordnung vgl. bspw. *Hess/Pfeiffer/Schlosser*, Heidelberg Report, S. 1 Rn. 1 ff. m. w. N.; Bericht der Kommission an das Europäische Parlament, den Rat und den Europäischen Wirtschafts- und Sozialausschuss über die Anwendung der Verordnung (EG) Nr. 44/2001 des Rates über die gerichtliche Zuständigkeit und die Anerkennung und Vollstreckung von Entscheidungen in Zivil- und Handelssachen, KOM (2009) 174 endg., S. 3 ff.

[2] Vgl. hierzu *Adolphsen*, in: FS Kaissis, S. 14 (17 ff.) m. w. N.

[3] EG (3) Brüssel Ia-VO.

[4] Brüsseler EWG-Übereinkommen vom 27.9.1968 über die gerichtliche Zuständigkeit und die Vollstreckung gerichtlicher Entscheidungen in Zivil- und Handelssachen, BGBl. 1972 II. S. 774.

[5] *Hess*, in: Recht der EU, Art. 81 AEUV Rn. 20.

[6] *Hess*, EuZPR, § 1 Rn. 1, 3 und § 3 Rn. 1 ff.; *ders.*, in: Recht der EU, Art. 81 AEUV Rn. 19.

AEUV durch den Vertrag von Lissabon wenig geändert: Die Brüssel Ia-Verordnung[7], wie auch die weiteren Sekundärrechtsakte, regeln immer noch ganz überwiegend Zivilverfahren zwischen den EU-Mitgliedstaaten. Bei Sachverhalten mit
Drittstaatenbezug kommen dagegen auch heute noch – vorbehaltlich vorrangiger
staatsvertraglicher Regelungen – die autonomen internationalen Zivilverfahrensrechte der derzeit 27 Mitgliedstaaten zur Anwendung[8].

B. Die Aufspaltung des Internationalen Zivilverfahrensrechts in Binnenmarktverfahren und Drittstaatenverfahren

Während es vor der oben beschriebenen Europäisierung des Internationalen Zivilverfahrensrechts nur zwei Strukturtypen des Zivilverfahrensrechts gab, nämlich
die nationalen Verfahren auf der einen Seite und die internationalen Verfahren auf
der anderen Seite, wurde mit dem Europäischen Zivilverfahrensrecht ein dritter
Strukturtyp geschaffen: das Binnenmarktverfahren (siehe Grafik auf der Folgeseite).[9]

Dieses Binnenmarktverfahren ist zwischen die beiden anderen Strukturtypen
getreten: Es regelt internationale Sachverhalte – soweit ein Mitgliedstaatenbezug
gegeben ist – und stellt damit eine besondere Ausformung des Internationalen Zivilverfahrensrechts dar. Gleichzeitig sind die Regelungen aber so beschaffen, dass
sie das Binnenmarktverfahren stark dem nationalen Verfahrenstyp annähern: Sie
sind das Ergebnis einer justiziellen Zusammenarbeit der Mitgliedstaaten in Zivilsachen mit grenzüberschreitendem Bezug (vgl. Art. 81 I AEUV),[10] die – getragen
von einem gegenseitigen Vertrauen in die Rechtspflege innerhalb der Union – eine
weitreichende Urteilsfreizügigkeit bewirken soll: Eine mitgliedstaatliche Entscheidung soll in allen anderen Mitgliedstaaten so behandelt werden, als sei sie in diesen
Mitgliedstaaten ergangen (vgl. Erwägungsgrund (26) Brüssel Ia-VO). Sie soll also
frei im europäischen Rechtsraum zirkulieren können.[11]

Nutznießer dieser Privilegierung durch die justizielle Zusammenarbeit sollen in
erster Linie die Unionsbürger sein.[12] Ihre privaten „Interessen und Bedürfnisse"

---

[7] Verordnung (EU) Nr. 1215/2012 des Europäischen Parlaments und des Rates vom
12.12.2012 über die gerichtliche Zuständigkeit und die Anerkennung und Vollstreckung von
Entscheidungen in Zivil- und Handelssachen, ABl. EU 2012 L 351/1.

[8] Zur besonderen Situation des Vereinigten Königreichs nach dem Brexit vgl. den Exkurs
in Kapitel 4, S. 173 ff.

[9] Zu den drei Verfahrenstypen vgl. *Hess*, EZPR, § 1 Rn. 24. Zur Begründung des Binnenmarktverfahrens durch das EuGVÜ *ders.*, JZ 1998, S. 1021 (1021, 1026, 1031 f.).

[10] Vgl. *Hess*, in: Recht der EU, Art. 81 AEUV Rn. 19 ff.

[11] *Hess*, in: FS Gottwald, S. 273 (273 ff.); vgl. auch *Simotta*, in: FS Simotta, S. 527 (528).

[12] Das Stockholmer Programm – ein offenes und sicheres Europa im Dienste und zum
Schutz der Bürger, ABl. EU 2010 C 115/1 (4).

sollen im Mittelpunkt der Bemühungen des Europäischen Gesetzgebers stehen:[13] Sie sollen freien Zugang zum Recht haben und von der Urteilsfreizügigkeit profitieren.

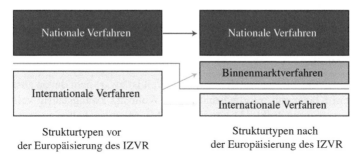

Strukturtypen vor
der Europäisierung des IZVR

Strukturtypen nach
der Europäisierung des IZVR

Dass Internationale Zivilverfahren in „EU-interne" und „EU-externe" Verfahren aufgespalten werden und die Unionsbürger durch „EU-interne" Verfahren eine gewisse Privilegierung erfahren, ist nicht zu beanstanden: Wenn die Europäische Union mit dem Raum der Freiheit, der Sicherheit und des Rechts einen echten Justizraum formen will, in dem der Zugang zum Recht erleichtert wird[14] und in dem die gerichtlichen Entscheidungen der Mitgliedstaaten nicht nur untereinander völlig gleichwertig sind, sondern auch in jedem anderen Mitgliedstaat wie dort ergangene Entscheidungen behandelt werden[15], setzt das eine gewisse Privilegierung des „Binnenmarktverfahrens" gegenüber den „übrigen" internationalen Verfahren durch besondere Regelungen voraus.

Problematisch ist vielmehr, dass die Regelung der „übrigen" internationalen Verfahren den jeweiligen nationalen Gesetzgebern überlassen bleibt.

C. Das autonome Internationale Zivilverfahrensrecht als Störfaktor

Die Fortgeltung von autonomem Internationalen Zivilverfahrensrecht für die „übrigen" internationalen Zivilverfahren ist misslich, weil sich die EU-internen Binnenmarktsachverhalte und die „übrigen" EU-externen Drittstaatensachverhalte rechtlich, vor allem aber tatsächlich nicht sortenrein voneinander trennen lassen:[16] In einer globalisierten Welt beachten internationale Rechtsbeziehungen – wirtschaftlicher, wie persönlicher Art – geographische Grenzen nicht; das Leben und Handeln der Menschen beschränkt sich nicht nur auf den europäischen

---

[13] Stockholmer Programm, ABl. EU 2010 C 115/1 (4f.).
[14] EG (3) Brüssel Ia-VO.
[15] EG (26) Brüssel Ia-VO.
[16] *Weber*, RabelsZ 75 (2011), S. 619 (623); vgl. auch *Heinze/Dutta*, IPRax 2005, S. 224.

Binnenmarkt. Die durch das Binnenmarktverfahren verfolgte Privilegierung der Unionsbürger funktioniert nur, wenn auch in Bezug auf Drittstaatensachverhalte ein entsprechender gleichmäßiger und effektiver Rechtsschutz innerhalb des Binnenmarkts gewährleistet wird.

Gerade das ist aber nicht der Fall, da die 27 nationalen Verfahrensrechte Drittstaatensachverhalte höchst unterschiedlich regeln. Die Folge ist ein spürbares Effizienzgefälle:

Im Bereich der Internationalen Zuständigkeit ist zwar nicht davon auszugehen, dass einem Kläger mit mitgliedstaatlichem Wohnsitz zwangsläufig vollständige Rechtsverweigerung droht.[17] Die meisten Rechtsordnungen halten zwar exorbitante Gerichtsstände bereit, die auch bei schwachen Verbindungen zum Forumsstaat eine Zuständigkeit begründen.[18] Die Reichweite des gewährten Rechtsschutzes hängt jedoch vom Recht des jeweiligen Mitgliedstaats ab. Es sind durchaus Fälle denkbar, in denen „einige problemlos ein Gericht der EU anrufen können", während „dies für andere nicht möglich [ist], noch nicht einmal dann, wenn kein Gericht zuständig ist, das ein faires Verfahren garantiert."[19]

Misslich ist die Lage auch für den drittstaatenansässigen Beklagten: Ob und unter welchen Voraussetzungen er in der Union gerichtspflichtig ist, ist für ihn angesichts der Vielzahl unterschiedlicher Verfahrensrechte mit denen er konfrontiert ist, kaum zu überblicken. Dies gilt insbesondere auch mit Blick auf die eben genannten exorbitanten Zuständigkeiten. Fest steht: Die ohnehin schon unübersichtliche Rechtsquellenlage in diesem Regelungsbereich des Internationalen Zivilverfahrensrecht wird weiter verkompliziert und eine effektive Rechtsdurchsetzung im Binnenmarkt erschwert.

Besonders dramatisch ist die Situation aber im Bereich der Anerkennung und Vollstreckung drittstaatlicher Entscheidungen. Einige Mitgliedstaaten verfügen zwar über – inhaltlich naturgemäß sehr unterschiedlich ausgestaltete – Regelungen über die Anerkennung und Vollstreckung ausländischer Entscheidungen. Andere Mitgliedstaaten halten keine autonomen Regelungen bereit. Drittstaatliche Entscheidungen werden dort nur bei Vorliegen entsprechender völkerrechtlicher Vereinbarungen anerkannt und vollstreckt.[20]

---

[17] Siehe unten S. 112 f.
[18] Siehe unten S. 111. Vgl. die rechtsvergleichende Studie von *Nuyts*, Study on Residual Jurisdiction – General Report, S. 62 Rn. 80, http://ec.europa.eu/civiljustice/news/docs/study_residual_jurisdiction_en.pdf, zuletzt abgerufen am 1.7.2018, oder aber die gem. Art. 76 I lit. a Brüssel Ia-VO aufgrund mitgliedstaatlicher Notifikation durch die Kommission geführten Listen. *Geimer*, IPRax 2002, S. 69 (73) kritisiert diese „Dichotomie des Zuständigkeitsrechts".
[19] Vorschlag für eine Verordnung des Europäischen Parlaments und des Rates über die gerichtliche Zuständigkeit und die Anerkennung und Vollstreckung von Entscheidungen in Zivil und Handelssachen, KOM (2010) 748 endg., S. 3; vgl. auch *Weber*, RabelsZ 75 (2011), S. 619 (624).
[20] Vgl. die Beispiele bei *Borrás*, Yearbook of Private International Law Volume 12 (2010), S. 333 (345 Rn. 16); siehe auch unten S. 131.

Jedenfalls in Bezug auf Drittstaatensachverhalte sichert der Europäische Rechtsraum den Unionsbürgern folglich keinen effektiven Zugang zum Recht.

D. Universalisierung des Europäischen Zivilverfahrensrechts

Einen Ausweg könnte die Universalisierung des Europäischen Zivilverfahrensrechts bieten: die einseitige Schaffung eines allgemeingültigen Internationalen Zivilverfahrensrechts – einer *loi uniforme* – durch den Gemeinschaftsrechtsgeber. Freilich nicht in der Art, dass „EU-interne" und „EU-externe" Sachverhalte identisch geregelt werden, sondern so, dass es einerseits den Unionsbürgern im Rechtsverkehr zwischen den Mitgliedstaaten die angesprochenen Privilegien erhält, andererseits ihnen einen besseren, weil einheitlichen, Zugang zum Recht auch bei Drittstaatensachverhalten ermöglicht.

Hierfür müsste neben das bereits existierende vergemeinschaftete Recht für das Binnenmarktverfahren ein weiteres vergemeinschaftetes Recht für alle „übrigen" internationalen Verfahren treten. Eine Verkomplizierung des Internationalen Zivilverfahrensrechts wäre hiermit indes nicht verbunden. Denn die Schaffung einer solchen vollharmonisierten Regelung wäre gleichbedeutend mit einer Abschaffung des autonomen Internationalen Zivilverfahrensrechts der Mitgliedstaaten (vgl. Grafik unten).

Rechtsdogmatisch kann insoweit von einer Erstreckung des räumlich-persönlichen Anwendungsbereichs des Europäischen Zivilverfahrensrechts auf Drittstaatensachverhalte gesprochen werden.

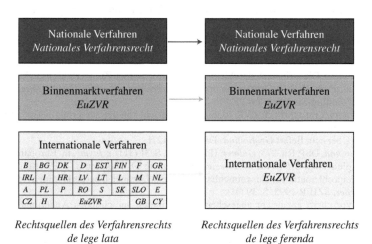

Rechtsquellen des Verfahrensrechts de lege lata   *Rechtsquellen des Verfahrensrechts de lege ferenda*

E. Die Drittstaatenproblematik
des Europäischen Zivilverfahrensrechts

Der räumlich-persönliche Anwendungsbereich des vergemeinschafteten Internationalen Zivilverfahrensrechts war in der Vergangenheit bereits Gegenstand wissenschaftlicher Untersuchungen. Unter der insbesondere von Grolimund geprägten Bezeichnung „Drittstaatenproblematik des Europäischen Zivilverfahrensrechts"[21] wurde der räumlich-persönliche Anwendungsbereich des vergemeinschafteten Rechts aber nicht primär mit Blick auf eine mögliche Erstreckung auf Drittstaatensachverhalte untersucht. Kernfrage der „historischen"[22] Drittstaatenproblematik war vielmehr, ob die Vorschriften des EuGVÜ und der ihr nachfolgenden Verordnungen nur dann anwendbar sind, wenn der Sachverhalt – ungeschriebene rechtliche oder tatsächliche[23] – Bezugspunkte zu mindestens zwei Vertragsstaaten/Mitgliedstaaten aufweist (sogenannter qualifizierter Unionsbezug) oder ob auch eine Internationalität kraft Drittstaatenbezugs genügt.[24]

Diese Frage war über Jahrzehnte heftig umstritten. Sie hatte ihren Ursprung im Wortlaut einiger Zuständigkeitsvorschriften, exemplarisch sei hier nur Art. 2 I EuGVÜ[25] genannt:

> Vorbehaltlich der Vorschriften dieses Übereinkommens sind Personen, die ihren Wohnsitz in dem Hoheitsgebiet eines Vertragsstaats haben, ohne Rücksicht auf ihre Staatsangehörigkeit vor den Gerichten dieses Staates zu verklagen.

Da die Vorschrift ihrem Wortlaut nach nur an den Wohnsitz des Beklagten in einem Vertragsstaat anknüpft, vertraten einige Literaten die Auffassung, dass sowohl rein innerstaatliche Verfahren[26] als auch internationale Verfahren mit Bezugspunkt nur zu einem Drittstaat von der Vorschrift geregelt würden.[27] Besonders progressive Teile der Rechtswissenschaft forderten *de lege ferenda* gar eine umfassende Ausweitung des räumlich-persönlichen Geltungsbereichs des EuGVÜ auf Drittstaatensachverhalte.[28]

---

[21] *Grolimund*, Die Drittstaatenproblematik des Europäischen Zivilverfahrensrechts, *passim*; *ders.*, in: Jahrbuch ZVR 10, Drittstaatenproblematik des Europäischen Zivilverfahrensrechts – eine Never-Ending-Story?, S. 79–95.

[22] *Grolimund*, in: Jahrbuch ZVR 10, S. 79 (91) spricht von der „ursprünglichen" Drittstaatenproblematik.

[23] Eine Übersicht liefert *Grolimund*, DSP, Rn. 342 ff.

[24] *Grolimund*, DSP, Rn. 273; *Geimer*, IPRax 1991, S. 31 (31 ff.); *Jayme*, in: Europarecht, IPR, Rechtsvergleichung. S. 97 (101 f.); *Coester-Waltjen*, in: FS Nakamura, S. 89 (101 f., 106 ff.), zur Parallelproblematik im Zusammenhang mit dem Lugano-Übereinkommen vgl. *Bernasconi/Gerber*, SZIER 1993, S. 39 (41).

[25] Die Vorschrift entspricht abgesehen von kleineren sprachlichen Änderungen sowohl Art. 2 Brüssel I-VO als auch Art. 4 Brüssel Ia-VO.

[26] *Geimer*, NJW 1976, S. 441 (446).

[27] *Geimer*, IPRax 1991, S. 31 (31 ff.); *Aull*, Der Geltungsanspruch des EuGVÜ, S. 85 ff.; 215 ff.; *Grolimund*, DSP, Rn. 407.

[28] Z. B. *Grolimund*, DSP, Rn. 743.

Vertreter der sogenannten „Reduktionstheorie"[29] wollten den ihrer Auffassung nach überschießenden Wortlaut dagegen in zwei Stufen teleologisch reduzieren: Auf einer ersten Stufe sollte der räumlich-persönliche Anwendungsbereich zunächst auf internationale Sachverhalte reduziert werden; auf einer zweiten Stufe schließlich auf Sachverhalte mit Bezugspunkten zu mehreren Vertragsstaaten.[30] Sie meinten, dies sei notwendig, weil das EuGVÜ ausweislich seiner Präambel lediglich den Zweck habe, den Rechtsschutz der in Vertragsstaaten ansässigen Personen zu verstärken.

Der Streit überdauerte das EuGVÜ und wurde mit kaum verminderter Härte für das Zuständigkeitssystem der Brüssel I-Verordnung weitergeführt. Während die nationalen Gerichte ganz überwiegend der Reduktionstheorie folgten[31], erteilte der EuGH ihr 2005 in der Entscheidung *Owusu ./. Jackson* aber schlussendlich eine definitive Absage:

> „Der Wortlaut des Art. 2 EuGVÜ enthält keinen Anhaltspunkt dafür, dass die dort festgelegte allgemeine Zuständigkeitsregel, die allein auf den Wohnsitz des Bekl. im Hoheitsgebiet eines Vertragsstaats abstellt, nur anwendbar ist, wenn ein Rechtsverhältnis vorliegt, das einen Bezug zu mehreren Vertragsstaaten aufweist. Zwar verlangt die Anwendung der Zuständigkeitsregeln des EuGVÜ, wie sich aus dem Bericht von Jenard zu diesem Übereinkommen ergibt (ABl. EG 1979 Nr. C 59, S. 1 [8]), einen Auslandsbezug. Der Auslandsbezug des fraglichen Rechtsverhältnisses muss sich jedoch, um Art. 2 EuGVÜ anwenden zu können, nicht unbedingt daraus ergeben, dass durch den Grund der Streitigkeit oder den jeweiligen Wohnsitz der Parteien mehrere Vertragsstaaten mit einbezogen sind. Die Einbeziehung eines Vertragsstaats und eines Drittstaats zum Beispiel durch den Wohnsitz des Kl. oder eines Bekl. im erstgenannten Staat und den im zweitgenannten Staat belegenen Ort der streitigen Ereignisse kann ebenfalls einen Auslandsbezug des fraglichen Rechtsverhältnisses herstellen. Eine solche Situation kann nämlich im Vertragsstaat, wie es im Ausgangsverfahren der Fall ist, Fragen hinsichtlich der Festlegung der internationalen Zuständigkeit der Gerichte aufwerfen, die laut der dritten Begründungserwägung gerade eines der Ziele des EuGVÜ ist."[32]

Nach Ansicht des EuGH genügt es also für die Anwendbarkeit der Zuständigkeitsordnung des EuGVÜ, wenn sich der Auslandsbezug des Rechtsstreits aus der Beziehung zwischen einem Mitgliedstaat und einem Drittstaat ergibt. Auch wenn die Entscheidung nur das Zuständigkeitsregime des völkerrechtlichen EuGVÜ zum Gegenstand hatte[33], ist ihre Grundaussage verallgemeinerungsfähig und auf

---

[29] *Piltz*, NJW 1979, S. 1071 (1071 f.); *Samtleben*, NJW 1974, S. 1590 (1593 f.)

[30] *Benecke*, Teleologische Reduktion, S. 10 f., 90 f., 116 und 148; *Schack*, ZZP 107 (1994), S. 279 (288 f.).

[31] Vgl. nur BGH, Urteil vom 20.1.1986 – Az. II ZR 56/85, NJW 1986, 1438 (1439); weitere Nachweise bei *Heinze/Dutta*, IPRax 2005, S. 224 (224 Fn. 7).

[32] EuGH, Urteil vom 1.3.2005 – Rs. C-281/02 (*Owusu ./. Jackson u. a.*) = ECLI:EU:C:2005: 120 = EuZW 2005, S. 345 (347).

[33] *Bidell*, Erstreckung auf Drittstaatensachverhalte, S. 34 (Fn. 20) und *Laugwitz*, Anerkennung und Vollstreckung, S. 417 gehen – insoweit ungenau – davon aus, dass die Entscheidung zur Brüssel I-Verordnung erging, kommen aber zum richtigen Ergebnis.

die Brüssel I- bzw. Ia-Verordnung übertragbar.[34] Das gleiche gilt für weitere Sekundärrechtsakte des Europäischen Zivilverfahrensrechts[35] – jedenfalls, soweit sie
den grenzüberschreitenden Bezug nicht selbst enger definieren.[36]

Die Kernfrage der „Drittstaatenproblematik des Europäischen Zivilverfahrensrechts" ist folglich beantwortet.[37]

Geblieben ist indes die Frage, ob Drittstaatensachverhalte noch weitergehend
vom vergemeinschafteten Recht erfasst sein sollten.[38] Jedenfalls insoweit steht die
vorliegende Untersuchung in der Tradition der „Drittstaatenproblematik des Europäischen Zivilverfahrensrechts".

F. Universalisierungsbestrebungen in der Praxis

Die grundsätzliche Notwendigkeit, bei der Regelung des Europäischen Zivilverfahrensrechts auch die Außenbeziehungen der Union in den Blick zu nehmen,
wurde mittlerweile erkannt. Im Stockholmer Programm beispielsweise hat der
Europäische Rat die „Rolle Europas in der globalisierten Welt – die externe Dimension" – als politische Priorität wie folgt festgelegt:[39]

> „Die Bedeutung der externen Dimension der Politik der Union in den Bereichen Freiheit,
> Sicherheit und Recht unterstreicht, dass diese Politikbereiche stärker in die allgemeinen
> Politikbereiche der Union integriert werden müssen. Diese externe Dimension ist von
> entscheidender Bedeutung, um den zentralen Herausforderungen zu begegnen, denen wir
> gegenüberstehen, und um vermehrte Möglichkeiten für Unionsbürger zu schaffen, in Län-
> dern rund um die Welt tätig zu sein und dort Geschäfte zu tätigen. Diese externe Dimension
> ist für die erfolgreiche Verwirklichung der Ziele dieses Programms unerlässlich und sollte
> insbesondere in allen anderen Bereichen der Außenpolitik der Union berücksichtigt werden
> und mit diesen voll im Einklang stehen."[40]

---

[34] Vgl. allein EG (8) Brüssel I-VO S. 1: „Rechtsstreitigkeiten, die unter diese Verordnung
fallen, müssen einen Anknüpfungspunkt an das Hoheitsgebiet *eines* der Mitgliedstaaten aufweisen, die durch diese Verordnung gebunden sind." (Hervorhebungen nicht im Gesetzestext),
vgl. hierzu auch *Piltz*, NJW 2002, S. 789 (791) sowie die umfassende Darstellung von *Buhr*,
Europäischer Justizraum und revidiertes Lugano Übereinkommen, Zum räumlich-persönlichen Anwendungsbereich des europäischen Rechts über die internationale Zuständigkeit in
Zivil- und Handelssachen *(passim)*.

[35] Zur Europäischen Insolvenzverordnung beispielsweise vgl. *Mock*, in: BeckOK InsO,
Art. 1 Rn. 21.

[36] Zur Rechtslage bei EuMahnVO, EuBagtellVO, EuPkhRL und EuMedRL siehe unten
S. 82 und S. 85.

[37] *Grolimund*, in: Jahrbuch ZVR 10, S. 79 (91).

[38] *Grolimund*, in: Jahrbuch ZVR 10, S. 79 (92).

[39] Das Stockholmer Programm – ein offenes und sicheres Europa im Dienste und zum
Schutz der Bürger, ABl. EU 2010 C 115/1 ff.

[40] Stockholmer Programm, ABl. EU 2010 C 115/1 (4 f.).

Ganz in diesem Sinne haben Teile der Rechtswissenschaft, insbesondere aber auch die Europäische Kommission, in den letzten Jahren versucht, Teilbereiche des Europäischen Zivilverfahrensrechts auf Drittstaaten auszudehnen. Vor allem die Brüssel I-Verordnung war Gegenstand der Diskussion. In einer 2007 veröffentlichten, rechtsvergleichenden Studie über die bei den Mitgliedstaaten verbliebenen Restzuständigkeiten hat sich beispielsweise Nuyts für eine einseitige Ausweitung der bestehenden Zuständigkeitsvorschriften auf Drittstaatensachverhalte ausgesprochen.[41] Im Jahr 2008 legte die European Group for Private International Law einen Reformvorschlag vor, nach dem Drittstaatensachverhalte – im Wesentlichen wie von Nuyts vorgeschlagen – in den räumlich-persönlichen Anwendungsbereich des Zuständigkeitsregimes der Verordnung einbezogen werden sollten.[42] Im Grünbuch zur Überprüfung der Brüssel I-Verordnung bat die Kommission 2009 schließlich das interessierte Fachpublikum um Stellungnahmen, unter anderem zu der Frage, ob die besonderen Zuständigkeiten der Brüssel I-Verordnung auf Drittstaaten übertragen und unter welchen Bedingungen drittstaatliche Entscheidungen in der Gemeinschaft anerkannt und vollstreckt werden sollten.[43]

Dem europäischen Gesetzgeber lag zwischenzeitlich sogar ein Kommissionsvorschlag zur umfassenden Einbeziehung von Drittstaatensachverhalten in den räumlich-persönlichen Anwendungsbereich der Zuständigkeitsordnung der Brüssel I-Verordnung vor.[44] Während die Literatur eine solche Ausweitung überwiegend begrüßte[45], lehnte das Europäische Parlament[46] – unterstützt vom Rechtsausschuss[47] –

---

[41] *Nuyts*, Study on Residual Jurisdiction – General Report, S. 115 f. (Rn. 147 ff.), 155 (Rn. 204), http://ec.europa.eu/civiljustice/news/docs/study_residual_jurisdiction_en.pdf, zuletzt abgerufen am 1.7.2018.

[42] Proposed Amendment of Regulation 44/2001 in Order to Apply it to External Situations – Bergen, 21.9.2008), https://www.gedip-egpil.eu/documents/gedip-documents-18pe.htm, abgerufen am 1.4.2020.

[43] Grünbuch zur Überprüfung der Verordnung (EG) Nr. 44/2001 des Rates über die gerichtliche Zuständigkeit und die Anerkennung und Vollstreckung von Entscheidungen in Zivil- und Handelssachen, KOM (2009), S. 175 endg., S. 5.

[44] Vorschlag für eine Verordnung des Europäischen Parlaments und des Rates über die gerichtliche Zuständigkeit und die Anerkennung und Vollstreckung von Entscheidungen in Zivil und Handelssachen, KOM (2010) 748 endg.

[45] *Weber*, RabelsZ 75 (2011), S. 619 (643); *Bach*, ZRP 2011, S. 97 (100); *Weller*, GPR 2012, S. 328 (330); *v. Hein*, RIW 2013, S. 97 (100); *Weitz*, in: FS Simotta, S. 679 (688); Gsell, ZZP 127 (2014), S. 431 (445); bedauernd: *Pfeiffer*, ZZP 127 (2014), S. 409 (415 f.); a. A. *Dickinson*, Recast Brussel I, S. 12, https://papers.ssrn.com/sol3/papers.cfm?abstract_id=1930712, abgerufen am 1.4.2020.

[46] Entschließung des Europäischen Parlaments vom 7.9.2010 zu der Umsetzung und Überprüfung der Verordnung (EG) Nr. 44/2001 des Rates über die gerichtliche Zuständigkeit und die Anerkennung und Vollstreckung von Entscheidungen in Zivil- und Handelssachen (2009/2140(INI)), P7_TA(2010)0304, http://www.europarl.europa.eu/sides/getDoc.do?pubRef=-//EP//TEXT+TA+P7-TA-2010-0304+0+DOC+XML+V0//DE, Rn. 15, abgerufen am 1.4.2020.

[47] Bericht über die Umsetzung und Überprüfung der Verordnung (EG) Nr. 44/2001 des Rates über die gerichtliche Zuständigkeit und die Anerkennung und Vollstreckung von Entscheidungen in Zivil- und Handelssachen (2009/2140(INI)), Berichterstatter: Tadeusz Zwiefka, S. 16, http://www.europarl.europa.eu/sides/getDoc.do?pubRef=-//EP//NONSGML+REPORT+A7-2010-0219+0+DOC+PDF+V0//DE, abgerufen am 1.4.2020.

den Reformvorschlag ab: Da es sich um ein globales Problem handle, sei es aus Gründen der Gegenseitigkeit und Höflichkeit in internationalen Beziehungen verfrüht, diesen Schritt ohne umfangreiche Studien, Konsultationen und politische Debatten zu unternehmen. Die Kommission solle sich vielmehr im Rahmen der Haager Konferenz durch Wiederaufnahme der Verhandlungen nach Kräften um ein weltweites Gerichtsstandsübereinkommen – den „Heiligen Gral des Internationalen Privatrechts[48]"– bemühen.[49]

In der Brüssel Ia-Verordnung[50] wurden in Sachen „Universalisierung" daher letztlich nur punktuelle Erweiterungen des Kommissionsvorschlags umgesetzt: Für Klagen gegen Unternehmer und Arbeitgeber aus Drittstaaten wurden Klägergerichtsstände für Verbraucher (Art. 18 I Var. 2 Brüssel Ia-VO) und Arbeitnehmer (Art. 21 II i. V. m. Art. 22 I lit. b Brüssel Ia-VO) geschaffen. Eine Universalisierung der Brüssel Ia-Verordnung erfolgte nur hinsichtlich Gerichtsstandsvereinbarungen (Art. 25 Brüssel Ia-VO). Außerdem wurden Regelungen zur Koordination von mitgliedstaatlichen und drittstaatlichen Gerichtsverfahren eingefügt (Art. 33 f Brüssel I-VO). Durch eine nachträglich und im Rekordtempo[51] erlassene Abänderungsverordnung[52] wurden anlässlich des Übereinkommens über ein Einheitliches Patentgericht und der Institutionalisierung des Europäischen Patentgerichts einige Artikel in die Brüssel Ia-Verordnung implementiert, die den Anwendungsbereich der Verordnung auf Drittstaatensachverhalte erweiterte (Art. 71a–71d Brüssel Ia-VO).[53]

Die Zurückhaltung des Parlaments ist mit Blick auf andere Sekundärrechtsakte einigermaßen erstaunlich. Denn jedenfalls den räumlich-persönlichen Anwendungsbereich der Zuständigkeitsordnungen vieler Verordnungen hat der Europäische Gesetzgeber universell ausgestaltet: So findet das Zuständigkeitsregime der

---

[48] Die (deutsche) Trennung zwischen IZVR und IPR ist in den meisten anderen Staaten unbekannt. Der zitierte Begriff „Internationales Privatrecht" („private international law") schließt das Internationale Zivilverfahrensrecht ein, vgl. hierzu *Adolphsen*, EuZVR, Kap. 1 Rn. 17; *Junker*, IZPR, § 1 Rn. 25 ff.; *Nagel/Gottwald*, IZPR, § 1 Rn. 7; *Wagner*, RabelsZ 73 (2009), S. 215 (216).

[49] Entschließung des Europäischen Parlaments vom 7.9.2010 zu der Umsetzung und Überprüfung der Verordnung (EG) Nr. 44/2001 des Rates über die gerichtliche Zuständigkeit und die Anerkennung und Vollstreckung von Entscheidungen in Zivil- und Handelssachen (2009/2140(INI)), P7_TA(2010)0304, http://www.europarl.europa.eu/sides/getDoc.do?pubRef=-//EP//TEXT+TA+P7-TA-2010-0304+0+DOC+XML+V0//DE, Rn. 15, abgerufen am 1.4.2020. Vgl. auch *Leipold*, in: FS Schilken, S. 353 (354 ff.).

[50] Verordnung (EU) Nr. 1215/2012 des Europäischen Parlaments und des Rates vom 12.12.2012 über die gerichtliche Zuständigkeit und die Anerkennung und Vollstreckung von Entscheidungen in Zivil- und Handelssachen, ABl. EU 2012 L 351/1.

[51] *Luginbühl/Stauder*, GRURInt 2014, S. 885, 886.

[52] Verordnung (EU) Nr. 542/2014 des Europäischen Parlaments und des Rates vom 15. Mai 2014 zur Änderung der Verordnung (EU) Nr. 1215/2012 bezüglich der hinsichtlich des Einheitlichen Patentgerichts und des Benelux-Gerichtshofs anzuwendenden Vorschriften, ABl. EU 2014 L 163/1.

[53] *Hess*, in: Schlosser/Hess, EuZPR, Art. 71 a EuGVVO Rn. 1.

Europäischen Unterhaltsverordnung (EuUntVO)[54] beispielsweise universell Anwendung und verdrängt die autonomen Verfahrensrechte.[55] Erwägungsgrund (15) EuUntVO verhält sich hierzu wie folgt:

„Um die Interessen der Unterhaltsberechtigten zu wahren und eine ordnungsgemäße Rechtspflege innerhalb der Europäischen Union zu fördern, sollten die Vorschriften über die Zuständigkeit, die sich aus der Verordnung (EG) Nr. 44/2001 ergeben, angepasst werden. So sollte der Umstand, dass ein Antragsgegner seinen gewöhnlichen Aufenthalt in einem Drittstaat hat, nicht mehr die Anwendung der gemeinschaftlichen Vorschriften über die Zuständigkeit ausschließen, und auch eine Rückverweisung auf die innerstaatlichen Vorschriften über die Zuständigkeit sollte nicht mehr möglich sein. Daher sollte in dieser Verordnung festgelegt werden, in welchen Fällen ein Gericht eines Mitgliedstaats eine subsidiäre Zuständigkeit ausüben kann."

Lediglich im Bereich der Anerkennung und Vollstreckung drittstaatlicher Entscheidungen behält das autonomen Recht hier einen Restanwendungsbereich. Eine vergleichbare Teiluniversalisierung des Zuständigkeits-[56] nicht aber des Anerkennungs- und Vollstreckungsrechts[57] findet sich auch bei der Europäischen Erbrechtsverordnung (EuErbVO)[58].

G. Staatsvertragliche Rechtsvereinheitlichung als Alternative?

Der Europäische Gesetzgeber zieht eine unilaterale, staatsvertragliche Ausweitung des Europäischen Zivilverfahrensrechts einer einseitigen, europäischen Lösung aus „Gründen der Gegenseitigkeit und Höflichkeit in internationalen Beziehungen"[59] vor. Ganz konkret schwebt ihm der Abschluss eines globalen multilateralen Vertrages – möglichst nach dem Vorbild des Luganer Übereinkommens von 2007[60] (LugÜ) – vor: So wie das LugÜ die Regelungen der Brüssel I-Verord-

---

[54] Verordnung (EG) Nr. 4/2009 des Rates vom 18.12.2008 über die Zuständigkeit, das anwendbare Recht, die Anerkennung und Vollstreckung von Entscheidungen und die Zusammenarbeit in Unterhaltssachen, ABl. EU 2009 L 7/1.

[55] *Lipp*, in: MüKo-FamFG, Vorbemerkung zu den Art. 3 EuUntVO Rn. 2 und Art. 1 Rn. 69.

[56] *Dutta*, in: MüKo-BGB, Art. 4 EuErbVO, Rn. 24.

[57] *Dutta*, in: MüKo-BGB, Art. 39 EuErbVO, Rn. 3.

[58] Verordnung (EU) Nr. 650/2012 des Europäischen Parlaments und des Rates vom 4.7.2012 über die Zuständigkeit, das anzuwendende Recht, die Anerkennung und Vollstreckung von Entscheidungen und die Annahme und Vollstreckung öffentlicher Urkunden in Erbsachen sowie zur Einführung eines Europäischen Nachlasszeugnisses, ABl. EU L 201/107.

[59] Entschließung des Europäischen Parlaments vom 7.9.2010 zu der Umsetzung und Überprüfung der Verordnung (EG) Nr. 44/2001 des Rates über die gerichtliche Zuständigkeit und die Anerkennung und Vollstreckung von Entscheidungen in Zivil- und Handelssachen (2009/2140(INI)), P7_TA(2010)0304, http://www.europarl.europa.eu/sides/getDoc.do?pubRef=-//EP//TEXT+TA+P7-TA-2010-0304+0+DOC+XML+V0//DE, Rn. 15, abgerufen am 1.4.2020.

[60] ABl. EU 2007 L 399/3.

nung auf die EFTA-Staaten ausdehnt,[61] soll dieser multilaterale Vertrag die europäischen Regelungen global erstrecken.

Dieser Ansatz hat jedoch mindestens einen gewichtigen Schönheitsfehler:

Die Verhandlungen über einen derartig umfassenden völkerrechtlichen Vertrag sind überaus komplex.[62] Ein Blick auf die Arbeit der Haager Konferenz zeigt, dass mit einem weltweiten Übereinkommen, das eine mit dem europäischen Zivilverfahrensrecht auch nur grob vergleichbare Regelungstiefe aufweist, in absehbarer Zeit nicht zu rechnen ist. Es ist insbesondere nicht ersichtlich, warum Staaten fremder Rechts- und Kulturkreise überhaupt ein Interesse an einer Übernahme von spezifisch europäischen, ja eurozentrischen Regelungen haben sollten, die in ihrem Ausgangspunkt der europäischen Integration dienen.[63] Hieran werden „umfangreiche Studien, Konsultationen und politische Debatten"[64] kaum etwas ändern. Es wäre bereits als großer Erfolg zu werten, wenn sich eine nennenswerte Anzahl von Staaten multilateral Vorschriften über das Internationale Zivilverfahrensrecht geben würden. Ein echtes, globales Gerichtsstandsübereinkommen mit allen Staaten der Welt, wird es wohl nie geben. Nicht ohne Grund spricht das Europäische Parlament vom „Heiligen Gral"[65] des Internationalen Zivilverfahrensrechts: Ein solches Übereinkommen gehört – wie das sagenumwobene Gefäß – in das Reich der Legenden.

Daher kommt gerade einseitig gesetzten europäischen Vorschriften besondere Bedeutung zu: Statt diese Drittstaaten-Fälle den autonomen Verfahrensrechten zu belassen und damit Rechtschutzlücken zu erhalten, die jedenfalls auch den Unionsbürger treffen, könnte der Gemeinschaftsrechtsgeber durch rechtsklare und vorhersehbare vergemeinschaftete Regelungen für einen effektiven Zugang zum Recht auch in diesen Fällen sorgen.

---

[61] *Adolphsen*, EuZVR, Kap. 3 Rn. 5; *Schlosser*, in: Schlosser/Hess, EuZPR, Einl. Rn. 14.

[62] Siehe unten S. 53 ff.

[63] Siehe unten S. 61 f. Vgl. auch die Darstellung bei *v. Mehren*, IPRax 2000, S. 465 (466).

[64] Entschließung des Europäischen Parlaments vom 7.9.2010 zu der Umsetzung und Überprüfung der Verordnung (EG) Nr. 44/2001 des Rates über die gerichtliche Zuständigkeit und die Anerkennung und Vollstreckung von Entscheidungen in Zivil- und Handelssachen (2009/2140(INI)), P7_TA(2010)0304, http://www.europarl.europa.eu/sides/getDoc.do?pubRef=-//EP//TEXT+TA+P7-TA-2010-0304+0+DOC+XML+V0//DE, Rn. 15, abgerufen am 1.4.2020.

[65] Entschließung des Europäischen Parlaments vom 7.9.2010 zu der Umsetzung und Überprüfung der Verordnung (EG) Nr. 44/2001 des Rates über die gerichtliche Zuständigkeit und die Anerkennung und Vollstreckung von Entscheidungen in Zivil- und Handelssachen (2009/2140(INI)), P7_TA(2010)0304, http://www.europarl.europa.eu/sides/getDoc.do?pubRef=-//EP//TEXT+TA+P7-TA-2010-0304+0+DOC+XML+V0//DE, Rn. 15, abgerufen am 1.4.2020.

H. Untersuchungsgegenstand

Die vorliegende Arbeit untersucht die einseitige Universalisierung des Europäischen Zivilverfahrensrechts auf Drittstaatensachverhalte bei gleichzeitiger Verdrängung der autonomen Internationalen Zivilverfahrensrechte der Mitgliedstaaten. Die Arbeit befasst sich folglich mit der Schaffung eines umfassenden, in jedem internationalen Sachverhalt zur Anwendung berufenen Europäischen Zivilverfahrensrechts. Die Möglichkeiten einer staatsvertraglichen Universalisierung werden wegen der praktischen und politischen Komplexität nur angedeutet.

I. Aufbau der Arbeit

In Kapitel 1 sollen die wesentlichen Grundlagen, die für ein Verständnis der Arbeit erforderlich sind, dargelegt werden. Kapitel 2 befasst sich mit der Frage, ob der Europäische Gesetzgeber überhaupt die Kompetenz hat, das Europäische Zivilverfahrensrecht zu universalisieren. In Kapitel 3 – dem Hauptteil der vorliegenden Arbeit – wird schließlich die Brüssel Ia-Verordnung näher betrachtet. Sie steht als „Allgemeiner Teil"[66] des EuZVR und „Referenzinstrument"[67] für alle weiteren Verordnungen im Mittelpunkt der Untersuchung. Kapitel 4 enthält einen Exkurs, in dem die Auswirkungen des Brexits auf das Europäische Zivilverfahrensrecht näher betrachtet werden. Kapitel 5 enthält schließlich ein Fazit.

---

[66] *Adolphsen*, in: FS Kaissis, S. 14 (14).
[67] *Hess*, EuZPR, § 3 Rn. 53.

Kapitel 1

Grundlagen

Den Ausgangspunkt der Betrachtung bildet eine Darstellung wichtiger Grundlagen. Zunächst sollen die wesentlichen Grundzüge des Internationalen und Europäischen Zivilverfahrensrechts dargestellt werden (dazu A.). Hierauf aufbauend wird untersucht, was „Universalisierung des Europäischen Zivilverfahrensrechts" bedeutet (dazu B.). Das Kapitel schließt mit einer Zusammenfassung (dazu C.).

A. Grundzüge des Internationalen und Europäischen Zivilverfahrensrechts

I. Grundlagen des Internationalen Zivilverfahrensrechts

In seiner Urform handelt es sich beim Internationalen Zivilverfahrensrecht um nationales Recht (dazu 1.). Bei der Ausgestaltung der spezifischen Regelungsgebiete des Internationalen Zivilverfahrensrechts unterliegt der nationale Gesetzgeber keinen nennenswerten (überstaatlichen) Einschränkungen (dazu 2.). Soweit er sich mit anderen Staaten auf gemeinschaftliche Regelungen einigt, ist dies weniger das Ergebnis einer rechtlichen, als einer tatsächlichen bzw. praktischen Notwendigkeit. Dies gilt gleichermaßen für staatsvertragliches (dazu 3.) wie sekundärrechtliches (dazu 4.) Verfahrensrecht.

1. Herkunft des Internationalen Zivilverfahrensrechts

Beim Internationalen Zivilverfahrensrecht „traditioneller Prägung"[1] handelt es sich – trotz der insoweit missverständlichen Bezeichnung – weder um Völkerrecht[2] noch um supranationales Recht[3]. Als Internationales Zivilverfahrensrecht in diesem Sinne werden vielmehr nationale Regelungen bezeichnet, die in Zivilrechtsfällen mit Auslandsbezug die daraus folgenden Verfahrensfragen regeln.[4] Hierzu gehören – unter anderem[5] – die Frage in welchen Fällen die eigenen Ge-

---

[1] Linke/*Hau*, IZVR, Rn. 1.5.
[2] *Schack*, IZVR, Rn. 2; *Geimer*, IZPR, Rn. 13; *Pfeiffer*, Internationale Zuständigkeit, S. 20 f.
[3] Vgl. schon *Riezler*, Internationales Zivilprozessrecht, S. 2.
[4] Linke/*Hau*, IZVR, Rn. 1.1.
[5] Siehe unten S. 31.

richte zur Entscheidung eines internationalen Sachverhalts berufen sind, aber auch die Frage, welche Voraussetzungen eine ausländische Entscheidung erfüllen muss, um im Inland anerkannt und vollstreckt werden zu können. Im Ausgangspunkt definiert sich das Internationale Zivilverfahrensrecht also über seine Aufgabe als international, nicht über seine Herkunft.[6]

2. Regelungsgegenstände des Internationalen Zivilverfahrensrechts

Als bloßes verfahrensrechtliches Koordinierungsrecht für Sachverhalte mit Auslandsbezug muss das Internationale Zivilverfahrensrecht – anders als beispielsweise die deutsche ZPO – nicht alle verfahrensrechtlichen Fragen selbst regeln. Es verfolgt im Gegenteil einen punktuellen Regelungsansatz: Vor allem dort, wo es wegen des Nebeneinanders verschiedener Rechtsordnungen zu einer (vermeintlichen) Berührung mit der inländischen staatlichen Souveränität kommen könnte, trifft es Regelungen. Ansonsten sattelt es grundsätzlich auf das nationale Verfahrensrecht auf und ergänzt dieses.[7] Diese Grundkonstruktion zeigt sich beim modernen Europäische Zivilverfahrensrecht, das keine geschlossene Kodifikation, keine Europäische Zivilprozessordnung[8], sondern als Ergebnis einer „Justiziellen Zusammenarbeit in Zivilsachen" eine Mixtur aus zwischenstaatlicher Kooperation, Rechtsharmonisierung und -vereinheitlichung ist.[9]

Als wichtigste Regelungsgegenstände des Internationalen Zivilverfahrensrechts können seit jeher die Internationale Zuständigkeit (dazu a)) sowie die Anerkennung und Vollstreckung ausländischer Entscheidungen (dazu b)) benannt werden. Daneben kommen aber auch der Verfahrenskoordination bei internationalen Prozessen (dazu c)) und einigen Regelungsbereichen die Durchführung von auslandsbezogenen Verfahren betreffend (dazu d)), Bedeutung zu.

a) Internationale Zuständigkeit

Die Internationale Zuständigkeit (auch Entscheidungszuständigkeit oder direkte Zuständigkeit) regelt, „ob inländische Gerichte in ihrer Gesamtheit für die Entscheidung eines Rechtsstreits zuständig sind".[10] Sie grenzt also die Zuständigkeit

---

[6] *Szászy*, International Civil Procedure, S. 24: „This means that, though the *sources* of international civil procedure are not of an international character, its *task* is international owing to the international nature of its subject-matter." Vgl. auch *Riezler*, Internationales Zivilprozessrecht, S. 2 f.

[7] Vgl. *v. Bar/Mankowski*, IPR I, § 5 Rn. 84.

[8] Hierfür würde dem Europäischen Gesetzgeber zudem auch eine entsprechende Kompetenz fehlen, siehe unten S. 80; vgl. auch *Rossi*, in: Calliess/Ruffert, Art. 81 AEUV Rn. 12; *Leible*, in: Streinz, EUV/AEUV, Art. 81 Rn. 7.

[9] *Adolphsen*, EuZVR, Kap. 1 Rn. 52, 105 ff.

[10] *Schack*, IZVR, Rn. 217; vgl. auch *Junker*, IZPR, § 5 Rn. 2; Linke/Hau, IZVR, Rn. 4.5 ff.

der eigenen Zivilgerichte von der Zuständigkeit der Zivilgerichte anderer Staaten ab.[11] Gleichzeitig begründet sie eine extraterritoriale Anwendung des autonomen Rechts auf Sachverhalte mit Auslandsbezug:[12] Denn die Bereitstellung einer Internationalen Zuständigkeit durch nationales Recht ist nichts anderes als eine Ausübung hoheitlicher Gewalt auf grenzüberschreitende – und damit extraterritoriale – Sachverhalte.[13]

Zur Erfüllung ihrer Aufgabe stellt die Internationale Zuständigkeit „Befolgungsregeln" auf, die sich an den Richter des Erkenntnisverfahrens („Erstrichter") richten und nach denen er darüber entscheidet, ob er das anhängig gemachte Verfahren annimmt oder ablehnt.[14]

Als Ausdruck staatlicher Souveränität ist jeder Staat frei, Voraussetzungen und Grenzen der Kognitionsbefugnis seiner Gerichte festzulegen.[15] Eine dem nationalen Gesetzgeber vorgegebene Internationale Zuständigkeitsordnung existiert nicht.[16] Er kann mit anderen Worten „so viele oder so wenige Rechtsstreitigkeiten an sich [ziehen], wie es ihm zweckmäßig erscheint"[17].

Eine nur scheinbare Grenze setzt das Völkerrecht:[18]

Auf der einen Seite verbietet der Justizgewährungsanspruch des Klägers aus Art. 6 EMRK, Art. 47 II GRCH und Art. 20 III GG vollständige Rechtsverweigerung.[19]

Fehlt es an einem sinnvollen Minimalkontakt (*minimum contact*), einem „*genuine link*", soll es einem Staat auf der anderen Seite verwehrt sein, eine entsprechende Entscheidungszuständigkeit festzulegen.[20] Dieser Minimalkontakt soll sicherstellen, dass kein Staat durch eine ausufernde – unbegrenzte – Zuständigkeitsordnung, jeden internationalen Rechtsstreit an sich zieht. Denn eine derartig

---

[11] *Junker*, IZPR, § 5 Rn. 1; *Adolphsen*, EuZVR, Kap. 2 Rn. 38.

[12] *Mark/Ziegenhain*, NJW 1992, S. 3062 (3063); *Grolimund*, DSP, Rn. 31.

[13] *Mark/Ziegenhain*, NJW 1992, S. 3062 (3063).

[14] *Jellinek*, Die zweiseitigen Staatsverträge über Anerkennung ausländischer Zivilurteile, S. 26 f.

[15] *Schack*, IZVR, Rn. 215.

[16] *Riezler*, IZPR, S. 204: „Aber es gibt keine internationale Zuständigkeitsordnung, so sehr eine solche zu wünschen wäre und das Ende vieler Schwierigkeiten bedeuten würde. Eine „regulative Idee der Verteilung der Rechtspflege unter die verschiedenen Mitglieder der Völkergemeinschaft" hat sich bisher nicht durchgesetzt und kann sich nicht durchsetzen, solange die „Völkergemeinschaft" selbst nur ein schwaches Wunschbild bleibt."; vgl. auch *Pfeiffer*, Internationale Zuständigkeit, S. 20 f.

[17] *Schack*, IZVR, Rn. 215; vgl. auch *Junker*, IZPR, § 5 Rn. 2.

[18] An dieser völkerrechtlichen Schranke zweifelt völlig zutreffend auch *Schack*, IZVR, Rn. 215. Vgl. auch *Geimer*, IZPR, Rn. 126 ff., 848; *Kralik*, ZZP 74 (1961), S. 2 (12 f.)

[19] Siehe unten S. 43 ff.

[20] *Nagel*, ZZP 75 (1962), S. 408 (421, 445); *Gottwald*, in: FS Habscheid, S. 119 (130); *Mark/Ziegenhain*, NJW 1992, S. 3062 (3063) m. w. N.; *Jellinek*, Die zweiseitigen Staatsverträge über Anerkennung ausländischer Zivilurteile, S. 218.

weite extraterritoriale Anwendung des autonomen Zuständigkeitsrechts würde die Souveränität zumindest der Staaten verletzten, die über einen stärkeren Anknüpfungspunkt verfügen.

Wie niedrig die Anforderungen an einen Minimalkontakt und wie unbedeutend damit auch die völkerrechtliche Begrenzung des nationalen Gesetzgebers aber tatsächlich sind, beschrieb bereits 1953 Jellinek:

> „Wenn sich nicht ein Minimum von beachtlicher Beziehung zwischen dem Gerichtsstand und der Streitsache nachweisen läßt, ist seine Festsetzung völkerrechtswidrig, etwa, wenn beide Parteien Ausländer sind, sich nie auf dem Staatsgebiet aufgehalten haben, nichts besitzen oder besessen haben, was sich innerhalb des Staatsgebiets befindet, auch nichts getan oder unterlassen haben, was die Interessen des Staates berührt oder zu ihm in räumlicher Nähe steht."[21]

Ausgehend von dieser Beschreibung wird sich ein *„genuine link"* in praktisch jedem Fall konstruieren lassen und eine Völkerrechtswidrigkeit deswegen die absolute Ausnahme sein.[22] Selbst die zuständigkeitsarmen exorbitanten Zuständigkeiten[23] erfüllen die von Jellinek genannten Anforderungen in aller Regel und sind daher – zumindest völkerrechtlich – nicht zu beanstanden.[24] Dies gilt im Grundsatz auch für die teilweise extrem anknüpfungsschwachen Zuständigkeiten US-amerikanischen Rechts.[25]

Theoretisch kann jeder Staat seinen Gerichten also nahezu schrankenlos die Entscheidungszuständigkeit für Rechtsstreitigkeiten mit Auslandsbezug zuweisen. Angesichts beschränkter justizieller Ressourcen – und problematischer Vollstreckungsaussichten[26] – dürfte allzu ausufernde Justizgewährung aber ein eher theoretisches Problem darstellen.[27]

b) Anerkennung und Vollstreckung ausländischer Entscheidungen

Die Vorschriften über die Anerkennung und Vollstreckung ausländischer Entscheidungen regeln, welche Voraussetzungen eine Entscheidung erfüllen muss, um im Inland anerkannt und vollstreckt werden zu können.[28]

---

[21] *Jellinek*, Die zweiseitigen Staatsverträge über Anerkennung ausländischer Zivilurteile, S. 26 f.
[22] *Schack*, IZVR, Rn. 215.
[23] Siehe unten S. 61 und 111.
[24] *Wengler*, in: BGB-RGRK VI, § 3 b) S. 16; *Schack*, IZVR, Rn. 215.
[25] Siehe hierzu unten S. 58 f.
[26] Siehe unten S. 112 f.
[27] Vgl. auch *Schack*, IZVR, Rn. 215.
[28] *Schack*, IZVR, Rn. 216; Linke/*Hau*, IZVR, Rn. 4.5 ff.; vgl. auch *Pfeiffer*, Grenzüberschreitende Titelgeltung, § 2 Rn. 20 ff.

Eine Anerkennung ausländischer Entscheidungen ist notwendig, weil eine gerichtliche Entscheidung als Ausdruck staatlicher Souveränität ihre vom nationalen Prozessrecht vorgesehenen Wirkungen nur im Entscheidungsstaat entfaltet (Territorialitätsprinzip[29]).[30] Soll sie in einem anderen Staat als dem Entscheidungsstaat – mithin extraterritorial[31] – Wirkungen entfalten, muss dieser Staat – als Ausdruck der eigenen Souveränität – hierfür seine Einwilligung erteilen.[32] Die Anerkennung hat daher nach herrschender Meinung[33] die „Wirkungserstreckung"[34] der ausländischen Entscheidung im Anerkennungsstaat zum Ziel:[35] Die ausländische Entscheidung wird mit anderen Worten – inklusive ihrer im Anerkennungsstaat unbekannten – Urteilswirkungen importiert; lediglich der *ordre-public*-Vorbehalt setzt eine Grenze. Adolphsen spricht deswegen von einer „relativen Wirkungserstreckung".[36]

Regelungstechnisch bedienen sich die meisten Rechtsordnungen eines Kataloges von Voraussetzungen und Hindernissen, an denen sich die ausländische Entscheidung messen lassen muss, um im Inland anerkannt werden zu können;[37] eine volle inhaltliche Überprüfung der Entscheidung (*révision au fond*) ist die Ausnahme.[38]

Die zu prüfenden Voraussetzungen wenden sich als „Beurteilungsregeln" nicht an den „Erstrichter", also den Richter des Erkenntnisverfahrens, sondern an den „Zweitrichter" im Anerkennungsstaat, der *beurteilen* soll, ob die ausländi-

---

[29] Linke/*Hau*, IZVR, Rn. 2.2.

[30] *Adolphsen*, EuZVR, Kap. 5 Rn. 1; *Schack*, IZVR, Rn. 865.

[31] Vgl. *Pfeiffer*, Grenzüberschreitende Titelgeltung, § 2 Rn. 21.

[32] *Adolphsen*, EuZVR, Kap. 5 Rn. 1; *Hess*, EZPR, § 6 Rn. 181; die Kommission beschreibt die Zusammenhänge in KOM (1997) 609 endg., S. 13 Rn. 17 anschaulich: „Eine ausländische Entscheidung benötigt für ihre Vollstreckbarkeit (...) einen Pass, der ihre Gleichsetzung mit einer im Vollstreckungsstaat ergangenen Entscheidung ermöglicht. (...) Diese Befugnis stellt eine bevorzugte Ausdrucksform der nationalen Souveränität dar".

[33] Vertreten werden ferner die Gleichstellungstheorie und die Kumulationstheorie (vgl. die Darstellungen des Streitstands bei *Schack*, IZVR, Rn. 881 ff. oder *Adolphsen*, EuZVR, Kap. 5 Rn. 10 ff., sowie *Pfeiffer*, Grenzüberschreitende Titelgeltung, § 3 Rn. 68 ff.). Nach der Gleichstellungstheorie soll die Entscheidung des Erststaats hinsichtlich ihrer Wirkungen einer Entscheidung des Anerkennungsstaates gleichgestellt werden (*Riezler*, IZPR, S. 512). Nach der Kumulationstheorie erfolgt eine Wirkungserstreckung, „jedoch nur bis zur Obergrenze der Wirkungen, die eine vergleichbare Entscheidung" des Anerkennungsstaats hätte (*v. Bar/Mankowski*, IPR I, § 5 Rn. 112 ff. 114; *Schack*, IZVR, Rn. 216). Beide Theorien führen zu unnötigen „internationalen Disharmonien" (*Gottwald*, in: MüKo-ZPO, § 328, Rn. 5), weil sie ausländischen Entscheidungen, die ihnen innewohnenden, im Anerkennungsstaat unbekannten Urteilswirkungen abschneiden. Die Wirkungen einer Entscheidung divergieren dann je nach Anerkennungsstaat.

[34] *Gottwald*, in: MüKo-ZPO, § 328, Rn. 4 ff.; *Adolphsen*, EuZVR, Kap. 5 Rn. 10 ff.; *Pfeiffer*, Grenzüberschreitende Titelgeltung, § 3 Rn. 68 ff. (m. w. N.).

[35] *Geimer*, in: Geimer/Schütze, Internationale Urteilsanerkennung I.1, S. 971; *Adolphsen*, EuZVR, Kap. 5 Rn. 10.

[36] *Adolphsen*, EuZVR, Kap. 5 Rn. 11.

[37] Kropholler/*v. Hein*, Art. 36 Brüssel I-VO, Rn. 1.

[38] Kropholler/*v. Hein*, Art. 36 Brüssel I-VO, Rn. 1.

sche Entscheidung anerkannt werden kann.[39] Eine weitverbreitete Anerkennungs-voraussetzung ist die sogenannte Anerkennungszuständigkeit. Als typische Beurteilungsregel wendet sie sich an den „Zweitrichter", der überprüfen soll, ob der Erstrichter aus der Sicht des Anerkennungsstaats international zuständig war.[40] Wegen dieser indirekten Prüfung der Entscheidungszuständigkeit spricht man auch von indirekter Zuständigkeit.[41]

Soll aus einer solchen Entscheidung schließlich auch noch vollstreckt werden, muss das ausländische Urteil zudem ein Vollstreckbarerklärungs- oder Exequaturverfahren durchlaufen. In diesem verleiht der Vollstreckungsstaat der ausländischen Entscheidung die Vollstreckungswirkung.[42] Geimer spricht daher in diesem Zusammenhang von „Wirkungsverleihung".[43] Die eigentliche Vollstreckung der ausländischen Entscheidung erfolgt sodann wieder nach dem nationalen Recht des Vollstreckungsstaats.[44]

Bei der genauen Ausgestaltung der Anerkennungsvorschriften und des Verfahrens über die Vollstreckbarerklärung ist den souveränen Staaten ebenso wenig eine Grenze gesetzt, wie im Bereich der Internationalen Zuständigkeit.[45] Eine völkerrechtliche Pflicht zur Anerkennung und Vollstreckung ausländischer Entscheidungen besteht jedenfalls nicht.[46] In Deutschland lässt sich aber jedenfalls eine verfassungsrechtliche Pflicht zur Anerkennung ausländischer Entscheidungen bejahen.[47]

c) Verfahrenskoordination z. B. durch Rechtshängigkeitsregelungen

Das Nebeneinander mehrerer Privatrechtsordnungen ermöglicht parallele Prozesse zwischen denselben Parteien über denselben Streitgegenstand vor unterschiedlichen international zuständigen Gerichten. Parallele Verfahren mit dem gleichen Streitgegenstand sind aber auf internationaler Ebene nicht sinnvoller als auf nationaler:[48] Sie sind prozessunökonomisch und verschwenden justizielle Res-

---

[39] Vgl. bereits *Jellinek*, Die zweiseitigen Staatsverträge über Anerkennung ausländischer Zivilurteile, S. 218.

[40] *Schack*, IZVR, Rn. 216; *Jellinek*, Die zweiseitigen Staatsverträge über Anerkennung ausländischer Zivilurteile, S. 218.

[41] *Schack*, IZVR, Rn. 216.

[42] *Hess*, EZPR, § 6 Rn. 181.

[43] *Geimer*, in: Geimer/Schütze, Internationale Urteilsanerkennung I.1, S. 971.

[44] *Junker*, IZPR, § 29 Rn. 22.

[45] Siehe oben S. 31 ff.

[46] *Geimer*, IZPR, Rn. 2757; *Schack*, IZVR, Rn. 865; *Nagel*, ZZP 75 (1962), S. 408 (421, 434 f.).

[47] *Adolphsen*, EuZVR, Kap. 5 Rn. 1 m. w. N.

[48] In Deutschland ist die Beachtung anderweitiger inländischer Rechtshängigkeit deshalb ein Grundprinzip des Zivilprozesses: Wurde durch Zustellung der Klage an den Beklagten die Klage erhoben (§ 253 I ZPO), wird die Klage rechtshängig (§ 261 I ZPO). Während der Dauer der Rechtshängigkeit kann die Streitsache von keiner Partei anderweitig anhängig gemacht werden (§ 261 III Nr. 1 ZPO).

sourcen.[49] Vermutlich schwerer wiegt aber, dass sie potentiell sich widersprechende Entscheidungen und Rechtskraftwirkungen ermöglichen und damit zulasten der Rechtssicherheit gehen.[50] Daher sind Vorschriften zur Verfahrenskoordination, insbesondere Rechtshängigkeitsregelungen, typischerweise Regelungsgegenstand des Internationalen Zivilverfahrensrechts.

Hinsichtlich der genauen Ausgestaltung dieser Regelungen gibt es – wie schon im Bereich von Internationaler Zuständigkeit und Anerkennungszuständigkeit[51] – kaum Vorgaben, die ein nationaler Gesetzgeber beachten müsste:[52] Das Völkerrecht verhält sich zu der Frage nicht.[53] Geht man aber von einer uneingeschränkten Gleichwertigkeit und damit Fungibilität der unterschiedlichen Gerichtssysteme aus,[54] darf das ausländische Verfahren einen gewissen Respekt für sich beanspruchen. Schack erklärt – insoweit übereinstimmend mit dem BGH[55] – hierzu:

> „Die ausländische Rechtshängigkeit völlig ignorieren, hieße einen unwürdigen Wettlauf der Gerichte um den frühest möglichen Eintritt der Rechtskraft provozieren. Ist nämlich das ausländische Urteil im Inland anzuerkennen, dann wirkt dessen Rechtskraft auf das inländische Verfahren. Die Gefahr, dass dabei die Rechtsordnung mit dem kürzeren Instanzenzug gewinnt, macht deutlich, dass ein derartiger Wettlauf in niemandes Interesse sein kann."[56]

Im Ergebnis steht es aber jedem Staat frei, ob und inwieweit er ausländische Rechtshängigkeit respektiert.

d) Regelungsbereiche die Durchführung von auslandsbezogenen Verfahren betreffend

Häufig erfordert die Durchführung auslandsbezogener Gerichtsverfahren Handlungen, die nach dem Begriffsverständnis jedenfalls einiger Staaten als souveränitätsbeeinträchtigende Hoheitsakte zu qualifizieren sind. Hierzu gehören aus dem Bereich der Rechtshilfe die Auslandszustellung[57] – die Klage an einen ausländischen Beklagten muss diesem ja zugestellt werden – und die Beweisaufnahme im Ausland[58] – sie kann erforderlich sein, um einen Anspruch durchsetzen oder abwehren zu können. Die Vornahme einer solchen Handlung im Ausland, ohne

---

[49] *Weber*, RIW 2009, S. 620 (621); *Adolphsen*, EuZVR, Kap. 4 Rn. 2.

[50] *Weber*, RIW 2009, S. 620 (621); *Adolphsen*, EuZVR, Kap. 4 Rn. 2; *Junker*, IZPR, § 23 Rn. 2.

[51] Siehe oben S. 31 ff.

[52] *Junker*, IZPR, § 23 Rn. 2.

[53] *Geimer*, IZPR, Rn. 2691; *Wengler*, in: BGB-RGRK VI, § 3 b) S. 16.

[54] *Junker*, IZPR, § 23 Rn. 2; *Schack*, IZVR, Rn. 833; 39.

[55] BGH, Urteil vom 26.1.1983 – Az. IVb ZR 335/81 = NJW 1983, S. 1269 (1270).

[56] *Schack*, IZVR, Rn. 833.

[57] *Schack*, IZVR, Rn. 663 ff.; *Junker*, IZPR, § 25 Rn. 2.

[58] *Schack*, IZVR, Rn. 795 ff.; *Junker*, IZPR, § 25 Rn. 1.

das Einverständnis des betroffenen Staates, wäre als Souveränitätsverletzung zu qualifizieren und damit völkerrechtswidrig.[59]

Auch wenn dies angesichts der zu regelnden Materie schwer vorstellbar und auch wenn die Effektivität einer solchen Maßnahme fraglich ist: Auch hier kann jeder Staat autonome Regelungen – freilich nur für sein Hoheitsgebiet – treffen. Als Beispiel kann hier die *remise au parquet* französischen Rechts dienen. Bei ihr handelt es sich um eine „fiktive Inlandszustellung": Soll einer ausländischen Partei ein Schriftstück zugestellt werden, kann dies hier (fiktiv) durch Übergabe des Schriftstücks an die zuständige Staatsanwaltschaft bewirkt werden.[60]

Eine völkerrechtliche Verpflichtung zu einer aktiven Rechtshilfe besteht nicht.[61]

3. Internationalisierung des autonomen Internationalen Zivilverfahrensrechts

Wie vorstehend gezeigt, ist die ursprüngliche Rechtsquelle des Internationalen Zivilverfahrensrechts zwar das nationale Recht; es bestehen ferner keine völkerrechtlichen Vorgaben, die den nationalen Gesetzgeber nennenswert einschränken.[62] Trotzdem wird das Rechtsgebiet mittlerweile ganz maßgeblich von überstaatlichem Recht geprägt.

Die Gründe hierfür liegen nach den obenstehenden Ausführungen auf der Hand: Ein Staat mag als Ausfluss seiner Souveränität zwar nach eigenem Gutdünken einseitig festlegen können, wann seine Gerichte einen Sachverhalt mit Auslandsbezug entscheiden sollen oder welche Voraussetzungen eine ausländische Entscheidung erfüllen muss, um im Inland anerkannt und vollstreckt werden zu können. Das gleiche gilt für die weiteren Regelungsgebiete des Internationalen Zivilverfahrensrechts.

Er hat aber keinen Einfluss darauf, wie andere Staaten diese Angelegenheiten für ihre jeweiligen Hoheitsgebiete regeln.

In den Fällen mit Auslandsbezug, in denen sowohl das Erkenntnis- als auch das Vollstreckungsverfahren im Inland stattfinden, ist dieser Umstand in der Rechtswirklichkeit irrelevant. Verdeutlicht werden soll dies am nachfolgenden Fall. Es soll dabei angenommen werden, dass das Internationale Zivilverfahrensrecht ausschließlich national geregelt wurde, also weder staatsvertragliches noch supranationales Internationales Zivilverfahrensrecht existiert.

---

[59] Linke/*Hau*, IZVR, Rn. 3.33 f.; *Schack*, IZVR, Rn. 20; 196 ff.
[60] *Schack*, IZVR, Rn. 671; *Junker*, IZPR, § 25 Rn. 3.
[61] Vgl. *Nagel*, ZZP 75 (1962), S. 408 (442 f.).
[62] Siehe oben S. 30 ff.

Der in Deutschland lebende Franzose F will den ebenfalls in Deutschland lebenden D wegen eines Verkehrsunfalls in Paris vor dem deutschen Wohnsitzgericht des D auf Zahlung von Schadensersatz in Anspruch nehmen, weil er weiß, dass D dort über erhebliches Vermögen verfügt.

Obwohl im vorstehenden Fall aus deutscher Sicht zweifelsohne ein Auslandsbezug (Staatsangehörigkeit des F, deliktischer Erfolgsort in Frankreich) gegeben ist, könnten Erkenntnis- und Vollstreckungsverfahren ganz zwanglos nach dem autonomen Internationalen Zivilverfahrensrecht der ZPO durchgeführt werden:

Da die ZPO grundsätzlich nicht an die Staatsangehörigkeit anknüpft – In- und Ausländer also prozessual ganz weitgehend gleichstellt[63], kann der französische F vor deutschen Gerichten klagen.[64] Der allgemeine Gerichtsstand i. S. v. §§ 12,13 ZPO des D liegt in Deutschland. Ein klagestattgebendes Urteil ist Vollstreckungstitel, mit dem in das Inlandsvermögen des D vollstreckt werden kann, §§ 704, 724 ZPO. Auf das französische (Internationale) Zivilverfahrensrecht kommt es dagegen nicht an.

Wirkt sich der Auslandsbezug aber auch auf die eigentliche Prozessführung aus, ändert sich die Situation: Will F in Frankreich klagen, kann sich die Entscheidungszuständigkeit eines französischen Gerichts jedenfalls nicht aus der Anwendung des deutschen Internationalen Zivilverfahrensrechts ergeben, sondern nur aus der Anwendung seines französischen Pendants: Die französischen Gerichte sind jedenfalls nach Art. 14 Code Civil international zuständig. Nach dieser Vorschrift darf ein Franzose Ausländer – gleichgültig aus welchem Grund – immer vor französischen Gerichten verklagen.[65]

Wie oben gezeigt, bieten potentiell zwei Rechtsordnungen eine Zuständigkeit an. Eine solche Zuständigkeitshäufung – auch positiver Kompetenzkonflikt genannt[66] – ist für den Kläger scheinbar komfortabel: Er kann entscheiden, vor welchen Gerichten er Klage erhebt. Will – wie im vorliegenden Fall – der Kläger sein Urteil aber weiterhin in einem anderen Staat als dem Urteilsstaat – hier Deutschland – vollstrecken, müsste der Vollstreckungsstaat der Zwangsvollstreckung auf seinem Territorium zustimmen. Die Voraussetzungen, unter denen er diese Zustimmung erteilt, legt der Vollstreckungsstaat aber selbst fest. Sind sie nicht erfüllt wird die Entscheidung weder anerkannt noch vollstreckt.

Dieses stark vereinfachte, fast schon naive Beispiel zeigt: Regelungen zum Internationalen Zivilverfahrensrecht können zwar rein national gesetzt werden. Echte

---

[63] Der freie Zugang zu Gerichten ist – jedenfalls in einem Mindestmaß – völkerrechtlicher Grundsatz und Menschenrecht, vgl. *Schack*, IZVR, Rn. 594 ff.; Während die deutsche Verfassung dies nicht ausdrücklich normiert (*Geimer*, IZPR, Rn. 1923) finden sich entsprechende Kodifikationen bspw. in Art. 6 EMRK oder Art. 47 II EU-Grundrechtecharta und im Völkervertragsrecht (*Geimer*, IZPR, Rn. 1919).

[64] *Schack*, IZVR, Rn. 594 ff.; *Geimer*, IZPR, Rn. 1906.

[65] *Schack*, IZVR, Rn. 225; *Geimer*, IZPR, Rn. 1907.

[66] *Junker*, IZPR, § 6 Rn. 3.

Freizügigkeit im internationalen Rechtsverkehr erfordert aber eine – wie auch immer geartete – Zusammenarbeit zwischen den verschiedenen Rechtsordnungen und – eng verbunden damit – gegenseitigen Respekt.[67]

Dies haben viele Staaten erkannt. Daher werden Teilbereiche des autonomen Internationalen Zivilverfahrensrechts seit Jahrzehnten von verschiedenen völkerrechtlichen Staatsverträgen ergänzt oder überlagert. Diese Verträge haben den Vorteil, dass die Vertragsstaaten sich beispielsweise im Bereich der Internationalen Zuständigkeit – unter Wahrung ihrer Souveränitätssphären – auch auf die Zuständigkeit ausländischer, vertragsstaatlicher Gerichte einigen können. Die Begrenzungen des Territorialitätsprinzips werden abgemildert: Durch gemeinsame Regelungen auf dem Gebiet der Internationalen Zuständigkeit wird – anders als beim rein autonom gesetzten Recht – die Zuständigkeit der Gerichte nicht nur eines Staates, sondern aller Vertragsstaaten nach objektiven Kriterien festgelegt. Durch gemeinsame Voraussetzungen für die Anerkennung und Vollstreckung ausländischer Entscheidungen wird Urteilsfreizügigkeit ermöglicht.

Staatsvertragliche Rechtsvereinheitlichung hat indes einige „technische" Nachteile: Sie ist in aller Regel langsam und schwerfällig. Da die Vertragsstaaten völkerrechtlich dazu verpflichtet sind, das staatsvertragliche Recht ohne Änderungen – sei es durch nationale Gesetze oder Rechtsprechung – umzusetzen (vgl. Art. 26 und 27 WVRK), sind die Verhandlungen zwischen den Vertragsstaaten oft langwierig.[68] Um überhaupt auf einen gemeinsamen Nenner zu kommen,[69] erklären die Vertragsstaaten oftmals Vorbehalte, die ihnen für bestimmte Teile des Vertragswerkes Abweichungen gestatten (vgl. Art. 19 ff. WVRK).[70] Dies geht natürlich zu Lasten der mit dem Vertrag bezweckten Rechtseinheit.[71] Regelmäßig müssen die ausgehandelten Vertragswerke auch noch von einer bestimmten Anzahl von Staaten ratifiziert werden, um Geltung zu erlangen (vgl. Art. 11 Var. 3 und Art. 14 WVRK).[72] Dies birgt im besten Fall die Gefahr weiterer Verzögerungen – im schlimmsten Fall die Gefahr eines Scheiterns des Übereinkommens. Wurde ein Staatsvertrag schließlich ratifiziert, mangelt es ihm an „Elastizität":[73] Mit Blick auf die eingangs benannte Bindung an den Inhalt des Vertrages, ist sein Inhalt statisch. Änderungen erfordern im schlimmsten Fall ein neues Übereinkommen.[74]

---

[67] *Schack*, IZVR, Rn. 15, 39.
[68] *Kropholler*, Internationales Einheitsrecht, S. 94.
[69] Siehe hierzu unten S. 54 ff.
[70] *Kropholler*, Internationales Einheitsrecht, S. 94 ff.
[71] *Kropholler*, Internationales Einheitsrecht, S. 95.
[72] *Kropholler*, Internationales Einheitsrecht, S. 94 f.
[73] *Kropholler*, Internationales Einheitsrecht, S. 95.
[74] *Kropholler*, Internationales Einheitsrecht, S. 95 f. zeigt weitere Gestaltungsmöglichkeiten auf.

4. Europäisierung des Internationalen Zivilverfahrensrechts

Von weitaus größerer Bedeutung als die staatsvertragliche Internationalisierung
ist daher heute die fortschreitende „Europäisierung des Internationalen Zivilverfahrensrechts":[75] Innerhalb der Europäischen Union sind mittlerweile weite Teile
des Internationalen Zivilverfahrensrechts durch Verordnungen i. S. v. Art. 288 II
AEUV vergemeinschaftet.[76] Dieses vergemeinschaftete – supranationale – Europäische Zivilverfahrensrecht verdrängt in seinem Anwendungsbereich das autonome – nationale – Internationale Zivilverfahrensrecht.[77] Dies gilt im Verhältnis
der EU-Mitgliedstaaten untereinander regelmäßig auch für völkerrechtliche Verträge (vgl. z. B. Art. 69 ff. Brüssel Ia-VO). Nur dort wo der Anwendungsbereich des
Europäischen Zivilverfahrensrechts nicht eröffnet ist und zudem kein vorrangiger
Staatsvertrag existiert, gilt das autonome Internationale Zivilverfahrensrecht fort.

Im Vergleich zum staatsvertraglichem Internationalen Zivilverfahrensrecht bietet das europäisch vergemeinschaftete Internationale Zivilverfahrensrecht einige
bedeutende Vorteile: Durch die Kompetenzverlagerung auf einen supranationalen Gesetzgeber[78] ist diese Art der Rechtsvereinheitlichung besonders wirksam
und schnell:[79] Da sowohl die erstmalige Inkraftsetzung als auch etwaige spätere
Ergänzungen und Änderungen in einem Gesetzgebungsverfahren (vgl. Art. 289
AUEV) – ohne Ratifikation – erfolgen, ist diese Art der Rechtsvereinheitlichung
sehr effektiv und dynamisch.[80] Sie ermöglicht es, „selbst ein zeitweises Erlahmen
des politischen Vereinheitlichungswillens einzelner Staaten zu überspielen".[81]

II. Das IZVR zwischen Staats- und Parteiinteressen

Beim Internationalen Zivilverfahrensrecht handelt es sich – unabhängig von
der konkreten Provenienz – um objektives Recht, für dessen Schaffung letztlich
souveräne Staaten verantwortlich zeichnen. Da sich bei den vom Internationalen
Zivilverfahrensrecht geregelten Sachverhalten – wie oben beschrieben – begriffs-
notwendig die Souveränitätssphären verschiedener Staaten berühren, begreifen
viele Staaten das Rechtsgebiet als „völkerrechtliche Verhandlungsmasse". Ausdruck hierfür ist vor allem das Gegenseitigkeitsprinzip (dazu 1.). Tatsächlich geht
es beim Internationalen Zivilverfahrensrecht aber nicht um staatliche Machtpolitik,
sondern um private Interessen: Dem Kläger geht es um effektiven Rechtsschutz,

---

[75] Siehe auch unten S. 45 ff.

[76] Linke/*Hau*, IZVR, Rn. 1.5, 1.8.

[77] *Adolphsen*, EuZVR, Kap. 1 Rn. 52.

[78] Siehe hierzu eingehend S. 78 ff.

[79] Gemeint ist hier insbesondere die „technische" Umsetzungszeit. Auf die inhaltliche Umsetzungszeit hat die Kompetenzverlagerung geringere Auswirkungen.

[80] Vgl. *Kropholler*, Internationales Einheitsrecht, S. 112 f.

[81] *Kropholler*, Internationales Einheitsrecht, S. 113.

also im Wesentlichen um Justizgewährung (dazu 2.). Dem Beklagten geht es um den Umfang seiner Gerichtspflichtigkeit und insbesondere um ein faires, rechtsstaatliches Verfahren (dazu 3.).[82] Das Internationale Zivilverfahrensrecht dient dazu, diese Interessen zu einem Ausgleich zu bringen (dazu 4.).[83]

1. Das Gegenseitigkeitsprinzip

Das Gegenseitigkeits- oder auch Reziprozitätsprinzip[84] beruht auf dem Gedanken *do ut des*:[85] Einem ausländischen Verfahrensbeteiligten soll im Inland nichts zugutekommen, was in umgekehrter Situation dessen Heimatstaat einem Inländer verwehren würde.[86] Aus deutscher Perspektive soll unter Zugrundelegung dieses Prinzips beispielsweise ein ausländisches Urteil im Deutschland nur anerkannt werden, wenn der Urteilsstaat im umgekehrten Fall auch ein deutsches Urteil anerkennen würde (vgl. § 328 I Nr. 5 ZPO).

Da souveräne Staaten untereinander ebenbürtig[87] (Grundsatz der Gleichheit souveräner Staaten[88]) und ihre Gesetze im Ausgangspunkt gleichwertig sind,[89] dient das Gegenseitigkeitsprinzip als Druckmittel zur Verwirklichung der nach dem *do ut des* – Gedanken geforderten Gleichbehandlung der Verfahrensbeteiligten:[90] Es soll die Staaten dazu motivieren, entsprechende Regelungen zu schaffen oder sich durch Staatsverträge zu verpflichten[91]; zumindest aber eine anerkennungsfreundliche Praxis zu üben.[92]

Tatsächlich werden jedoch nicht die Staaten, sondern die Verfahrensbeteiligten, durch das Gegenseitigkeitsprinzip belastet: Gerade diese haben aber allenfalls einen höchst mittelbaren Einfluss auf den eigenen – und keinen Einfluss auf den

---

[82] Vgl. *Geimer*, IZPR, Rn. 250 ff.

[83] *Schack*, IZVR, Rn. 17, vgl. auch *v. Bar/Mankowski*, IPR I, § 1 Rn. 12.

[84] Siehe auch unten S. 64.

[85] Linke/*Hau*, IZVR, Rn. 2.4, *Junker*, IZPR, § 27 Rn. 6.

[86] Linke/*Hau*, IZVR, Rn. 2.4.

[87] *Schack*, IZVR, Rn. 39 ff.; 43; *Hess*, EZPR, § 1 Rn. 15.

[88] Vgl. Art. 2 Nr. 1 UN-Charta.

[89] *Schack*, IZVR, Rn. 39; kritisch hierzu *Geimer*, IZPR, Rn. 37 f., für den dieser programmatische Ansatz die „Sphäre des Fiktiven streift".

[90] Linke/*Hau*, IZVR, Rn. 2.4; *Schack*, IZVR, Rn. 43.

[91] *Schack*, IZVR, Rn. 43; *Junker*, IZPR, § 27 Rn. 6.

[92] *Stadler*, in: Musielak/Voit, ZPO, § 328 Rn. 31; *Gottwald*, in: MüKo-ZPO, § 328 Rn. 131; *Junker*, IZPR, § 32 Rn. 32; *Schack*, IZVR, Rn. 967. In diesem Zusammenhang offenbart das Gegenseitigkeitsprinzip eine weitere Schwäche: In Deutschland genügt gem. § 328 I Nr. 5 ZPO „materielle" Gegenseitigkeit, also eine erkennbare ausländische Anerkennungspraxis für eine Verbürgung der Gegenseitigkeit. Eine solche ist nicht leicht festzustellen. Daher werden Gerichte und andere Rechtsanwender in der Regel auf Rechtsgutachten zur Frage der jeweiligen ausländischen Anerkennungspraxis angewiesen sein. Dies bewirkt in der Praxis eine nicht zu unterschätzende Rechtsunsicherheit, vgl. *Schack*, IZVR, Rn. 968; *Junker*, IZPR, § 32 Rn. 35; *Geimer*, IZPR, Rn. 2879 f.; *Schreiber*, IPRax 2017, S. 368, siehe auch unten S. 133 f.

ausländischen – Gesetzgeber.[93] Wie nachteilig sich die Reziprozität für sie aus-
wirkt, zeigt anschaulich der nachfolgende Fall:[94]

> Eine russische Gesellschaft nimmt eine GmbH mit Sitz in Hamburg und einer Niederlas-
> sung in Moskau vor russischen Gerichten erfolgreich auf Zahlung einer Versicherungsleis-
> tung in Anspruch. Als die russische Klägerin das Urteil in Deutschland für vollstreckbar
> erklären lassen will, verweigert das Hamburger Gericht das Exequatur: Das russische Ge-
> richt sei zwar bei spiegelbildlicher Anwendung des § 21 ZPO international zuständig. Auch
> sei kein Verstoß gegen den ordre public vorgetragen. Die Vollstreckbarerklärung komme
> jedenfalls deshalb nicht in Betracht, weil die Gegenseitigkeit nicht verbürgt sei.[95]

Durch diese – ganz grundsätzliche[96] – Weigerung deutscher Gerichte, ein russi-
sches Urteil für vollstreckbar zu erklären, werden den Verfahrensbeteiligten – nicht
den Staaten – aus rechtspolitischen Gründen prozessuale Nachteile auferlegt:[97] Im
vorstehenden Fall kann die russische Gesellschaft zwar versuchen, aus dem russischen Urteil in das Vermögen der russischen Niederlassung der Beklagten zu
vollstrecken. Für eine Vollstreckung in Deutschland – am Sitz der Beklagten und
damit dort, wo sich im Regelfall der Schwerpunkt ihres vollstreckungstauglichen
Vermögens befindet[98] – wird sie ein weiteres Verfahren vor deutschen Gerichten
anstrengen müssen.[99]

Aus der Sicht der deutschen Beklagten kommt dem Gegenseitigkeitsprinzip damit auf den ersten Blick die Funktion eines Schutzschildes gegen die ausländische
Entscheidung zu. Diese Funktion hat jedoch der anerkennungsrechtliche *ordre
public*-Vorbehalt.[100] Er sichert die Vereinbarkeit der ausländischen Entscheidung
mit den fundamentalen, unverzichtbaren Grundsätzen der inländischen Rechtsordnung.[101] Ist eine ausländische Entscheidung – wie im vorliegenden Fall – ver-
fahrensrechtlich nicht zu beanstanden, bedarf es einer weiteren Absicherung des
Beklagten durch das Gegenseitigkeitsprinzip jedenfalls nicht. Der Beklagte wird
im Gegenteil häufig kein gesteigertes Interesse daran haben, sich den Strapazen
eines weiteren Rechtsstreits auszusetzen und erneut kostenpflichtig zu unterliegen.

Noch deutlicher werden die prozessualen Nachteile aber, wenn man die Parteirollen im vorliegenden Fall vertauscht:

---

[93] Vgl. *Schack*, IZVR, Rn. 43.
[94] Nachgebildet: OLG Hamburg, Urteil vom 13.7.2016 – Az. 6 U 152/11, IPRax 2017 S. 406 =
ECLI:DE:OLGHH:2016:0713.6U152.11.0A; vgl. auch die Entscheidungsrezension von *Schreiber*, IPRax 2017, S. 368.
[95] OLG Hamburg, Urteil vom 13.7.2016 – Az. 6 U 152/11, IPRax 2017, S. 406 (407 f.)
= ECLI:DE:OLGHH:2016:0713.6U152.11.0A.
[96] OLG Hamburg, Urteil vom 13.7.2016 – Az. 6 U 152/11, IPRax 2017, S. 406 (408)
= ECLI:DE:OLGHH:2016:0713.6U152.11.0A.
[97] Vgl. Linke/*Hau*, IZVR, Rn. 2.4; *Schack*, IZVR, Rn. 43, 963 ff.
[98] Vgl. hierzu *Schröder*, Internationale Zuständigkeit, S. 237 f.; *Schack*, IZVR, Rn. 222.
[99] Vgl. *Schack*, IZVR, Rn. 965 f.
[100] Vgl. *Schack*, IZVR, Rn. 880.
[101] *Geimer*, IZPR, Rn. 23.

Die deutsche GmbH verklagt die russische Gesellschaft erfolgreich an ihrem Sitz in Russland.

Wagt die deutsche GmbH erfolgreich ein „Auswärtsspiel" und will sie mit dem in Russland erstrittenen Titel in Deutschland vollstrecken, so wird ein deutsches Gericht auch diese Entscheidung mangels verbürgter Gegenseitigkeit nicht für vollstreckbar erklären. Die deutsche Klägerin muss dann ein weiteres Mal in Deutschland klagen. Beinahe schizophren ist in diesem Zusammenhang das nachfolgende Detail: Haben die deutsche GmbH und die russische Gesellschaft beispielsweise nach Art. 3 I i. V. m. Art. 2 Rom I-VO wirksam die Anwendung russischen Sachrechts vereinbart, so wendet das deutsche Gericht das Recht des Staates an, dessen gerichtliche Entscheidungen es nicht anzuerkennen vermochte. Aus politischen Gründen wird dann die Anwendung ausländischen Rechts durch einen deutschen Richter der Anwendung eben dieses Rechts durch den hierfür weitaus sachkundigeren ausländischen Richter vorgezogen.[102]

Die Reziprozität erweist sich damit nicht nur nicht als Schutzschild vor ausländischen Entscheidungen, sondern auch als Hemmschuh für einen sinnvollen internationalen Rechtsverkehr.[103] Die Rechtswissenschaft fordert vor diesem Hintergrund seit Langem eine Abkehr vom Gegenseitigkeitsprinzip.[104] So ruft Geimer dazu auf, einseitig auf die Verbürgung der Gegenseitigkeit zu verzichten und „international-pädagogisch" voranzugehen, „anstatt [...] darauf zu warten, dass die anderen den ersten Schritt tun".[105] Dem ist zuzustimmen: Maßgeblich sollten für die Ausgestaltung des Internationalen Zivilverfahrensrechts nicht staatliche, sondern die privaten Interessen von Kläger und Beklagtem sein.

2. Der Justizgewährungsanspruch des Klägers

Als privates Interesse des Klägers lässt sich sein Justizgewährungsanspruch benennen. Mit dem Justizgewährungsanspruch des Klägers korrespondiert die Justizgewährungspflicht auf staatlicher Seite.[106] Justizgewährungsanspruch und Justizgewährungspflicht umfassen folglich „die Bereitstellung einer Gerichtsbarkeit, den effektiven Zugang zu dieser sowie eine effektive Gestaltung des Verfahrens hin zu einer verbindlichen richterlichen Entscheidung".[107] Sie durchziehen wie ein roter Faden alle Regelungsgebiete des Internationalen Zivilverfahrensrechts:[108]

---

[102] Vgl. *v. Bar/Mankowski*, IPR I, § 5 Rn. 63.

[103] Weitere Beispiele bei *Geimer*, IZPR, Rn. 1938 (Fn. 67); vgl. auch *Schack*, IZVR, Rn. 963 ff.

[104] *Schack*, IZVR, Rn. 43; *v. Bar/Mankowski*, IPR I, § 5 Rn. 60 ff. (Fn. 335 m. w. N.); *Geimer*, IZPR, Rn. 35 f.

[105] *Geimer*, IZPR, Rn. 35a.

[106] *Schmidt-Aßmann*, in: Maunz/Dürig, Art. 19 IV GG Rn. 16 ff.

[107] *Rauscher*, in: MüKo-ZPO, Einleitung, Rn. 18 (m. w. N.).

[108] Vgl. die umfassende Darstellung von *Geimer*, IZPR, Rn. 1924 ff.

Die Vorschriften über die Internationale Zuständigkeit legen fest, vor welchen
Gerichten der Kläger Rechtsschutz suchen kann. Die internationale Zuständigkeit
des angerufenen Gerichts ist damit Voraussetzung für die Justizgewährung am Ge-
richtsort. Ist das angerufene Gericht dagegen international unzuständig, so muss es
auch eine offensichtlich begründete Klage abweisen. Justizgewährung findet jedenfalls in diesem Staat dann nicht statt.[109] Die Vorschriften über die Anerkennung
und Vollstreckung ausländischer Entscheidungen bestimmen, ob ein vom Kläger
im Ausland erstrittenes Urteil im Inland Wirkung entfalten kann. Damit kommt
ihnen unmittelbare Bedeutung für den effektiven Rechtschutz des Klägers zu.[110]
Entscheidet sich ein Staat schließlich dazu, eine frühere ausländische Rechtshängigkeit zu berücksichtigen, so wird die Justizgewährung im Inland blockiert.[111]

3. Die Gerichtspflichtigkeit des Beklagten

Als Gegenpol zum Justizgewährungsanspruch des Klägers steht auf der Seite
des Beklagten dessen Gerichtspflichtigkeit und sein Anspruch auf ein faires Verfahren:[112] Während es dem Kläger um effektiven Rechtschutz geht, hat der Beklagte ein vitales Interesse daran, sich gerichtlich verteidigen zu können. Hierbei
kommt insbesondere seinem Anspruch auf rechtliches Gehör aus Art. 103 I GG,
Art. 6 I EMRK und Art. 47 II GRCh Bedeutung zu.[113] Er soll „nicht nur Objekt
richterlicher Entscheidung sein, sondern vor einer Entscheidung, die seine Rechte
betrifft, zu Wort kommen, um als Subjekt Einfluss auf das Verfahren und sein Ergebnis nehmen zu können."[114] Das rechtliche Gehör sichert folglich „ein Recht auf
Information, Äußerung und Berücksichtigung mit der Folge, dass [die Partei] ihr
Verhalten im Prozess eigenbestimmt und situationsspezifisch gestalten" kann.[115]

4. Das Spannungsfeld der Parteiinteressen

Kläger- und Beklagteninteressen stehen in einem Spannungsverhältnis: Eine
ausufernde Justizgewährung – beispielsweise eine Internationale Zuständigkeit für
jeden denkbaren internationalen Sachverhalt[116] – würde die Gerichtspflichtigkeit
des Beklagten unbillig ausdehnen. Eine sehr rigide Anerkennungspraxis – oder gar

---

[109] *Pfeiffer*, Internationale Zuständigkeit, S. 336; *Geimer*, IZPR, Rn. 1924.

[110] *Geimer*, IZPR, Rn. 1938 f.

[111] *Geimer*, IZPR, Rn. 1930.

[112] Vgl. *Geimer*, IZPR, Rn. 250d ff.

[113] Vgl. BVerfG, Beschluss vom 30.4.2003 – Az. 1 PBvU 1/02 = ECLI:DE:BVerfG:2003:up
20030430.1pbvu000102 = NJW 2003 S. 1924 (1926).

[114] BVerfG, Beschluss vom 30.4.2003 – Az. 1 PBvU 1/02 = ECLI:DE:BVerfG:2003:up
20030430.1pbvu000102 = NJW 2003 S. 1924 (1926 m. w. N.).

[115] BVerfG, Beschluss vom 30.4.2003 – Az. 1 PBvU 1/02 = ECLI:DE:BVerfG:2003:up
20030430.1pbvu000102 = NJW 2003 S. 1924 (1926 m. w. N.).

[116] Siehe auch oben S. 31 ff.

ihr Fehlen – würde dazu führen, dass der Kläger unter Umständen erneut klagen muss und der Beklagte ggf. erneut kostenpflichtig unterliegt.[117]

Bei der Schaffung von Regelungen im Bereich des Internationalen Zivilverfahrensrechts muss der jeweilige Normgeber diese Interessen daher zum Ausgleich bringen. Er muss sicherstellen, dass dem Kläger in angemessener Weise effektiver Rechtschutz gewährt wird und dabei gleichzeitig dafür sorgen, dass der Beklagte sich in einem fairen Verfahren angemessen verteidigen kann.

Wie schwierig dieser Ausgleich in der konkreten gesetzgeberischen Ausgestaltung ist, soll am Beispiel der Internationalen Zuständigkeit erläutert werden: Sowohl Kläger als auch Beklagter haben im Grundsatz ein Interesse daran, vor heimischen Gerichten zu klagen.[118] Denn beide Parteien bringen den eigenen Gerichten im Regelfall größeres Vertrauen entgegen, als fremden.[119] Für beide Parteien von Bedeutung ist ferner eine etwaige Sprachbarriere bei einer Rechtsverfolgung bzw. Rechtsverteidigung im Ausland.

Für den Kläger bedeutet eine Klage im Ausland überdies Kosten, die unter Umständen nicht im Verhältnis zu seiner Klageforderung stehen und ihn von der Rechtsverfolgung abhalten könnten; der Beklagte will sich – wenn er schon verklagt wird – vor seinen Gerichten verteidigen dürfen.[120] Dies nicht nur aus Kostengründen, sondern auch, weil bei einer Klage vor einem ausländischen Gericht die Wahrscheinlichkeit einer Säumnisentscheidung steigt.[121]

Dieses Beispiel illustriert, dass der Ausgleich der Parteiinteressen bereits eine äußerst komplexe Angelegenheit darstellt. Gerade diesem Ausgleich aber ist das Zivilverfahren verpflichtet. Die Rechtsetzung im Bereich des Internationalen Zivilverfahrensrechts sollte vor diesem Hintergrund nicht weiter dadurch verkompliziert werden, dass man es als völkerrechtliche Verhandlungsmasse missbraucht.

III. Die Entwicklung des Europäischen Zivilverfahrensrechts

Wegen der soeben geschilderten Bedeutung für das Internationale Zivilverfahrensrecht, aber auch für die vorliegende Untersuchung, soll nun eine etwas breitere Darstellung der Entwicklung des Europäischen Zivilverfahrensrechts erfolgen.

Am 25.3.1957 unterzeichneten Belgien, Deutschland, Frankreich, Italien, die Niederlande und Luxemburg als Teil der Römischen Verträge[122] den EWG-Ver-

---

[117] Vgl. hierzu auch *Pfeiffer*, Grenzüberschreitende Titelgeltung, § 2 Rn. 25 f.

[118] *Schack*, IZVR, Rn. 230.

[119] *Schack*, IZVR, Rn. 230.

[120] *Schack*, IZVR, Rn. 230.

[121] *Schack*, IZVR, Rn. 230.

[122] Als „Römische Verträge" wurden die in Rom unterzeichneten Verträge zur Gründung der Europäischen Wirtschaftsgemeinschaft (EWG) und der Europäischen Atomgemeinschaft (Euratom) genannt. Beide Verträge traten am 1.1.1958 in Kraft.

trag (EWGV)[123] zur Gründung der Europäischen Wirtschaftsgemeinschaft (EWG). Die EWG hatte zwei wesentliche Ziele: Wirtschaftlich sollte sie den grenzüberschreitenden Handel in Europa verbessern. Politisch sollte sie die europäische Integration vorantreiben.[124]

Zur Verwirklichung dieser Ziele war neben der schrittweisen Annäherung der Wirtschaftspolitik wichtigste Aufgabe die Schaffung eines „Gemeinsamen Markts" (Art. 2 EWGV). In der EWG sollten die nationalen Märkte zu einem einheitlichen Markt, einem europäischen Wirtschaftsraum ohne Binnengrenzen verschmelzen.[125] Personen, Waren, Dienstleistungen und Kapital sollten auf diesem Markt frei zirkulieren können (Art. 14 EGV/Art. 26 II AEUV). Hierfür war es erforderlich, alle Hemmnisse und Hindernisse für den innergemeinschaftlichen Handel zu beseitigen.

Ein zentrales Hindernis für den Gemeinsamen Markt war die Unterschiedlichkeit der mitgliedstaatlichen Prozessrechte: Die Geltendmachung und Durchsetzung von Ansprüchen aus grenzüberschreitenden Rechtsstreitigkeiten, die in dem Gemeinsamen Markt ja gerade verstärkt auftreten würden, waren wegen der unterschiedlichen nationalen Verfahrensvorschriften nicht nur schwierig und teuer, sondern teilweise sogar unmöglich.[126] Es wurde früh[127] klar, dass eine Harmonisierung wichtiger Verfahrensvorschriften – die Schaffung einer „justiziellen Infrastruktur"[128] für den Gemeinsamen Markt – notwendig ist.[129] Dementsprechend enthielt der EWGV in Art. 220 – als „Ausgangspunkt dessen, was man heute „europäisches" Zivilprozessrecht" nennt[130] – den nachfolgenden Handlungsauftrag:

Art. 220 EWGV [Auszug]:

Soweit erforderlich, leiten die Mitgliedstaaten untereinander Verhandlungen ein, um zugunsten ihrer Staatsangehörigen folgendes sicherzustellen: […]

– die Vereinfachung der Förmlichkeiten für die gegenseitige Anerkennung und Vollstreckung richterlicher Entscheidungen und Schiedssprüche.

---

[123] Der EWGV ist nicht im Amtsblatt veröffentlicht, aber unter https://eur-lex.europa.eu/legal-content/DE/TXT/PDF/?uri=CELEX:11957E/TXT&from=DE, abgerufen am 1.4.2020.

[124] Vgl. hierzu die Präambel des EWGV; https://eur-lex.europa.eu/legal-content/DE/TXT/PDF/?uri=CELEX:11957E/TXT&from=DE abgerufen am 1.4.2020.

[125] Zum Begriff „Gemeinsamer Markt" vgl. EuGH, Urteil vom 5.5.1982 – Rs. 15/81 (*Gaston Schul Duane Expediteur ./. Inspecteur der Invoerrechten en Accijnzen Roosendaal*) = ECLI:EU:C:1982:135, NJW 1983, S. 1252 (1254).

[126] Nach *Bülow*, RabelsZ 29 (1965), S. 473 (475, Fn. 5) bestanden beispielsweise keine Vollstreckungsverträge zwischen Frankreich und der BRD, den Niederlanden, Luxemburg sowie zwischen Luxemburg und der BRD und Luxemburg und Italien. Vgl. auch *Hess*, EuZPR, § 3 Rn. 2; *Geimer*, in: Geimer/Schütze, Internationale Urteilsanerkennung I.1, S. 33 f.

[127] *Hallstein*, RabelsZ 28 (1964), S. 211 (211, 222 f.); *Bülow*, RabelsZ 29 (1965), S. 473 (475).

[128] *Hess*, EuZPR, § 1 Rn. 1; vgl. auch *Adolphsen*, EuZVR, Kap. 1 Rn. 9 ff.

[129] *Hess*, EuZPR, § 1 Rn. 1; *Grolimund*, DSP, Rn. 1 ff.; *Bülow*, RabelsZ 29 (1965), S. 473 (475), *Geimer*, in: Geimer/Schütze, Internationale Urteilsanerkennung I.1, S. 35 f.

[130] *Schlosser*, in: Schlosser/Hess, EuZPR, Einleitung Rn. 2.

Bereits kurz nach Inkrafttreten des EWGV forderte die Kommission der EWG die Mitgliedstaaten auf, diesem Handlungsauftrag nachzukommen und eben diese justizielle Infrastruktur zu schaffen:

> „Ein echter Binnenmarkt zwischen den sechs Staaten wird erst dann verwirklicht sein, wenn ein ausreichender Rechtsschutz gewährleistet ist. Es wären Störungen und Schwierigkeiten im Wirtschaftsleben der Gemeinschaft zu befürchten, wenn die sich aus den vielfältigen Rechtsbeziehungen ergebenden Ansprüche nicht erforderlichenfalls auf dem Rechtswege festgestellt und durchgesetzt werden könnten. Da die Gerichtshoheit in Zivil- und Handelssachen bei den Mitgliedstaaten liegt und die Wirkungen eines gerichtlichen Aktes jeweils auf ein bestimmtes Staatsgebiet beschränkt bleiben, hängt der Rechtsschutz und damit die Rechtssicherheit im Gemeinsamen Markt wesentlich von der Annahme einer befriedigenden Regelung der Anerkennung und Vollstreckung gerichtlicher Entscheidungen durch die Mitgliedstaaten ab."[131]

Knapp 10 Jahre später – am 27.9.1968 – unterzeichneten die sechs EWG-Gründerstaaten das (Brüsseler) Übereinkommen über die gerichtliche Zuständigkeit und die Vollstreckung gerichtlicher Entscheidungen in Zivil- und Handelssachen.[132] Dieser völkerrechtliche Vertrag trat am 1.3.1973 in Kraft. Er bildete die „Keimzelle"[133] für das moderne Europäische Zivilverfahrensrecht.[134]

Das EuGVÜ war zur Zeit seines Inkrafttretens extrem innovativ. Als echte *convention double*, enthielt es erstmals nicht nur Vorschriften über die Anerkennungszuständigkeit (indirekte Zuständigkeit = *compétence indirecte*), sondern auch – und insoweit den eigentlichen Handlungsauftrag übertreffend – Vorschriften über die internationale Entscheidungszuständigkeit (direkte Zuständigkeit = *compétence directe*).[135] Solche Regelungen waren vorher in den meisten Staaten unbekannt.[136] Soweit es überhaupt entsprechende völkerrechtliche Vereinbarungen gab, handelte es sich bei diesen um bloße Anerkennungsübereinkommen, sogenannte *conventions simples*.[137]

In den Folgejahren wuchs die Zahl der Vertragsstaaten beständig.[138] Das Übereinkommen war Mitte der 1980er Jahre so erfolgreich, dass mit den EFTA Staaten Finnland, Island, Norwegen, Österreich und der Schweiz 1988 schließlich auch Nichtmitgliedstaaten durch das Parallelübereinkommen von Lugano in das

---

[131] Verbalnote der Kommission der EWG an die Mitgliedstaaten vom 22.10.1959, abgedruckt im *Jenard*-Bericht, ABl. EG 1979 C 59/1 (3).

[132] BGBl. 1972 II S. 774. Nr.46 vom 29.7.1972 – EG-ABl. 1972 L 299/32.

[133] *Junker*, IZPR, § 6 Rn. 3.

[134] Das EuGVÜ selbst war freilich (noch) kein echtes Europäisches Zivilverfahrensrecht, vgl. *Adolphsen*, EuZVR, Kap. 1 Rn. 26.

[135] *Adolphsen*, EuZVR, Kap. 1 Rn. 26; *Geimer*, in: Geimer/Schütze, Internationale Urteilsanerkennung I.1, S. 33 ff.

[136] *Schack*, IZVR, Rn. 84; *Bülow*, RabelsZ 29 (1965), S. 473 (475); *Geimer*, in: Geimer/ Schütze, Internationale Urteilsanerkennung I.1, S. 33 ff.

[137] *Schack*, ZEuP 2014, S. 824 (827).

[138] *Schlosser*, in: Schlosser/Hess, EuZPR, Einleitung Rn. 9 ff.

durch das EuGVÜ geschaffene „Europäische Zivilverfahrensrecht" eingebunden wurden.[139]

Einen Paradigmenwechsel brachte schließlich der am 1.5.1999 in Kraft getretene Vertrag von Amsterdam. Er enthielt mit den Art. 61 lit. c, 65, 67 EGV erstmals einen Kompetenztitel zur Schaffung von originärem Europäischen Zivilverfahrensrecht.[140] Auf dem Sondergipfel von Tampere wurden diesem Kompetenztitel im Oktober 1999 erste Konturen verliehen: Die vom Vertrag von Amsterdam vorgesehenen (normgeberischen) Möglichkeiten sollten umfassend genutzt werden mit dem Ziel, einen „Raum der Freiheit, der Sicherheit und des Rechts zu erschaffen".[141] Dies ist in den nachfolgenden Jahren geschehen.

Mit Wirkung zum 1.2.2002 wurde das EuGVÜ fast unverändert in die Form einer Verordnung i. S. v. Art. 288 II AEUV „umgegossen".[142] Ergebnis dieses Prozesses war die Brüssel I-Verordnung. Zur weiteren Umsetzung des Tampere-Programms wurden den darauffolgenden Jahren eine ganze Fülle von Verordnungen geschaffen, die – beeinflusst von weiteren Maßnahmenprogrammen – dem Haager Programm von 2004 und dem Stockholmer Programm von 2009 heute in ihrer Gesamtheit das Europäische Zivilverfahrensrecht bilden.

B. Universalisierung
des Europäischen Zivilverfahrensrechts

Universalisierung des Europäischen Zivilverfahrensrechts bedeutet die Erstreckung des vergemeinschafteten Internationalen Zivilverfahrensrechts der Europäischen Union auf (alle) Drittstaatensachverhalte durch speziell ausgestaltetes Einheitsrecht. Gleichzeitig bedeutet Universalisierung des Europäischen Zivilverfahrensrechts die Verdrängung des autonomen internationalen Zivilverfahrensrechts der Mitgliedstaaten.

Von Einheitsrecht spricht man, wenn es sich (1.) um objektives Recht handelt, das (2.) international einheitlich und allgemeinverbindlich gilt und (3.) dessen Geltung auf einer rechtlichen Bindung zwischen den teilnehmenden Staaten beruht.[143] Das heute geltende Internationale Zivilverfahrensrecht „europäischer Provenienz" erfüllt diese Voraussetzungen und stellt bereits jetzt internationales Einheitsrecht

---

[139] *Schlosser*, in: Schlosser/Hess, EuZPR, Einleitung Rn. 14.
[140] Siehe unten ab S. 78.
[141] Sondergipfel von Tampere, 15./16.10.1999 – Schlussfolgerungen des Vorsitzes, http://www.europarl.europa.eu/summits/tam_de.htm, abgerufen am 1.4.2020. Ein offizielles, amtliches Dokument existiert nicht.
[142] *Schlosser*, in: Schlosser/Hess, EuZPR, Einleitung Rn. 18 f.
[143] *Gruber*, Methoden des internationalen Einheitsrechts, S. 2, 14 f., 19; *Kropholler*, Internationales Einheitsrecht, S. 1 ff.

dar:[144] Als durch den Europäischen Gesetzgeber autoritativ gesetzte Rechtsregeln, sind die Gemeinschaftsrechtsakte, die in ihrer Gesamtheit das Europäische Zivilverfahrensrecht bilden, Recht. Aufgrund ihrer Rechtsnatur als Verordnung gelten sie gem. Art. 288 II 2 AEUV unmittelbar und gleich in jedem Mitgliedstaat. Dies ist möglich, weil sich die Mitgliedstaaten zu dem supranationalen Staatenbund der Europäischen Union zusammengetan und zunächst mit Art. 61 lit. c, 65 , 67 EGV, später Art. 81 AEUV, entsprechende gesetzgeberische Kompetenzen übertragen haben. Beim EuZVR handelt es sich derzeit allerdings nur um ein europäisches[145], „regionales Einheitsrecht"[146]: Es gilt im Wesentlichen *inter partes* und regelt Binnenmarktverfahren zwischen Mitgliedstaaten; in gewissem Umfang erfasst es darüber hinaus aber auch heute schon – „überschießend" – Drittstaatenverfahren.

Eine Erstreckung im vorstehenden Sinne kann grundsätzlich auf zwei Arten erfolgen:

Entweder sie erfolgt durch Ausweitung des räumlichen Geltungsbereichs des vergemeinschafteten Internationalen Zivilverfahrensrechts (dazu I.). Da nicht davon auszugehen ist, dass sich die Europäische Union zum legitimen Weltgesetzgeber aufschwingt, wäre hierfür die Schaffung von multilateral ausgehandeltem, staatsvertraglichen Einheitsrecht erforderlich, das – vergleichbar mit dem Übereinkommen von Lugano – das Europäische Zivilverfahrensrecht völkervertraglich nachbildet.

Oder aber die Erstreckung erfolgt durch die Ausweitung des räumlich-persönlichen Anwendungsbereichs des Europäischen Zivilverfahrensrechts (dazu II.). Hierfür müsste das bereits bestehende Gemeinschaftsrecht unilateral überarbeitet und in allseitiges Einheitsrecht umgeformt werden. Durch diese Umgestaltung würde internationales Einheitsrecht mit Wirkung *erga omnes* geschaffen.[147] Freilich nicht in dem Sinne, dass es tatsächlich weltweit verbindlich gilt, sondern nur in dem Sinne, dass es „dem Prinzip nach für eine weltweite Geltung offen ist".[148]

I. Universalisierung durch Erstreckung des räumlichen Geltungsbereichs

Bevor letztlich dargestellt werden kann, was sich genau hinter der Universalisierung des räumlichen Geltungsbereichs verbirgt (dazu 3.), soll zunächst eine allgemeine Begriffsbestimmung erfolgen (dazu 1.). Auf sie folgt die Darstellung des konkreten räumlichen Geltungsbereichs des EuZVR (dazu 2.).

---

[144] *Gruber*, Methoden des internationalen Einheitsrechts, S. 2, 14 f., 19; *Kropholler*, Internationales Einheitsrecht, S. 4.
[145] *Geimer*, IPRax 1991, S. 31 (33).
[146] *Basedow*, RabelsZ 81 (2017), S. 1 (11); *Kropholler*, Internationales Einheitsrecht, S. 4, 225.
[147] Vgl. *Grolimund*, in: Jahrbuch ZVR 10, S. 79 (89).
[148] Vgl. *Weimer*, Grundlagen grenzüberschreitender Rechtsetzung, S. 52.

1. Räumlicher Geltungsbereich: Allgemeine Begriffsbestimmung

Der räumliche Geltungsbereich beschreibt, ob eine Vorschrift in territorialer[149] Hinsicht *gilt*, also den „Bereich ihrer Verbindlichkeit als *lex fori*".[150] Da die Gesetzgebung Teil staatlicher Souveränität ist, wäre es völkerrechtswidrig, wenn „ein Staat im Wege der Gesetzgebung Recht setzt, dass unmittelbar für ein anderes Land Geltung hat".[151] Der räumliche Geltungsbereich einer Norm wird damit durch das Hoheitsgebiet ihres Herkunftslandes begrenzt (Territorialitätsprinzip[152]).

2. Räumlicher Geltungsbereich des EuZVR

Für das Europäische Zivilverfahrensrecht – als supranationales Recht – gilt *mutatis mutandis* nichts anderes:

Der räumliche Geltungsbereich des EuZVR entspricht im Grundsatz der Summe der Hoheitsgebiete aller 27 Mitgliedstaaten.[153] Insofern kann man heute von einem „EU-bezogenen Territorialitätsprinzip" sprechen.[154] Die Sekundärrechtsakte, die in ihrer Gesamtheit das EuZVR bilden, enthalten zwar selbst keine entsprechende positivrechtliche Festlegung. Eine solche findet sich aber im europäischen Primärrecht, auf das in den Sekundärrechtsakten verwiesen wird (vgl. bspw. Erwägungsgrund (9) und Art. 68 Brüssel Ia-VO). Diese primärrechtliche Festlegung gilt unmittelbar auch für das Sekundärrecht.[155]

---

[149] Teilweise wird der räumlich (-geographische) Geltungsbereich daher auch als „territorialer Geltungsbereich" bezeichnet, vgl. z. B. *Staudinger*, in: Rauscher, EuZPR/EuIPR, Einl. Brüssel Ia-VO Rn. 13 ff.

[150] *Neuhaus*, Die Grundbegriffe des Internationalen Privatrechts, S. 181.

[151] Vgl. *Riezler*, IZPR, S. 81.

[152] Linke/*Hau*, IZVR, Rn. 2.2; vgl. auch *Fallon/Kruger*, Yearbook of Private International Law, Volume 14 (2012/2013), S. 1 (32).

[153] Vgl. *Drobnig*, in: FS v. Overbeck, S. 15 (17). Für einen Übergangszeitraum – jedenfalls bis zum 31.12.2020 – gilt das EuZVR aufgrund des Brexit-Abkommen auch nach dem Austritt des Vereinigten Königreichs in dem ehemaligen Mitgliedstaat fort, vgl. *Rühl*, NJW 2020, S. 443 (443), *Terhechte*, NJW 2020, S. 425 (426). Zum gesamten Themenkomplex siehe auch unten Kapitel 4, S. 173 ff.

[154] Linke/*Hau*, IZVR, Rn. 2.3.

[155] EuGH, Urteil vom 16.2.1978 – Rs. 61/77 (*Kommission ./. Irland*), ECLI:EU:C:1978:29 = NJW 1978, S. 1737 (1737); *Staudinger*, in: Rauscher, EuZPR/EuIPR, Einl. Brüssel Ia-VO Rn. 13; *Schmalenbach*, in: Calliess/Ruffert, Art. 52 EUV Rn. 3; *Becker*, in: EU-Kommentar, Art. 52 EUV Rn. 2.

a) Grundsatz

Nach Art. 52 I EUV (früher Art. 299 EGV) gelten die Verträge[156] – und damit eben auch das Sekundärrecht[157] – grundsätzlich in den dort aufgezählten EU-Mitgliedstaaten[158]. Die Norm knüpft dabei nur an die Namen der Mitgliedstaaten an unter denen diese als Völkerrechtssubjekte im Völkerrechtsverkehr auftreten.[159] Eine geographische Umschreibung der einzelnen nationalen Hoheitsgebiete erfolgt nicht; sie ergibt sich aus den jeweiligen nationalen Verfassungen unter Berücksichtigung völkerrechtlicher Regelungen.[160]

An sich würde nach Art. 52 I EUV das Primärrecht damit die gesamten Hoheitsgebiete jedes Mitgliedstaats umfassen. Das ergibt sich aus einem mittlerweile in der Art. 29 WVRK[161] kodifizierten, unumstrittenen Grundsatz des Völkergewohnheitsrechts.[162] Danach bindet ein Vertrag jede Vertragspartei hinsichtlich ihres gesamten Hoheitsgebiets, sofern keine abweichende Absicht aus dem Vertrag hervorgeht oder anderweitig festgestellt ist. Eine solche abweichende Absicht regelt Art. 355 AEUV, auf den in Art. 52 II EUV verwiesen wird. Während Art. 355 I AEUV die uneingeschränkte Geltung des Primär- und Sekundärrechts auch für verschiedene außereuropäischen Hoheitsgebiete Frankreichs (die sogenannten „Französischen Überseegebiete" Guadeloupe, Französisch-Guayana, Martinique, Mayotte, Réunion und Saint-Martin), Portugals (Azoren und Madeira) und Spaniens (Kanarischen Inseln) nochmal hervorhebt und insoweit eher deklatorischen

---

[156] Gemeint sind nach der Legaldefinition des Art. 1 III EUV der EU-Vertrag und der Vertrag über die Arbeitsweise der Europäischen Union als zentrale Primärrechtsquellen.

[157] *Staudinger*, in: Rauscher, EuZPR/EuIPR, Einl. Brüssel Ia-VO Rn. 13; *Schmalenbach*, in: Calliess/Ruffert, Art. 52 EUV Rn. 3; *Becker*, in: EU-Kommentar, Art. 52 EUV Rn. 2.

[158] Das Königreich Belgien, die Republik Bulgarien, die Tschechische Republik, das Königreich Dänemark, die Bundesrepublik Deutschland, die Republik Estland, Irland, die Hellenische Republik, das Königreich Spanien, die Französische Republik, die Republik Kroatien, die Italienische Republik, die Republik Zypern, die Republik Lettland, die Republik Litauen, das Großherzogtum Luxemburg, die Republik Ungarn, die Republik Malta, das Königreich der Niederlande, die Republik Österreich, die Republik Polen, die Portugiesische Republik, Rumänien, die Republik Slowenien, die Slowakische Republik, die Republik Finnland, das Königreich Schweden und das Vereinigte Königreich Großbritannien und Nordirland. Mit dem Inkrafttreten des Brexit-Abkommens (Abkommen über den Austritt des Vereinigten Königreichs Großbritannien und Nordirland aus der Europäischen Union und der Europäischen Atomgemeinschaft, http://data.consilium.europa.eu/doc/document/XT-21107-2018-INIT/de/pdf, abgerufen am 1.4.2020) ist das Vereinigte Königreich nunmehr kein EU-Mitgliedstaat mehr. Siehe auch unten Kapitel 4 ab S. 173. Eine Anpassung des Wortlauts von Art. 52 I EUV ist noch nicht erfolgt.

[159] *Becker*, in: EU-Kommentar, Art. 52 EUV Rn. 3; *Schmalenbach*, in: Calliess/Ruffert, Art. 52 EUV Rn. 4.

[160] *Becker*, in: EU-Kommentar, Art. 52 EUV Rn. 4; *Schmalenbach*, in: Calliess/Ruffert, Art. 52 EUV Rn. 4 f.

[161] Wiener Übereinkommen über das Recht der Verträge vom 23.5.1969, BGBl. 1985 II S. 926.

[162] *Odendahl*, in: WVRK, Art. 29 Rn. 3.

Charakter hat[163], nehmen die Absätze 2 bis 5 spezifische Hoheitsgebiete einzelner Mitgliedstaaten ganz oder teilweise aus dem Geltungsbereich des Gemeinschaftsrechts heraus. Diese Territorien sind dann – anders als ihr jeweiliges Mutterland – gegenüber den anderen Mitgliedstaaten in der Situation von Drittstaaten.[164]

Für die vorliegende Betrachtung ist der genaue Umfang[165] der mitgliedstaatlichen Hoheitsgebiete allerdings nicht von Relevanz. Es gilt vereinfacht: Das Europäische Zivilverfahrensrecht gilt in den Mitgliedstaaten der EU, nicht aber in Drittstaaten.

b) Ausnahmen

Besonderheiten – gewissermaßen ein *Europa à la carte*[166] – gelten jedoch für Dänemark, das Vereinigte Königreich und Irland:

Diese drei Staaten haben auf Grundlage des mittlerweile weggefallenen Art. 69 EGV durch entsprechende Protokolle Vorbehalte gegen eine Teilnahme an den Sekundärrechtsakten des Europäischen Zivilverfahrensrechts erklärt:[167]

aa) Dänemark

Dänemark hat erklärt, dass es sich nicht an den Sekundärrechtsakten des Europäischen Zivilverfahrensrecht beteiligt.[168] Entsprechende Verordnungen sind für Dänemark nicht bindend und ihm gegenüber nicht anwendbar. Es wird daher auch als „unechter Drittstaat" bezeichnet.[169] Wenn Dänemark teilnehmen möchte, muss es hierzu völkerrechtliche Verträge abschließen. Dies ist in der Vergangenheit mehrfach geschehen, unter anderem bei der Brüssel I- bzw. Ia-Verordnung.[170]

---

[163] Vgl. *Schmalenbach*, in: Calliess/Ruffert, Art. 355 AEUV Rn. 1 ff.

[164] *Schmalenbach*, in: Calliess/Ruffert, Art. 355 AEUV Rn. 6.

[165] Vgl. hierzu die einschlägige Kommentierung, bspw. *Schmalenbach*, in: Calliess/Ruffert, Art. 355 AEUV Rn. 6 ff.

[166] *Basedow*, IPRax 2017, S. 194 (195); *derselbe*, RabelsZ 73 (2009) S. 455 (459); vgl. auch *Suhr*, in: Calliess/Ruffert, Art. 276 AEUV Rn. 16 ff.

[167] Vgl. *Adolphsen*, EuZVR, Kap. 3 Rn. 27 ff.

[168] Protokoll (Nr. 22) über die Position Dänemarks, ABl. EU 2012 C 326/299.

[169] *Jayme/Kohler*, IPRax 2005, S. 481 (483).

[170] Abkommen zwischen der Europäischen Gemeinschaft und dem Königreich Dänemark über die gerichtliche Zuständigkeit und die Anerkennung und Vollstreckung von Entscheidungen in Zivil- und Handelssachen, ABl. EU 2013 L 79/4.

bb) Großbritannien und Irland

Das Vereinigte Königreich und Irland haben in ihrem Protokoll erklärt, dass sie sich an den Sekundärrechtsakten im Bereich des Europäischen Zivilverfahrensrechts grundsätzlich nicht beteiligen.[171] Anders als Dänemark haben sich die beiden Mitgliedstaaten aber eine Beteiligungsmöglichkeit (*opt-in*) vorbehalten.

In der Vergangenheit haben die beiden Staaten von dieser Möglichkeit regelmäßig Gebrauch gemacht.[172] Insbesondere bei jüngeren Verordnungen nahmen bzw. nehmen das Vereinigte Königreich und/oder Irland aber nicht teil.[173]

Nach dem Brexit – dem Austritt des Vereinigten Königreichs aus der Europäischen Union – verkleinert sich der räumliche Geltungsbereich des Europäischen Zivilverfahrensrechts um das Hoheitsgebiet des ausgetretenen Staats. Die Sekundärrechtsakte, für die Großbritannien ein opt-in erklärt hatte, gelten jedoch für eine Übergangsfrist weiter.[174]

3. Multilaterale Universalisierung des räumlichen Geltungsbereichs

Nach den vorstehenden Ausführungen muss klar sein: Eine „Universalisierung des Europäischen Zivilverfahrensrechts" durch die Erstreckung des räumlichen Geltungsbereichs des Gemeinschaftsrechts auf Drittstaatensachverhalte kann nur durch Abschluss eines multilateralen Staatsvertrags erfolgen. Wenn sich alle Staaten der Welt in einem völkerrechtlichen Vertrag auf ein gemeinsames Internationales Zivilverfahrensrecht verständigen würden, wäre dieses multilateral ausgehandelte, globale Einheitsrecht sicher einem Europäischen Zivilverfahrensrecht, das unilateral weltweit erstreckt wurde, vorzuziehen.

Problematisch ist indes, dass staatsvertragliche Rechtsvereinheitlichung – jedenfalls mit einem universellen Anspruch – kaum zu erreichen ist (dazu a)). Dies zeigen nicht zuletzt die Bemühungen der Haager Konferenz für Internationales Privatrecht – insbesondere hinsichtlich des sogenannten „*Judgments Project*"[175] (dazu b)). Es stellt sich die Frage, welche Bedeutung Internationales Zivilverfahrensrecht dieser Machart zukünftig haben wird (dazu c)).

---

[171] Protokoll (Nr. 21) über die Position des Vereinigten Königreichs und Irlands hinsichtlich des Raums der Freiheit, der Sicherheit und des Rechts, ABl. EU 2012 C 326/295; vgl. auch *Suhr*, in: Calliess/Ruffert, Art. 276 AEUV Rn. 16 ff.

[172] *Staudinger*, in: Rauscher, EuZPR/EuIPR, Einl. Brüssel Ia-VO Rn. 14.

[173] Vgl. *Stumpf*, in: EU-Kommentar, Art. 81 AEUV Rn. 5.

[174] Siehe hierzu den Exkurs ab S. 173.

[175] https://www.hcch.net/de/projects/legislative-projects/judgments, abgerufen am 1.4.2020.

a) Das Spannungsfeld staatsvertraglicher Rechtsvereinheitlichung

Staatsvertragliche Rechtsvereinheitlichung steht – ganz allgemein – in einem zweipoligen Spannungsfeld:[176] Den ersten Pol bildet die Anzahl der Vertragsstaaten. Sie bestimmt die Reichweite des räumlichen Geltungsbereichs[177] und damit die Bedeutung des Abkommens für die Rechtspraxis. Den anderen Pol bilden Regelungsumfang und Regelungstiefe. Soll das Abkommen einen echten praktischen Nutzen generieren, muss es umfassende Regelungen enthalten und darf sich nicht in oberflächlichen Allgemeinplätzen erschöpfen.

Beide Pole beeinflussen sich gegenseitig: Der Versuch viele Vertragsstaaten für ein Abkommen zu gewinnen, wirkt sich im Normalfall für Regelungsumfang und Regelungstiefe des Abkommens negativ aus. Denn je größer die Zahl der potentiellen Vertragsparteien ist, desto eher wird Uneinigkeit über die beste Lösung der zu regelnden Materie bestehen.[178] Nimmt man den Abschluss eines globalen Abkommens in den Blick, liegt es angesichts des höchst unterschiedlichen kulturellen, historischen und rechtlichen Hintergrunds der Nationen auf der Hand, dass sich eine Einigung – sollte sie überhaupt möglich sein – auf einen wenig erstrebenswerten Minimalkonsens, den kleinsten gemeinsamen Nenner, beschränken würde. Umgekehrt kommen umfassende und weitreichende Regelungen häufig nur mit wenigen Vertragspartnern zustande, die oftmals über den soeben benannten gemeinsamen Hintergrund verfügen.

aa) Die Europäische Union als Wertegemeinschaft

Naheliegendes Beispiel hierfür sind die Staaten Europas. Diese waren gerade wegen ihrer „gemeinsamen Werte, ... ihres geistig-religiösen und sittlichen Erbes"[179] schon wenige Jahre nach dem verheerenden 2. Weltkrieg bereit, sektorielle Rechtsvereinheitlichung zu betreiben und sich in einer Gemeinschaft zu organisieren. Ohne diese gemeinsame Wertebasis, „die ein Mindestmaß an Homogenität zwischen den Mitgliedstaaten verbürgt"[180], wäre die europäische Integration

---

[176] Ähnlich *Schwantag*, S. 2 ff.
[177] Siehe oben S. 50.
[178] Vgl. *Kropholler*, Internationales Einheitsrecht, S. 20 f.
[179] Präambel der Grundrechtecharta, ABl. EG 2000 C 364/1 (8), Vgl. auch *Basedow*, IPRax 2017, S. 194 (195). Auch in der Präambel des EUV findet sich eine vergleichbare Darstellung: Danach haben sich die Mitgliedstaaten u. a. „schöpfend aus dem kulturellen, religiösen und humanistischen Erbe Europas, aus dem sich die unverletzlichen und unveräußerlichen Rechte des Menschen sowie Freiheit, Demokratie, Gleichheit und Rechtsstaatlichkeit als universelle Werte entwickelt haben" auf den EUV geeinigt. Vgl. auch *Terhechte*, in: Recht der EU, EUV Präambel, Rn. 21 ff.
[180] *Calliess*, in: Calliess/Ruffert, Art. 2 EUV Rn. 1.

nicht zu erreichen gewesen.[181] Wegen ihrer besonderen einheitsbildenden, legitimationsfördernden und identitätsstiftenden Bedeutung normiert Art. 2 EUV heute die Werte der Union wie folgt:[182]

> Die Werte, auf die sich die Union gründet, sind die Achtung der Menschenwürde, Freiheit, Demokratie, Gleichheit, Rechtsstaatlichkeit und die Wahrung der Menschenrechte einschließlich der Rechte der Personen, die Minderheiten angehören. Diese Werte sind allen Mitgliedstaaten in einer Gesellschaft gemeinsam, die sich durch Pluralismus, Nichtdiskriminierung, Toleranz, Gerechtigkeit, Solidarität und die Gleichheit von Frauen und Männern auszeichnet.

bb) Heterogenität auch innerhalb der Wertegemeinschaft „Europäische Union": Die Auswirkungen auf das Primär- und das Sekundärrecht

Aber selbst innerhalb dieser Wertegemeinschaft ist es nicht immer leicht, einen Kompromiss zu finden:

(1) Auswirkungen auf das Primärrecht

Dies zeigen für den Bereich des Primärrechts sehr deutlich die Protokolle[183] zu EUV und AEUV (vgl. Art. 51 EUV[184]). Sie enthalten unter anderem Sonderregelungen[185], die – vergleichbar mit einem völkerrechtlichen Vorbehalt i. S. v. Art. 19 WVRK – die Geltung des Gemeinschaftsrechts für einzelne Mitgliedstaaten ausschließen oder modifizieren.[186] Hier sei insbesondere an die Sonderstellung Dänemarks, des Vereinigten Königreichs und Irlands erinnert.[187]

---

[181] *Calliess*, in: Calliess/Ruffert, Art. 2 EUV Rn. 1; vgl. auch *Terhechte*, in: Recht der EU, EUV Präambel, Rn. 21 ff.

[182] *Calliess*, in: Calliess/Ruffert, Art. 2 EUV Rn. 31, vgl. auch die Präambel zum EUV; hierzu *Terhechte*, in: Recht der EU, EUV Präambel, Rn. 21 ff.

[183] Eine konsolidierte Fassung der Protokolle findet sich in ABl. EU 2012 C 326/201.

[184] *Schmalenbach*, in: Calliess/Ruffert, Art. 51 EUV Rn. 3.

[185] Z. B. Protokoll (Nr. 21) über die Position des Vereinigten Königreichs und Irlands hinsichtlich des Raums der Freiheit, der Sicherheit und des Rechts, ABl. EU 2012 C 326/295; Protokoll (Nr. 22) über die Position durch, ABl. EU 2012 C 326/299. Zum Inhalt der Protokolle siehe S. 52. Bemerkenswert ist mit Blick auf die europäische Wertegemeinschaft auch Protokoll (Nr. 30) über die Anwendung der Charta der Grundrechte der Europäischen Union auf Polen und das Vereinigte Königreich, ABl. EU 2012 C 326/313 f., in dem beide Mitgliedstaaten mitteilen, dass sie von der Grundrechtecharta nicht gebunden sind.

[186] *Schmalenbach*, in: Calliess/Ruffert, Art. 51 EUV Rn. 4; *Ruffert*, in: Calliess/Ruffert, Art. 1 AEUV Rn. 8.

[187] Siehe oben S. 52.

(2)   Auswirkungen auf das Sekundärrecht: Der Mechanismus
der Verstärkten Zusammenarbeit

Mit Blick auf die zwischen den Mitgliedstaaten bestehende – und mit jeder
EU-Erweiterung wachsende – Heterogenität, sowie die in verschiedenen Regelungsbereichen sehr unterschiedliche Integrationsbereitschaft[188], eröffnet Art. 20
EUV überdies die Möglichkeit einer „Verstärkten Zusammenarbeit" einzelner Mitgliedstaaten im sekundärrechtlichen Bereich[189]: Wenn sich die Gesamtheit der Mitgliedstaaten aus wirtschaftlichen oder politischen Gründen nicht innerhalb eines
vertretbare Zeitraums auf eine einheitliche Regelung einigt, kann der Rat unter den
Voraussetzungen der Art. 20 EUV i. V. m. Art. 326–334 AEUV als *ultima ratio* einzelne[190] Mitgliedstaaten – gewissermaßen eine „Koalition der Willigen" – zu einer
Verstärkten Zusammenarbeit ermächtigen.[191] Auf diese Weise entstandene Rechtsakte haben dementsprechend einen eingeschränkten räumlichen Geltungsbereich
und gehören nicht zum gemeinsamen Besitzstand (*acquis communautaire*), der
von einem beitrittswilligen Staat angenommen werden muss, Art. 20 IV EUV.[192]

Bisher wurde von diesem Mechanismus erst viermal Gebrauch gemacht:[193]
(1.) Der Rat ermächtigte 2010 erstmals 14 Mitgliedstaaten zu einer Verstärkten Zusammenarbeit im Bereich des auf die Ehescheidung und Trennung ohne Auflösung
des Ehebandes anzuwendenden Rechts.[194] Ergebnis dieser Zusammenarbeit ist die
Rom III-Verordnung[195], die heute in 16 Mitgliedstaaten gilt.[196] (2.) 2011 ermächtigte
der Rat – gegen den Widerstand von Italien und Spanien – 25 Mitgliedstaaten zu
einer Verstärkten Zusammenarbeit im Bereich der Schaffung eines einheitlichen
Patentschutzes.[197] Der Beschluss war Grundlage für zwei Durchführungsrechts-

---

[188] Vgl. hierzu *Basedow*, IPRax 2017, S. 194 (195).
[189] Eine ausführliche und lesenswerte Darstellung der Entwicklungsgeschichte der Verstärkten Zusammenarbeit liefert *Blanke*, in: Recht der EU, Art. 20 EUV Rn. 1–30.
[190] Mindestens neun Mitgliedstaaten, vgl. Art. 20 II 1 EUV.
[191] Vgl. *Heintschel von Heinegg*, in: Nomos Kommentar Unionsrecht, Art. 20 EUV, Rn. 5 ff.;
Hatje, in: EU-Kommentar, Art. 20 EUV Rn. 18 ff.
[192] Vgl. *Ruffert*, in: Calliess/Ruffert, Art. 20 EUV Rn. 24.
[193] *Blanke*, in: Recht der EU, Art. 20 EUV Rn. 68 ff.
[194] Beschluss des Rates vom 12.7.2010 über die Ermächtigung zu einer Verstärkten Zusammenarbeit im Bereich des auf die Ehescheidung und Trennung ohne Auflösung des Ehebandes
anzuwendenden Rechts, ABl. EU 2010 L 189/12. Vgl. *Blanke*, in: Recht der EU, Art. 20 EUV
Rn. 68; *v. Hein*, in: MüKo-BGB, Art. 3 EGBGB, Rn. 22 f.
[195] Verordnung (EU) Nr. 1259/2010 des Rates vom 20.12.2010 zur Durchführung einer Verstärkten Zusammenarbeit im Bereich des auf die Ehescheidung und Trennung ohne Auflösung
des Ehebandes anzuwendenden Rechts, ABl. EU 2010 L 343/10.
[196] Vgl. die Auflistung bei *Gruber*, in: Nomos Kommentar Rom-VO, Art. 3 Rom III-VO,
Rn. 3.
[197] Beschluss des Rates vom 10.3.2011 über die Ermächtigung zu einer Verstärkten Zusammenarbeit im Bereich der Schaffung eines einheitlichen Patentschutzes, ABl. EU 2011 L 76/53;
siehe unten S. 160 f.

akte – die Verordnung zum Einheitspatent[198] und die sie flankierende Verordnung zu den anwendbaren Übersetzungsregeln.[199] Der Ermächtigungsbeschluss[200] des Rates wurde von Spanien und Italien, die Durchführungsrechtsakte[201] von Spanien – jeweils erfolglos – im Wege der Nichtigkeitsklage vor dem EuGH angegriffen. Dies ist Beleg dafür, wie verhärtet unterschiedliche Auffassungen gelegentlich auch innerhalb der Mitgliedstaaten sind. (3.) 2013 ermächtigte der Rat zu einer Verstärkten Zusammenarbeit im Bereich der Finanztransaktionssteuer.[202] Soweit ersichtlich liegt bisher lediglich der Entwurf einer Richtlinie vor.[203] (4.) Zuletzt hat der Rat 2016 jeweils 18 Mitgliedstaaten[204] zu einer Verstärkten Zusammenarbeit im Bereich der Zuständigkeit, des anzuwendenden Rechts und der Anerkennung und Vollstreckung von Entscheidungen in Fragen des ehelichen Güterstands und zu einer Verstärkten Zusammenarbeit im Bereich der Zuständigkeit, des anzuwendenden Rechts und der Anerkennung und Vollstreckung von Entscheidungen in Fragen güterrechtlicher Wirkungen eingetragener Partnerschaften ermächtigt.[205] Als Ergebnis dieser beiden Verstärkten Zusammenarbeiten gelten seit dem 29.1.2019 die EuGüVO[206] und die EuPartVO[207] (vgl. Art. 79 II EuGüVO und EuPartVO). Insbesondere bei den beiden letztgenannten Verordnungen tritt offen zu Tage, wie

---

[198] Verordnung (EU) Nr. 1257/2012 des Europäischen Parlamentes und des Rates vom 17.12.2012 über die Umsetzung der Verstärkten Zusammenarbeit im Bereich der Schaffung eines einheitlichen Patentschutzes, ABl. EU 2012 L 361/1.

[199] Verordnung (EU) Nr. 1260/2012 des Rates vom 17.12.2012 über die Umsetzung der Verstärkten Zusammenarbeit im Bereich der Schaffung eines einheitlichen Patentschutzes im Hinblick auf die anzuwendenden Übersetzungsregelungen, ABl. EU 2012 L 361/89.

[200] EuGH (Große Kammer), Urteil vom 16.4.2013 – Rs. C-274/11 und C-295/11 (*Spanien und Italien ./. Rat der Europäischen Union*) = ECLI:EU:C:2013:240 = NJW 2013, S. 2009, hierzu kritisch *Jaeger*, NJW 2013, S. 1998.

[201] EuGH (Große Kammer), Urteil vom 5.5.2015 – Rs. C-146/13 (*Spanien ./. Parlament und Rat*) = ECLI:EU:C:2015:298 = EuZW 2015, S. 548 und EuGH (Große Kammer), Urteil vom 5.5.2015 – Rs. C-147/13 (*Spanien ./. Rat*) = ECLI:EU:C:2015:299 = EuZW 2015, S. 552.

[202] Beschluss des Rates vom 22.1.2013 über die Ermächtigung zu einer Verstärkten Zusammenarbeit im Bereich der Finanztransaktionssteuer, ABl. EU 2013 L 22/11.

[203] Vorschlag für eine Richtlinie des Rates über das gemeinsame Finanztransaktionssteuersystem und zur Änderung der Richtlinie 1008/7/EG, KOM (2011) 594 endg.

[204] Vgl. EG (11) EuPartVO und EuGütVO.

[205] Beschluss (EU) 2016/954 des Rates vom 9.6.2016 zur Ermächtigung zu einer Verstärkten Zusammenarbeit im Bereich der Zuständigkeit, des anzuwendenden Rechts und der Anerkennung und Vollstreckung von Entscheidungen in Fragen der Güterstände internationaler Paare (eheliche Güterstände und vermögensrechtliche Folgen eingetragener Partnerschaften), ABl. EU 2016 159/16.

[206] Verordnung (EU) 2016/1103 des Rates vom 24.6.2016 zur Durchführung einer Verstärkten Zusammenarbeit im Bereich der Zuständigkeit, des anzuwendenden Rechts und der Anerkennung und Vollstreckung von Entscheidungen in Fragen des ehelichen Güterstands, ABl. EU 2016 L 183/1, ber. ABl. EU 2017L 113/62 und ABl. EU 2018 L 167/36.

[207] Verordnung (EU) 2016/1104 des Rates vom 24.2.016 zur Durchführung der Verstärkten Zusammenarbeit im Bereich der Zuständigkeit, des anzuwendenden Rechts und der Anerkennung und Vollstreckung von Entscheidungen in Fragen güterrechtlicher Wirkungen eingetragener Partnerschaften, ABl. EU 2016 L 183/30.

unterschiedlich die Wertvorstellungen auch innerhalb der Union sind: Beide Verordnungen kommen auch bei gleichgeschlechtlichen Ehen bzw. Lebenspartner-
schaften zur Anwendung. Während diese Lebensmodelle in Westeuropa mittlerweile ganz weitgehend anerkannt sind, schlägt ihnen in vielen osteuropäischen
Mitgliedstaaten, die über lange Jahre in der „proletarisch-kleinbürgerlich gefärbten
Gedankenwelt des Sozialismus"[208] verhaftet waren, Ablehnung entgegen. Scherpe
beschreibt die Zusammenhänge wie folgt:

> „What can be observed [...] is that while in the Western European jurisdictions there is a clear
> trend towards (full) recognition of same-sex relationships [...], there is a strong resistance
> and even open hostility, in many of the Eastern European jurisdictions."[209]

Dementsprechend nehmen die osteuropäischen Mitgliedstaaten – mit Ausnahme
von Tschechien, Kroatien und Slowenien – nicht an der Verstärkten Zusammenarbeit auf diesem Gebiet teil.

Durch die „differenzierte Integration"[210] in Folge einer Verstärkten Zusammenarbeit können zwar Entscheidungsblockaden überwunden werden.[211] Gleichzeitig
bewirkt diese Flexibilisierung aber eine Abkehr von der traditionellen Integration
durch einheitliche europäische Regelungen[212] und damit letztlich ein „Europa der
unterschiedlichen Geschwindigkeiten".[213]

cc) Zwischenergebnis

Vergegenwärtigt man sich, dass die vorstehend genannten Probleme bereits
innerhalb der Europäischen Union bestehen, die im Grundsatz eine Wertgemein-
schaft darstellt, wird deutlich: Ein qualitativ hochwertiges, global geltendes Internationales Verfahrensrecht mit völlig fremden Kulturkreisen – etwa dem afrikani-
schen, dem arabischen oder dem asiatischen – ist kaum zu verwirklichen.[214]

---

[208] *Basedow*, IPRax 2017, S. 194 (195).

[209] *Scherpe*, The Present and Future of European Family Law, S. 76 f.

[210] *Becker*, in: Europäisches Unionsrecht, Art. 20 EUV Rn. 14; *Stürner*, in: Frankfurter Kommentar, Art. 81 AEUV Rn. 5.

[211] *Blanke*, in: Recht der EU, Art. 20 EUV Rn. 8; *Hatje*, in: EU-Kommentar, Art. 20 EUV
Rn. 2 f.

[212] Vgl. *Hatje*, in: EU-Kommentar, Art. 20 EUV Rn. 2 ff.

[213] *Heintschel von Heinegg*, in: Nomos Kommentar Unionsrecht, Art. 20 EUV, Rn. 2; *Blanke*,
in: Recht der EU, Art. 20 EUV Rn. 9.

[214] Vgl. *Domej*, RabelsZ 78 (2014), S. 508 (525); *Schack*, ZEuP 2014, S. 824 (827); *ders.*,
IZVR, Rn. 134.

b) Die Bemühungen der Haager Konferenz
um ein weltweites Übereinkommen zur Internationalen Zuständigkeit,
Anerkennung und Vollstreckung ausländischer Entscheidungen

Eindrucksvoller Beleg für das oben dargestellte Spannungsfeld bei der Schaffung von staatsvertraglichem Einheitsrecht sind die Bemühungen der Haager Konferenz für Internationales Privatrecht. Die Haager Konferenz hat ausweislich ihrer Satzung die Aufgabe, an der fortschreitenden Vereinheitlichung der Regeln des Internationalen Privatrechts und des Internationalen Zivilverfahrensrechts zu arbeiten.[215] Als „eurozentrische Gründung des Zeitalters der Nationalstaaten"[216] lag ihr Hauptaugenmerk zwar auf der europäischen Rechtsvereinheitlichung.[217] Eines ihrer ambitioniertesten (Langzeit-)Projekte hat indes globale Dimensionen:

Die „altehrwürdige Institution"[218] unternahm seit 1925 insgesamt vier Mal – mehr oder weniger erfolglos – den Versuch ein weltweites Anerkennungs- und Vollstreckungsübereinkommen für zivilrechtliche Entscheidungen zu erschaffen.[219] Während man sich im ersten Anlauf 1925 nicht mal über die genaue Ausgestaltung der Anerkennungszuständigkeit einigen konnte[220], stand als Ergebnis des zweiten Anlaufs 1966 immerhin das Haager Anerkennungsübereinkommen vom 1.2.1971 (HAÜ).[221] Dieses Übereinkommen ist bis heute allerdings gerade einmal in fünf Staaten[222] in Kraft getreten und kann allenfalls als Rahmenvertrag bezeichnet werden.[223] Denn ausweislich Art. 21 HAÜ kann eine vertragsstaatliche Entscheidung in einem anderen Vertragsstaat nur dann nach den Regelungen der Konvention anerkannt und vollstreckt werden, wenn beide Staaten ein Zusatzabkommen zu diesem Zweck geschlossen haben (sogenanntes System der Bilateralisierung[224] („bilatéralisation"[225])). Die zu regelnden Inhalte eines solchen Zusatzabkommens benennt Art. 23 HAÜ in einem 22 Ziffern umfassenden Katalog. Er zählt zentrale

---

[215] Art. 1 der Satzung der Haager Konferenz für Internationales Privatrecht vom 31.10.1951 (BGBl. 1959 II S. 981 und BGBl. 1983 II S. 732) in der Fassung vom 30.6.2005 (BGBl. 2006 II S. 1417 f.), https://www.hcch.net/de/instruments/conven-tions/full-text, abgerufen am 1.4.2020.

[216] *Basedow*, in: FS Lorenz, S. 463 (464 ff.).

[217] Die europäische Prägung zeigt sich auch an der Zusammensetzung der Mitglieder: Bis zur Jahrtausendwende setzte sich die Konferenz zu rund zwei Dritteln aus europäischen Staaten zusammen, vgl. *Basedow*, in: FS Lorenz, S. 463 (466 f.).

[218] *Jayme*, IPRax 2000, S. 165 (168); vgl. auch *Arnold*, JZ 1964, S. 708 (708 f.).

[219] Ein knapper geschichtlicher Abriss aller vier Anläufe der Haager Konferenz findet sich bei *Schack*, ZEuP 2014, S. 824 (825 ff.), *ders.*, ZEuP 1993, S. 306 (306 ff.).

[220] Vgl. *Schack*, ZEuP 1993, S. 306 (306 f.).

[221] Convention of 1 February 1971 on the Recognition and Enforcement of Foreign Judgments in Civil and Commercial Matters, https://www.hcch.net/de/instruments/conven-tions/full-text/?cid=78, abgerufen am 1.4.2020.

[222] Albanien, Kuwait, Niederlande, Portugal und Zypern, vgl. Statustabelle auf https://www.hcch.net/de/instruments/conventions/status-table/?cid=78, abgerufen am 1.4.2020.

[223] *Schack*, ZEuP 1993, S. 306 (307); *ders.*, ZEuP 2014, S. 824 (825 f.).

[224] Zu diesem System ausführlich *Kropholler*, Internationales Einheitsrecht, S. 99 f.; vgl. auch *Schack*, ZEuP 2014, S. 824 (825 f.).

[225] *Schack*, ZEuP 2014, S. 824 (825 f.).

Aspekte auf, die sinnvoller Bestandteil des Haager Übereinkommens gewesen wären: Nach Art. 23 XIV HAÜ bspw. können die Vertragsstaaten das System der Anerkennung und Vollstreckung selbst regeln. Das Haager Anerkennungsübereinkommen kann angesichts dieses Systems der Bilateralisierung kaum als großer Erfolg für eine universelle Rechtsvereinheitlichung gewertet werden; die Notwendigkeit bilateraler Verträge macht es zu kaum mehr als einer „leere[n] Hülle".[226]

Unter dem klangvollen Namen „*Judgments Project*"[227] startete die Haager Konferenz auf Betreiben der Vereinigten Staaten von Amerika 1992 einen dritten Versuch zur Schaffung eines weltweiten Anerkennungs- und Vollstreckungsübereinkommens für zivilrechtliche Entscheidungen.[228] Den USA schwebte dabei eine *convention mixte* vor[229], eine Mischform aus *convention double* und *convention simple*:[230] Statt eines abschließenden Zuständigkeitskatalogs sollten insgesamt drei Zuständigkeitskategorien geschaffen werden:[231] In eine erste Kategorie („weiße Liste") sollten alle akzeptierten Anerkennungszuständigkeiten aufgenommen werden. Diese Kategorie hätte für sich genommen also den Charakter einer *convention simple* gehabt.[232] In einer zweiten Kategorie („schwarze Liste") sollten – wie bei einer *convention double* – verbotene, exorbitante Entscheidungszuständigkeiten zusammengefasst werden. Einer dritten Kategorie („Grauzone") sollten schließlich alle verbleibenden Zuständigkeiten unterfallen. Sie wären durch das Übereinkommen weder positiv noch negativ geregelt worden. Auf diese Weise hätte man den autonomen Internationalen Zivilverfahrensrechten der Vertragsstaaten einen – je nach Gestaltung unter Umständen sehr großen – Restanwendungsbereich belassen. Die Vereinigten Staaten verfolgten mit diesem Ansatz erkennbar das Ziel, die Voraussetzungen für einen „Export" amerikanischer Entscheidungen, insbesondere auch ihrer *punitive damages* – Urteile zu schaffen, ohne auf ihre häufig ausufernden, exorbitanten Zuständigkeiten verzichten zu müssen.[233]

Die EG-Mitgliedstaaten verfolgten einen anderen Plan: Sie wollten die Verhandlungen nutzen, um einen (möglichst) abschließenden Katalog von Vorschriften über die Internationale Zuständigkeit nach dem Vorbild des EuGVÜ zu installieren und eine *convention double* zu erschaffen.[234] Ziel dieser Harmonisierung auf europäischer Seite war es, die oben genannten exorbitanten US-amerikanischen Zu-

---

[226] *Schack*, ZEuP 2014, S. 824 (825 f.); *ders.*, ZEuP 1993, S. 306 (306 f.).

[227] https://www.hcch.net/de/projects/legislative-projects/judgments, abgerufen am 1.4.2020.

[228] Ausführlich hierzu *Wagner*, RabelsZ 73 (2009), S. 100 (103 ff.); *Schulz*, in: Kohärenz im IPR und IZPR, S. 110 (125 ff.); vgl. auch https://assets.hcch.net/docs/e59bad19-0437-4e00-8831-531757506ae8.zip (abgerufen am 1.4.2020) - dort Prel. Doc. No 10 of May 2018 (S. 4 f.).

[229] Vgl. *v. Mehren*, IPRax 2000, S. 465 (467).

[230] Zu den Begrifflichkeiten vgl. *Schack*, ZEuP 2014, S. 824 (827 f.); siehe ferner oben S. 47.

[231] Vgl. *Wagner*, RabelsZ 73 (2009), S. 100 (105 f.); *Schack*, ZEuP 1993, S. 306 (315 f.).

[232] Vgl. *Schack*, ZEuP 1993, S. 306 (316).

[233] Vgl. *Schack*, IZVR. Rn. 134.

[234] *Schack*, IZVR. Rn. 134.

ständigkeitsregeln, vor allem auf Grundlage der sogenannten „long-arm statutes"[235] zurückdrängen.[236] Hierbei handelt es sich um sehr weit ausgreifende Zuständigkeitskataloge, in denen die US-Bundesstaaten Gerichtsstände mit *minimum contacts* kodifiziert haben,[237] die den – nicht sonderlich strengen – Anforderungen des amerikanischen Supreme Court[238] – aber auch denen des Völkerrechts[239] – genügen. Nach Wagner ging es dabei in erster Linie um den Gerichtsstand des *generaldoing-business* und die *tag jurisdiction*, zwei besonders beziehungsarme Gerichtsstände:[240] Bei der *tag jurisdiction* wird eine Zuständigkeit im Forumsstaat durch persönliche Zustellung von Klageschrift und Ladung im Inland begründet.[241] Für eine Zuständigkeitsbegründung nach dem Gerichtsstand des *general-doing-business* genügt jede geschäftliche Betätigung des Beklagten im Forumsstaat, auch wenn diese keine Beziehung zum Streitgegenstand aufweist.[242]

Die Zuständigkeitsregelungen europäischer Machart wurden im Allgemeinen international zwar gut aufgenommen; allerdings konnten und wollten die USA sie nicht akzeptieren.[243] Von Mehren, ein führendes Mitglied der US-Delegation[244], benannte gleich mehrere Gründe für die „Sackgasse", in die die Verhandlungen steuerten:[245]

Zum einen bestehe – auch in der westlichen Rechtskultur – noch immer kein Konsens über die richtige – „faire und angemessene"– Ausgestaltung von Regelungen im Bereich des Internationalen Zivilverfahrensrechts: Während Staaten wie die USA ihren Richtern aus historischen, wirtschaftlichen, kulturellen, soziologischen und institutionellen Gründen eine größere richterliche Entscheidungsfreiheit – mit großen Ermessensspielräumen – gewähren würden, herrsche in den kontinentaleuropäischen Gesellschaften das kodifizierte – auf Subsumierbarkeit und Rechtsklarheit ausgerichtete „Civil Law" vor. Beide Rechtssysteme seien kaum kompatibel. Als Ausdruck des kontinentaleuropäischen Lösungsansatzes sei das EuGVÜ – trotz aller Erfolge in Europa – für ein weltweites Übereinkommen ungeeignet; dies einerseits aus psychologischen Gründen: „Accepting a semi-clone

---

[235] *Schack*, IZVR. Rn. 463, 468 f.; *Junker*, IZPR, § 6 Rn. 38.

[236] *Wagner*, RabelsZ 73 (2009), S. 100 (103); *Schack*, IZVR. Rn. 134, 463, aus amerikanischer Perspektive: *v. Mehren*, IPRax 2000, S. 465 (466 ff.).

[237] *Adolphsen*, Internationale Dopingstrafen, S. 369.

[238] Der United States Supreme Court hat 1945 in einer Grundsatzentscheidung (International Shoe Co ./. State of Washington, 326 U. S. 310, https://caselaw.findlaw.com/us-supreme-court/326/310.html, abgerufen am 1.4.2020) festgelegt, dass die Gerichte eines (Bundes-) Staates nur dann zuständig sind, wenn der Beklagte zum Gerichtsstaat *minimum contacts* hat; vgl. auch *Adolphsen*, Internationale Dopingstrafen, S. 367 ff.

[239] Siehe oben S. 32.

[240] *Wagner*, RabelsZ 73 (2009), S. 100 (103 f.).

[241] *Wagner*, RabelsZ 73 (2009), S. 100 (103 f.); *Schack*, IZVR. Rn. 468.

[242] *Wagner*, RabelsZ 73 (2009), S. 100 (103); *Schack*, IZVR. Rn. 469; *Adler*, IPRax 2018, S. 286 (286 f.).

[243] *Wagner*, RabelsZ 73 (2009), S. 100 (104 f.).

[244] Vgl. *Basedow*, IPRax 2017, S. 194 (197).

[245] *V. Mehren*, IPRax 2000, S. 465 (466 ff.)

of Brussels as their new law of jurisdiction and enforcement would represent a radical change [...] Europeans would surley feel similar dismay were they to contemplate a draft convention that strongly reflected, for example, the approach of the United States law [...] that many societies would consider excessive."[246] Andererseits komme eine Übernahme des EuGVÜ-Systems aber auch deswegen nicht in Betracht, weil das Übereinkommen ein originär europäisches Integrationsinstrument darstelle und die Schaffung eines „gemeinsamen Markts"[247] zum Ziel gehabt habe.[248] Ein vergleichbarer „weltweiter" gemeinsamer Markt sei aber nicht in Sicht. Schlussendlich gebe es auch keinen Gerichtshof, der ein weltweites Übereinkommen allgemeinverbindlich auslegen und damit für eine weltweit-einheitliche Anwendung des Übereinkommens Sorge tragen könne.[249]

Letztlich ist nach langen Verhandlungen weder die *convention mixte* über das Entwurfsstadium[250] hinausgekommen, noch konnten sich die EG-Mitgliedstaaten mit Ihren Plänen durchsetzen.

Gewissermaßen als Minimalkonsens wurde das Haager Übereinkommen über Gerichtsstandsvereinbarungen (HGÜ) am 30.06.2005 verabschiedet.[251] Mit dem HGÜ gelang indes kein großer Wurf:[252] Es gilt nur für ausschließliche Gerichtsstandsvereinbarungen (Art. 1 I i. V. m. Art. 3 lit. a HGÜ) im *business-to-business*-Bereich,[253] wobei die Ausschließlichkeit vermutet wird (Art. 3 lit. b HGÜ; dies allerdings mit weitreichenden Ausschlüssen, beispielsweise auf dem Gebiet des Insolvenz, Kartell-, Wettbewerbs- und Urheberrechts (Art. 2 II HGÜ).[254] Gerichtsstandsvereinbarungen von Verbrauchern werden von dem Übereinkommen nicht erfasst (Art. 2 I HGÜ).[255] Überdies lässt das HGÜ an verschiedenen Stellen Verbindlichkeit vermissen: So können beispielsweise einzelne Staaten die Nichtanwendbarkeit des HGÜ für besondere Rechtsgebiete über Art. 2 HGÜ hinaus einseitig erklären (Art. 21 HGÜ).[256] Die EU hat dies beispielsweise für den Bereich

---

[246] *V. Mehren*, IPRax 2000, S. 465 (466).

[247] Siehe auch oben S. 17 ff., 47 f.

[248] *V. Mehren*, IPRax 2000, S. 465 (467); vgl. *Basedow*, IPRax 2017, S. 194 (197).

[249] *V. Mehren*, IPRax 2000, S. 465 (467); vgl. *Basedow*, IPRax 2017, S. 194 (197).

[250] https://assets.hcch.net/upload/wop/jdgmpd11.pdf, abgerufen am 1.4.2020.

[251] https://www.hcch.net/de/instruments/conventions/full-text/?cid=98, abgerufen am 1.4.2020.

[252] So auch *Schack*, IZVR, Rn. 135; *ders.*, ZEuP 2014, S. 824 (826 f.); *Pfeiffer*, IWRZ 2016, S. 69 (73) erklärt „Die in der Überschrift (Anmerkung des Verfassers: Nascetur ridiculus mus?) gestellte Frage, ob mit dem Übereinkommen nur eine lächerliche Maus das Licht der Welt erblickt hat, wird man im Moment zumindest im Vergleich mit dem zunächst verfolgten Ansatz bejahen müssen." Optimistischer sind *Antomo*, NJW 2015, S. 2919 (2922); *Huber*, in: FS Gottwald, S. 283; *Wagner*, RabelsZ 73 (2009), S. 100 (141 ff., 146).

[253] *Schack*, IZVR, Rn. 135; *Adolphsen*, EuZVR, Kap. 1 Rn. 81, Kap. 3 Rn. 226; *Huber*, in: FS Gottwald, S. 283 (284).

[254] *Pfeiffer*, IWRZ 2016, S. 19 (20).

[255] *Pfeiffer*, IWRZ 2016, S. 19 (20).

[256] *Pfeiffer*, IWRZ 2016, S. 19 (20).

der Versicherungsverträge getan.[257] Nach Art. 19 HGÜ steht es Vertragsstaaten außerdem frei zu erklären, dass ihre Gerichte die Entscheidung von Rechtsstreitigkeiten – auch entgegen einer ausschließlichen Gerichtsstandsvereinbarung und damit gleichzeitig entgegen dem eindeutigen Willen der unternehmerisch tätigen Parteien – ablehnen können, wenn der Rechtsstreit nicht über eine ausreichende Inlandsbeziehung zum jeweiligen Gerichtsstaat verfügt.[258] Dass das Übereinkommen bis heute lediglich von der EU, Mexiko, Singapur, Dänemark, Montenegro und dem Vereinigten Königreich – nicht aber den Vereinigten Staaten – ratifiziert worden ist,[259] muss daher nicht sonderlich stark betrauert werden.

Die Idee eines weltweiten Anerkennungs- und Vollstreckungsübereinkommens war damit allerdings noch nicht abgeschrieben.[260] Ab 2011 wurden die Arbeiten am „Judgments Project" wiederaufgenommen[261], nun in einem „zweispurigen Verfahren"[262]: Vorrangiges Ziel der Haager Konferenz – konkret der sogenannten Arbeitsgruppe – war es nun, ein weltweites Anerkennungs- und Vollstreckungsübereinkommen im Sinne einer *convention simple* zu erschaffen; daneben sollte von der sogenannten Expertengruppe geprüft werden, ob dieses Übereinkommen durch „Vorschriften zur internationalen Zuständigkeit angereichert" werden könne; dies gegebenenfalls in einem separaten (optionalen) Rechtsinstrument für interessierte Vertragsstaaten.[263]

Die Arbeiten der Expertengruppe scheiterten bereits 2013 – erneut am Widerstand der Vereinigten Staaten.[264]

Von der Arbeitsgruppe wurde dagegen der Entwurf eines „reines" Anerkennungs- und Vollstreckungsübereinkommen ausgearbeitet und von einer Sonderkommission zwischenzeitlich mehrfach überarbeitet.[265] Zentrale Vorschrift dieses Entwurfs ist Art. 4: Danach soll die Entscheidung eines Vertragsstaats (Ursprungsstaat) in einem anderen Vertragsstaat (ersuchter Staat) anerkannt und vollstreckt werden, wenn einerseits eine Anerkennungszuständigkeit aus der (recht umfangreichen, aber abschließenden[266]) Positivliste des Art. 5 oder Art. 6 (ausschließliche Zuständigkeiten) gegeben ist und einer Anerkennung und Vollstreckung keine

---

[257] https://www.hcch.net/de/instruments/conventions/status-table/notifications/?csid=1044&disp=resdn, abgerufen am 1.4.2020.
[258] *Pfeiffer*, IWRZ 2016, S. 69 (70); *Antomo*, NJW 2015, S. 2919 (2921); *Huber*, in: FS Gottwald, S. 283 (291).
[259] https://www.hcch.net/de/instruments/conventions/status-table/?cid=98, abgerufen am 12.1.2020.
[260] *Wagner*, IPRax 2016, S. 97 (97).
[261] *Wagner*, IPRax 2016, S. 97 (97); *Schack*, ZEuP 2014, S. 824 (825 f.).
[262] *Wagner*, IPRax 2016, S. 97 (97); *Basedow*, IPRax 2017, S. 194 (197).
[263] *Wagner*, IPRax 2016, S. 97 (97 f.).
[264] Ausführlich *Wagner*, IPRax 2016, S. 97 (98); *Basedow*, IPRax 2017, S. 194 (197).
[265] https://assets.hcch.net/docs/23b6dac3-7900-49f3-9a94-aa0ffbe0d0dd.pdf, abgerufen am 12.1.2020.
[266] Vgl. hierzu *Fuchs*, GWR 2019, S. 395 (397).

Hinderungsgründe aus der Negativliste des Art. 7 entgegenstehen. Insofern ähnelte
der Vorschlag der oben genannten *convention mixte* aus den 1990er Jahren. Die
Arbeiten an diesem Entwurf „gipfelten" nach einigen kleineren Modifikationen[267],
die aber die Funktionsweise des Entwurfs nicht wesentlich berührten, schließlich
im Abschluss des Übereinkommens vom 2. Juli 2019 über die Anerkennung und
Vollstreckung ausländischer Urteile in Zivil- oder Handelssachen.[268] Es tritt in
Kraft, wenn zwei Staaten es ratifiziert haben und nach der zweiten Ratifikation
12 Monate vergangen sind (Art. 28 I). Bisher wurde es lediglich von Uruguay und
der Ukraine unterzeichnet.[269]

Ob diesem Übereinkommen größerer Erfolg beschieden sein wird, als den letzten Versuchen der Haager Konferenz – ob es sich sogar als „*gamechanger*"[270] erweist – ist fraglich. Nicht allein die Zahl der zukünftigen Ratifikationen wird hie-
rüber Auskunft geben: Mit Blick auf Art. 29 II, III der Konvention, der es Staaten
gewissermaßen als „Schlupfloch" bei der eigenen und später bei der Ratifikation
weiterer Vertragsstaaten erlaubt, Beziehungen zu einzelnen Staaten nicht aufzu-
nehmen, muss mit Spannung die weitere Entwicklung abgewartet werden. Dass
das Übereinkommen aber einmal im Wortsinn „weltweit" gelten wird, ist mehr
als unwahrscheinlich.[271]

Die Haager Konferenz will sich nunmehr dem „letzten Puzzleteil" widmen und
den Bereich der Internationalen Zuständigkeit wieder in den Blick nehmen.[272]

c) Die Gemeinschaftskompetenz
als Ende staatsvertraglicher Rechtsvereinheitlichung –
auch in Bezug auf Drittstaatensachverhalte?

Die vorgenannten Probleme bei der staatsvertraglichen Rechtsvereinheitlichung
stehen in krassem Kontrast zur durchaus dynamischen Rechtsetzungstätigkeit der
Europäischen Union. Diese betreibt seit Inkrafttreten des Vertrags von Amsterdam und der Einführung einer europäischen Gesetzgebungskompetenz für die
justizielle Zusammenarbeit in Zivilsachen (Art. 61 lit. c, 65, 67 EGV)[273] jenseits

---

[267] Vgl. hierzu die Darstellung von *Stein*, IPRax 2020, S. 197.

[268] https://www.hcch.net/de/projects/legislative-projects/jurisdiction-project, abgerufen am
1.4.2020; eine übersichtliche Darstellung der Funktionsweise des Übereinkommens liefert
Fuchs, GWR 2019, S. 395.

[269] https://www.hcch.net/de/instruments/conventions/status-table/?cid=137, abgerufen am
1.4.2020.

[270] *Fuchs*, GWR 2019, S. 395 (398 f.); vorsichtig optimistisch auch *Stein*, IPRax 2020, S. 197
(202) und *North*, IPRax 2020, S. 202 (210).

[271] Siehe oben S. 51 ff.; pessimistisch auch *Schack*, IPRax 2020, S. 1 (6).

[272] https://www.hcch.net/de/projects/legislative-projects/jurisdiction-project, abgerufen am
12.1.2020.

[273] Dazu siehe unten S. 78 ff.

von Staatsverträgen sehr aktiv – regionale – europäische Rechtsvereinheitlichung. Sie tritt damit in Konkurrenz zu Institutionen wie der Haager Konferenz für Internationales Privatrecht.

aa) Die Abendstunde der „europäischen Staatsverträge"?

In der Literatur wurde mit Blick auf die Kompetenzverlagerung zugunsten der Union deshalb schon von dem „Todesstoß für die Haager Konferenz"[274] und der „Abendstunde der Staatsverträge"[275] gesprochen.[276] Tatsächlich sind die Auswirkungen der Vergemeinschaftung der Kompetenz für die Haager Konferenz ganz erheblich: Da die Haager Konferenz aus historischen wie geographischen Gründen ihre Hauptaufgabe in der Schaffung von vereinheitlichtem Europäischen Recht gesehen hat[277], ist jedenfalls dieses Beschäftigungsfeld in der Tat ganz weitgehend „weggebrochen": Die – mit Blick auf die langwierigen Verhandlungen und Ratifikationsprozesse[278] – schwerfällige staatsvertragliche Rechtsvereinheitlichung ist augenscheinlich zwischen den EU-Mitgliedstaaten heute nicht mehr notwendig. Hiervon zeugt der „Siegeszug des Europarechts"[279] – vor allem in den ersten 15 Jahren nach Einführung des Kompetenztitels: In dieser Zeit wurde in einem geradezu rasanten Tempo[280] die Vielzahl von Sekundärrechtsakten geschaffen, die heute den Europäischen Rechtsraum bilden.[281] Auch wenn sich dieses Tempo in jüngster Zeit etwas verlangsamt hat und der Siegeszug des Europäischen Zivilverfahrensrechts mit Blick auf die wachsende Heterogenität der sich vergrößernden Union ins Stocken geraten ist:[282] Als Hauptimpulsgeber für regional – europäisches Einheitsrecht wird die Haager Konferenz wohl angesichts der flexibleren und rechtsgestalterisch weitreichenderen Gemeinschaftskompetenz ausgedient haben.

---

[274] *Jayme*, IPRax 2000, S. 165 (167).

[275] *Jayme/Kohler*, IPRax 1999, S. 401 (401 f., 413).

[276] Vgl. auch die ausführliche Darstellung von *Basedow*, in: FS Lorenz, S. 463 (463).

[277] Nach *Wagner*, RabelsZ 73 (2009), S. 215 (222 f.) besaß die Haager Konferenz bis zum Inkrafttreten des Amsterdamer Vertrages „in Europa nahezu ein Monopol zur Rechtsvereinheitlichung im Internationalen Privat- und Verfahrensrecht".

[278] Siehe oben S. 54 ff.; vgl. auch *Kropholler*, Internationales Einheitsrecht, S. 94 ff.

[279] *Hau*, in: FS Hoffmann, S. 617 (619).

[280] Diese Geschwindigkeit war freilich auch deswegen möglich, weil der Europäische Gesetzgeber Konventionen und Konventionsentwürfe in Verordnungen umgegossen hat.

[281] Vgl. *Hau*, in: FS Hoffmann, S. 617 (619); *Basedow*, IPRax 2017, S. 194 (194 f.), Basedow, RabelsZ 73 (2009) S. 455 (455 f., 460); siehe auch oben S. 45 ff.

[282] Siehe oben S. 56 ff.

bb) Marginalisierung der Haager Konferenz auch bei Drittstaatensachverhalten?

Angesichts des sich abzeichnenden Bedeutungsverlustes, musste die Haager Konferenz reagieren: In einer „Marketing-Offensive"[283] wurden nicht-europäische Staaten dazu ermuntert, der Konferenz beizutreten. Dies sollte der Haager Konferenz dabei helfen, sich von ihrer eurozentrischen Herkunft zu lösen und ihrer satzungsmäßigen Aufgabe[284] zukünftig weltweit nachzugehen.[285] Tatsächlich sind seit dem Jahr 2000 insgesamt 38 neue Mitglieder der Haager Konferenz beigetreten.[286] Dieser Zuwachs macht 45 % der Gesamtmitgliederzahl aus.[287] Bei 27 Mitgliedern handelt es sich um nicht-europäische Staaten.[288] Insofern hat sich das geographische Zentrum der Haager Konferenz verschoben:[289] Auch wenn heute immer noch mehr als die Hälfte der Mitglieder europäische Staaten sind, hat diese Entwicklung der Haager Konferenz doch ein „weltoffeneres Gesicht" verpasst.[290] Gleichzeitig hat der Mitgliederzuwachs die Aushandlung multilateraler Übereinkommen sicher nicht vereinfacht.[291]

Wenn nun in dieser neuen Konstellation der Europäische Gesetzgeber beschließt, einseitig Internationales Zivilverfahrensrecht zu setzen, könnte hierin auf den ersten Blick eine weitere Marginalisierung des staatsvertraglichen Internationalen Zivilverfahrensrechts – und damit auch der Haager Konferenz – gesehen werden.

Ein solcher Gedanke verkennt jedoch, dass *einseitig universal gesetztes* Zivilverfahrensrecht einen anderen, grundlegenderen Ansatz verfolgt und andere Möglichkeiten bietet, als *multilateral ausgehandeltes* Zivilverfahrensrecht[292]:

Der Europäische Gesetzgeber mag als supranationaler Normgeber zwar hinsichtlich der Mitgliedstaaten staatsvertragliche Rechtsvereinheitlichung hinfällig werden lassen: Er kann in einem echten Gesetzgebungsverfahren für die Hoheits-

---

[283] *Wagner*, RabelsZ 73 (2009), S. 215 (222 f.); vgl. auch *Basedow*, IPRax 2017, S. 194 (195 f.)

[284] Siehe oben S. 59.

[285] *Wagner*, RabelsZ 73 (2009), S. 215 (222 f.).

[286] https://assets.hcch.net/docs/e11314e9-9453-4f06-b159-fa86d450f9ea.pdf, abgerufen am 1.4.2020.

[287] https://assets.hcch.net/docs/e11314e9-9453-4f06-b159-fa86d450f9ea.pdf, abgerufen am 1.4.2020, vgl. auch *Basedow*, IPRax 2017, S. 194 (196).

[288] Von den 25 nicht-europäischen Staaten kommen 14 aus Asien, 5 aus Afrika, 5 aus Südamerika, 2 aus Nordamerika und 1 aus Ozeanien; vgl. https://assets.hcch.net/docs/e11314e9-9453-4f06-b159-fa86d450f9ea.pdf, abgerufen am 1.4.2020.

[289] Vgl. *Basedow*, IPRax 2017, S. 194 (196).

[290] *Wagner*, RabelsZ 73 (2009), S. 215 (223).

[291] Siehe oben S. 54 ff.; vgl. auch *Wagner*, RabelsZ 73 (2009), S. 215 (223); *Basedow*, IPRax 2017, S. 194 (196).

[292] Die anhaltende Bedeutung der Haager Konferenz wird nicht zuletzt durch den Beitritt der Europäischen Union am 3.4.2007 belegt, vgl. *Bischoff*, ZEuP 2008, S. 334 (334 ff.).

gebiete der Mitgliedstaaten Recht in einer Art und Weise setzen, die in der Vergangenheit Staatsverträgen vorbehalten war. Denn durch den Souveränitätstransfer auf die Union kann diese – als supranationaler Gesetzgeber unter Wahrung eines EU-bezogenen Territorialitätsprinzips[293] – für die Gesamtheit der Hoheitsgebiete aller (teilnehmenden) Mitgliedstaaten Gesetze beschließen, wie ein nationaler Gesetzgeber im Rahmen des Territorialitätsprinzips für sein Hoheitsgebiet.

Nichts anderes gilt in Bezug auf Drittstaatensachverhalte für die extraterritoriale Rechtsetzung: Auch hier tritt der Europäische Gesetzgeber in die Fußstapfen der Mitgliedstaaten. Er kann ebenso wenig wie diese Recht setzen, dass für Drittstaaten gilt. Er kann allerdings – wie die Nationalstaaten in früheren Zeiten, Regelungen über die extraterritoriale Anwendung seiner Vorschriften festlegen und hierdurch den Unionsbürgern ein Mindestmaß an freiem und gleichem Zugang zum Recht ermöglichen.

cc) Ausschließliche Außenkompetenz der Union: Das Ende staatsvertraglicher Rechtsvereinheitlichung durch die Mitgliedstaaten?

Einseitige Universalisierung verfolgt mithin das Ziel, den Zugang zum Recht zu erleichtern und Rechtsschutzlücken zu schließen, indem sie auch für Drittstaaten akzeptable Regelungen bereithält. Sie verbietet nicht, dass mit Drittstaaten bessere Regelungen im Wege eines Staatsvertrages getroffen werden.

Hierbei ist indes zu beachten, dass diese Möglichkeit – jedenfalls im Grundsatz – nicht mehr den einzelnen Mitgliedstaaten zusteht: Anlässlich der Reform des Luganer-Übereinkommens hat der EuGH in einem Gutachten über die „Zuständigkeit der Gemeinschaft für den Abschluss des neuen Übereinkommens von Lugano über die gerichtliche Zuständigkeit und die Anerkennung und Vollstreckung von Entscheidungen in Zivil- und Handelssachen"[294] hierzu eindeutig Stellung bezogen: Auch wenn der Union für Staatsverträge im Bereich des Internationalen Zivilverfahrensrechts keine ausdrückliche Zuständigkeit von den Mitgliedstaaten übertragen worden ist, besteht nach Auffassung des Gerichtshofs aber jedenfalls eine stillschweigende, ausschließliche Außenkompetenz der Union:[295] Danach kann der Europäische Gesetzgeber im gleichem Maße, in dem er von seiner Innenkompetenz Gebrauch gemacht hat, auch nach außen auftreten und völkerrechtliche Verträge abschließen.

---

[293] Linke/*Hau*, IZVR, Rn. 2.3.
[294] EuGH, Gutachten 1/03 vom 7.2.2006 = ECLI:EU:C:2006:81 = https://eur-lex.europa.eu/legal-content/DE/TXT/PDF/?uri=CELEX:62003CV0001&from=EN, abgerufen am 1.4.2020.
[295] EuGH, Gutachten 1/03 vom 7.2.2006 = ECLI:EU:C:2006:81 = https://eur-lex.europa.eu/legal-content/DE/TXT/PDF/?uri=CELEX:62003CV0001&from=EN, S. 1195 ff. (ab Rn. 114, insbesondere 134 ff.; 173), abgerufen am 1.4.2020.

Entgegen der Auffassung einiger Mitgliedstaaten[296] vertritt der EuGH die Meinung, dass der Europäische Gesetzgeber bereits mit der Errichtung der Brüssel I-Verordnung umfassend von seiner Innenkompetenz Gebrauch gemacht hat:

Für den Bereich der Internationalen Zuständigkeit geht er davon aus, dass der heute in Art. 6 Brüssel Ia (früher Art. 4 I Brüssel I-VO) normierte Verweis auf die nationalen Restzuständigkeiten diese gewissermaßen vergemeinschaftet hat.[297]

„In Anbetracht des umfassenden und kohärenten Charakters des mit der Verordnung Nr. 44/2001 errichteten Systems von Vorschriften zur Vermeidung von Kompetenzkonflikten ist Artikel 4 Absatz 1 dieser Verordnung – „Hat der Beklagte keinen Wohnsitz im Hoheitsgebiet eines Mitgliedstaats, so bestimmt sich vorbehaltlich der Artikel 22 und 23 die Zuständigkeit der Gerichte eines jeden Mitgliedstaats nach dessen eigenen Gesetzen" – dahin auszulegen, dass er Teil des mit dieser Verordnung errichteten Systems ist, da diese den angesprochenen Fall durch Verweisung auf das Recht des Mitgliedstaats regelt, dessen Gericht angerufen worden ist."[298]

Im Bereich der Anerkennung und Vollstreckung drittstaatlicher Entscheidungen geht der EuGH davon aus, dass die Vorschriften über die Internationale Zuständigkeit und die Anerkennung und Vollstreckung ausländischer Entscheidungen nicht trennbar sind.[299] Er kommt zu dem Schluss:

„Aus alledem folgt, dass die Gemeinschaftsvorschriften über die Anerkennung und Vollstreckung von Entscheidungen nicht von denen über die gerichtliche Zuständigkeit, mit denen zusammen sie ein umfassendes und kohärentes System bilden, zu trennen sind und dass das neue Übereinkommen von Lugano die einheitliche und kohärente Anwendung der Gemeinschaftsvorschriften in Bezug sowohl auf die gerichtliche Zuständigkeit als auch auf die Anerkennung und Vollstreckung von Entscheidungen sowie das reibungslose Funktionieren des mit diesen Vorschriften errichteten umfassenden Systems beeinträchtigen würde."[300]

---

[296] Vgl. EuGH, Gutachten 1/03 vom 7.2.2006 = ECLI:EU:C:2006:81 = https://eur-lex.europa.eu/legal-content/DE/TXT/PDF/?uri=CELEX:62003CV0001&from=EN, abgerufen am 1.4.2020: hinsichtlich der Internationalen Zuständigkeit kritisch etwa Deutschland (Rn. 40), Finnland, Großbritannien (Rn. 42), zustimmend dagegen bspw. Italien (Rn. 50), hinsichtlich der Anerkennung und Vollstreckung drittstaatlicher Entscheidungen waren die meisten Staaten der Auffassung, die Binnenkompetenz sei nicht ausgeübt worden (Rn. 162).

[297] *Mankowski*, in: Rauscher, EuZPR/EuIPR, Art. 6 Brüssel Ia-VO Rn. 1; *Borrás*, Yearbook of Private International Law Volume 8 (2006), S. 37 (45).

[298] EuGH, Gutachten 1/03 vom 7.2.2006 = ECLI:EU:C:2006:81 = https://eur-lex.europa.eu/legal-content/DE/TXT/PDF/?uri=CELEX:62003CV0001&from=EN, Rn. 148, abgerufen am 1.4.2020.

[299] EuGH, Gutachten 1/03 vom 7.2.2006 = ECLI:EU:C:2006:81 = https://eur-lex.europa.eu/legal-content/DE/TXT/PDF/?uri=CELEX:62003CV0001&from=EN, Rn. 162 ff., abgerufen am 1.4.2020.

[300] EuGH, Gutachten 1/03 vom 7.2.2006 = ECLI:EU:C:2006:81 = https://eur-lex.europa.eu/legal-content/DE/TXT/PDF/?uri=CELEX:62003CV0001&from=EN, ab Rn. 172, abgerufen am 1.4.2020.

Zusammengefasst wurde die Innenkompetenz zur Schaffung umfassender Regelungen auf dem Gebiet des Internationalen Zivilverfahrensrechts durch den Europäischen Gesetzgeber bereits genutzt. Ihm kommt damit auch eine ausschließliche Vertragsabschlusskompetenz zu. Die Mitgliedstaaten können – soweit ihnen keine entsprechende Kompetenz rückübertragen wird[301] – selbständig keine völkerrechtlichen Vereinbarungen auf dem Gebiet des Internationalen Zivilverfahrensrechts mehr treffen.[302]

Seit dem Lugano-Gutachten des EuGH hat sich die Situation zwar unter verschiedenen Gesichtspunkten verändert; die ausschließliche Außenkompetenz der Europäischen Union wurde durch diese Änderungen aber noch weiter verfestigt: Gem. Art. 47 EUV besitzt die Union Rechtspersönlichkeit. Sie ist völkerrechtsfähig – also Subjekt völkerrechtlicher Rechte und Pflichten[303] – und ist damit im völkerrechtlichen Raum handlungsfähig – kann also *selbständig* völkerrechtliche Verträge schließen.[304] Darüber hinaus normiert Art. 216 AEUV – als Kodifikation der bestehenden Rechtsprechung des EuGH[305] – seit dem Vertrag von Lissabon erstmals die unionale Vertragsabschlusskompetenz[306] ohne die Reichweite des Lugano-Gutachtens dabei zu berühren.[307]

II. Universalisierung durch Erstreckung des räumlich-persönlichen Anwendungsbereichs

Als nächstes soll die Universalisierung durch Erstreckung des räumlich persönlichen Anwendungsbereichs in den Blick genommen werden. Auch hier erfolgt zunächst eine allgemeine Begriffsbestimmung (dazu 1.), dann Ausführungen zum räumlich-persönlichen Anwendungsbereich des EuZVR (dazu 2.). Schließlich wird untersucht, ob eine Universalisierung des räumlich-persönlichen Anwendungsbereichs Erfolg haben könnte (dazu 3.).

---

[301] Vgl. hierzu *Bischoff*, ZEuP 2010, S. 321–337.

[302] Hierzu kritisch: *Borrás*, Yearbook of Private International Law Volume 8 (2006), S. 37 (47 ff.).

[303] *Dörr*, in: Recht der EU, Art. 47 EUV Rn. 23.

[304] *Dörr*, in: Recht der EU, Art. 47 EUV Rn. 34.

[305] *Giegerich*, in: Frankfurter Kommentar, Art. 216 AEUV Rn. 25 ff.

[306] *Vöneky/Beylage-Haarmann*, in: Recht der EU, Art. 216 AEUV Rn. 2.

[307] Vgl. *Heuck*, Jura 2013, S. 199 (203 f.).

1. Der räumlich-persönliche Anwendungsbereich:
Allgemeine Begriffsbestimmung

Die Frage nach dem räumlich-persönlichen Anwendungsbereich ist der Frage nach dem räumlichen Geltungsbereich denklogisch nachgeordnet: Wurde festgestellt, dass ein Rechtssatz in territorialer Hinsicht gilt, muss geprüft werden, ob im konkreten Einzelfall die räumlich-persönlichen Voraussetzungen für eine Anwendung der Vorschrift erfüllt sind.[308] Der räumlich-persönliche Anwendungsbereich einer Norm kann daher definiert werden als „die Gesamtheit der Fälle, in denen sie als lex causae maßgebend sein soll".[309]

Anders als der räumlich-geographische Geltungsbereich ist der räumlich-persönliche Anwendungsbereich nicht territorial begrenzt: Der Gesetzgeber kann zwar nicht anordnen, dass sein Recht in einem anderen Staat gilt. Er kann aber sehr wohl festlegen, dass seine Gerichte bei Fällen mit Auslandsbezug zur Entscheidung berufen sind. Man spricht daher auch von einer extraterritorialen Rechtsanwendung.[310]

2. Räumlich-persönlicher Anwendungsbereich des EuZVR

Anders als der räumliche Geltungsbereich lässt sich der räumlich-persönliche Anwendungsbereich des EuZVR nicht pauschal benennen: Für jede einzelne Verordnung – und innerhalb jeder Verordnung für die verschiedenen Regelungsbereiche – muss der räumlich-persönliche Anwendungsbereich gesondert durch Auslegung ermittelt werden. Gerade dieser Umstand und die aus ihm resultierende Rechtsunsicherheit und Rechtsunklarheit sind Anlass für die Überlegung, das Europäische Zivilverfahrensrecht zu universalisieren.

3. Unilaterale Universalisierung
des räumlich-persönlichen Anwendungsbereichs

Eine Universalisierung im vorstehenden Sinne begründet – scheinbar – eine Abkehr vom Ideal eines weltweiten, völkervertraglichen Einheitsprozessrechts:[311] Wenn ein Staatenbund einseitig Internationales Zivilverfahrensrecht mit Wirkung *erga omnes* setzt, haftet dem so entstandenen Recht vermeintlich der Makel an, der übrigen Welt von der rechtsetzenden Partei aufoktroyiert worden zu sein. Ein

---

[308] Vgl. *Fallon/Kruger*, Yearbook of Private International Law, Volume 14 (2012/2013), S. 1 (32).

[309] *Neuhaus*, Die Grundbergriffe des Internationalen Privatrechts, S. 180; vgl. *Drobnig*, in: FS v. Overbeck, S. 15 (16 ff.).

[310] *Grolimund*, DSP, Rn. 31; *Mark/Ziegenhain*, NJW 1992, S. 3062 (3063).

[311] Vgl. *Hess*, EuZPR, § 1 Rn. 8.

solches Vorhaben könnte als Akt eurozentrischer Überheblichkeit gewertet werden, in dem Sinne, dass europäische Vorstellungen und Anliegen als Modell für eine weltweite Ordnung genutzt werden sollen.[312] Dies ist jedoch nicht der Fall. Wie bereits oben beschrieben[313], stellt die Universalisierung des Europäischen Zivilverfahrensrechts lediglich gewisse Mindeststandards für das Internationale Zivilverfahrensrecht auf. Sie schließt Rechtsschutzlücken und erleichtert den Zugang zum Recht bei Sachverhalten mit Drittstaatenbezug. Sie hindert auch nicht den Abschluss von Staatsverträgen; sie dient im Gegenteil in den Fällen als Vorsorge, in denen das autonome Recht unvorteilhafte Vorschriften beinhaltet oder keine staatsvertraglichen Regelungen für Streitigkeiten mit Drittstaatenbezug bestehen.

Die einseitige Erstreckung des Europäischen Zivilverfahrensrechts auf Drittstaatensachverhalte durch den Europäischen Gesetzgeber ist vor diesem Hintergrund keine ehrrührige oder gar völkerrechtswidrige Angelegenheit. Der Europäische Gesetzgeber tut nicht mehr oder weniger als das, was der nationale Gesetzgeber tut, wenn er autonomes Internationales Zivilverfahrensrecht setzt:[314] Er bestimmt Regelungen, die nur im eigenen Hoheitsgebiet gelten und ausschließlich die eigenen Rechtsanwendungsorgane binden. Eine darüberhinausgehende Wirkung hat seine Rechtsetzung nicht.

4. Die Universalisierung des Internationalen Privatrechts als Vorbild?

Beim Internationalen Privatrecht handelt es sich – wie beim Internationalen Zivilverfahrensrecht[315] – in seiner ursprünglichen Form um nationales Recht[316], das nur die Rechtsanwendungsorgane des rechtsetzenden Staates bindet.[317] Genau wie das Internationale Zivilverfahrensrecht hat aber auch dieses Rechtsgebiet zunächst eine staatsvertragliche Internationalisierung, später eine verordnungsrechtliche Europäisierung durchlebt.[318]

---

[312] *Markesinis*, Rechtsvergleichung in Theorie und Praxis, S. 50 f.
[313] Siehe oben S. 64.
[314] Vgl. *Schwantag*, S. 189.
[315] Siehe oben S. 30.
[316] Vgl. hierzu *v. Bar/Mankowski*, IPR I, § 1 Rn. 15, der darauf hinweist, dass das IPR „die längste Zeit seiner europäischen Geschichte mindestens als ein den Staaten gemeinsames Gut begriffen" wurde und dass „die späte nationale Vereinzelung (…) bis heute längst noch nicht alles aus dem einigen Band der zusammen durchlebten Rechtsgeschichte" herauslösen konnte (hierzu ausführlich *v. Bar/Mankowski*, IPR I, § 6). Trotzdem sind die wesentlichen historischen Kodifikationen des „klassischen IPR" in ihrem Ausgangspunkt nationales Recht.
[317] *Geimer*, IZPR, Rn. 19; *Junker*, IZPR, § 1 Rn. 10 ff.
[318] Eine sehr anschauliche Darstellung der Entwicklung vom nationalen IPR hin zum Europäischen IPR und den damit verbundenen Paradigmenwechsel für das Rechtsgebiet findet sich bei *Brödermann*, NJW 2010, S. 807; vgl. auch *Spickhoff*, in: BeckOK BGB, Art. 1 Rom I-VO Rn. 1 ff.

Für eine einseitige Universalisierung des Europäischen Zivilverfahrensrechts könnte nun streiten, dass der Europäische Gesetzgeber bereits das vergemeinschaftete Kollisionsrecht universell ausgestaltet hat. So lauten Art. 2 Rom I-VO und Art. 3 Rom II-VO beispielsweise wortgleich[319]:

> Das nach dieser Verordnung bezeichnete Recht ist auch dann anzuwenden, wenn es nicht das Recht eines Mitgliedstaats ist.

Das Europäische Kollisionsrecht ordnet folglich nicht nur die Anwendung[320] mitgliedstaatlichen, sondern auch drittstaatlichen Rechts an.[321] Man kann insofern von einer *loi uniforme* sprechen.[322] Hieraus allein zu schließen, dass eine Universalisierung des Europäischen Zivilverfahrensrechts geboten wäre, griffe jedoch zu kurz.

Denn im autonomen Internationale Privatrecht sind universelle Regelungen – anders als im autonomen Internationalen Zivilverfahrensrecht – seit Langem regelungstechnischer „Goldstandard" (dazu a.)). Außerdem weisen Internationales Privatrecht und Internationales Zivilverfahrensrecht – auch gleicher, europäischer Provenienz – trotz vieler Gemeinsamkeiten strukturelle Unterschiede auf. Gleichwohl sprechen einige gewichtige Argumente für einen Gleichlauf beider Regelungsgebiete und daher eine Universalisierung auch des Europäischen Zivilverfahrensrechts (dazu b)).

a) Universalisierung des IPR durch allseitige Kollisionsnormen als Regelfall

Anders als das Internationale Zivilverfahrensrecht verfolgt das Internationale Privatrecht bereits in seiner „klassischen", Savigny'schen Ausprägung[323] einen universalistischen Ansatz:[324] Es versucht aus der Sicht des jeweiligen Normgebers durch allseitige Kollisionsnormen für alle Rechtsverhältnisse das jeweils anwendbare Recht festzulegen.[325] Allseitig ist eine Kollisionsnorm, wenn sie in jedem denkbaren Fall zur Anwendung kommt – sie also nicht nur die Anwendung des

---

[319] Vgl. auch Art. 4 Rom III-VO, für den trotz leicht abweichendem Wortlaut grundsätzlich das gleiche gilt. Siehe hierzu *Gruber*, in: Nomos Kommentar Rom-VO, Art. 4 Rom III-VO, Rn. 1.

[320] Gemeint ist die Anwendung des über die Anknüpfungskriterien berufenen Sachrechts – also der räumlich-persönliche Anwendungsbereich – nicht der räumliche Geltungsbereich – der Verordnungen, vgl. *Ferrari*, in: Internationales Vertragsrecht, Art. 2 Rom I-VO Rn. 2 f.

[321] Vgl. *Nagel/Gottwald*, IZPR, § 1 Rn. 39; *Spickhoff*, in: BeckOK BGB, Art. 2 Rom I-VO Rn. 1; *Ferrari*, in: Internationales Vertragsrecht, Art. 2 Rom I-VO Rn. 1 ff.

[322] Vgl. *Thorn*, in: Palandt, Art. 3 Rom I-VO Rn. 1; *Knöfel*, in: Nomos Kommentar Rom-VO, Art. 3 Rom II-VO, Rn. 1; *Junker*, in: MüKo-BGB, Art. 3 Rom II-VO, Rn. 1.

[323] Vgl. *v. Bar/Mankowski*, IPR I, § 6 Rn. 56.

[324] *Geimer*, IZPR, Rn. 19.

[325] *Geimer*, IZPR, Rn. 19.

eigenen Rechts, sondern auch die Anwendung fremden – aus Sicht der EU auch drittstaatlichen – Rechts anordnet.[326]

Die Gründe für diese Konstruktion sind leicht nachvollziehbar: Das klassische Internationale Privatrecht geht von der Prämisse aus, dass jeder internationale Sachverhalt aufgrund seiner besonderen Natur einer konkreten Rechtsordnung angehört – nämlich der, zum dem er die engste Verbindung aufweist.[327] Dem Kollisionsrecht kommt die Aufgabe zu, eben diese (eine) Rechtsordnung zu bestimmen.[328] Hierdurch soll das Ideal des Internationalen Entscheidungseinklangs erreicht werden:[329] Wenn ein Lebenssachverhalt nach dem einen Recht entschieden wird, zu dem er die engste Verbindung aufweist, kommt es – bei idealisierter Betrachtung – nicht mehr darauf an, welches Gericht die Entscheidung trifft.[330] Der Internationale Entscheidungseinklang stellt damit letztlich die Parteiinteressen in den Mittelpunkt: Durch die Anwendung des einen „richtigen" Sachrechts, wird die Entstehung sogenannter „hinkender Rechtsverhältnisse" verhindert. Von einem hinkenden Rechtsverhältnis spricht man, wenn es in einem Staat wirksam ist – in einem anderen dagegen nicht.[331]

Auch wenn diese Ausgestaltung heute einer „durch die Praxis gefestigten und bewährten Rechtstradition"[332] entspricht, war sie vor allem im Zeitalter der Nationalstaaten nicht unumstritten. Im Deutschen Kaiserreich gingen die sogenannten Internationalisten – darunter Savigny[333] – wie oben beschrieben von der Gleichwertigkeit eigenen und fremden Rechts aus und plädierten deswegen dafür, die Anwendung jedweden Rechts von denselben Tatbestandsvoraussetzungen abhängig zu machen.[334] Anlässlich der Kodifikation von BGB und EGBGB wurde auch ein entsprechender Gesetzesentwurf vorgelegt.[335] Dieser konnte sich allerdings nicht durchsetzen: Das erste kodifizierte Internationale Privatrecht deutscher Mach-

---

[326] Vgl. *Kropholler*, Internationales Einheitsrecht, S. 106.

[327] V. *Bar/Mankowski*, IPR I, § 6 Rn. 55. Eine Kodifizierung dieses Grundprinzips findet sich in § 1 I des Österreichischen IPRG. Es lautet: „Sachverhalte mit Auslandsberührung sind in privatrechtlicher Hinsicht nach der Rechtsordnung zu beurteilen, zu der die stärkste Beziehung besteht."

[328] *Thorn*, in: Palandt, Art. 3 EGBGB Rn. 2.

[329] *Freitag*, in: Nomos Kommentar BGB, Art. 3 EGBGB, Rn. 18; Gesetzesentwurf der Bundesregierung zum Gesetz zur Neuregelung des IPR, BT-Drucks. 10/504, S. 22; vgl. auch *Kropholler*, IPR, § 6.

[330] V. *Bar/Mankowski*, IPR I, § 6 Rn. 55; *Freitag*, in: Nomos Kommentar BGB, Art. 3 EGBGB, Rn. 18.

[331] Vgl. *Kropholler*, IPR, § 35 I.

[332] Gesetzesentwurf der Bundesregierung zum Gesetz zur Neuregelung des IPR, BT-Drucks. 10/504, S. 29.

[333] Vgl. *Savigny*, System des heutigen Römischen Rechts – Band 8, S. 28, 108 ff.

[334] V. *Bar/Mankowski*, IPR I, § 6 Rn. 67 ff.

[335] Zum sogenannten *Gebhard*'schen Entwurf, vgl. *v. Bar/Mankowski*, IPR I, § 6 Rn. 75 ff. m. w. N.

art war ganz überwiegend einseitig ausgestaltet, also räumlich auf das Deutsche Reich „staatsbezogen"[336].

Dem lagen im Wesentlichen politische Erwägungen zugrunde: Das Internationale Privatrecht wurde als völkervertragliche Verhandlungsmasse begriffen, derer man sich nicht durch eine einseitig-nationale Ausgestaltung begeben wollte.[337] Eine Anwendung des Rechts einer fremden Rechtsordnung sollte nur dann erfolgen, wenn die fremde Rechtsordnung in der umgekehrten Situation genauso agiert. Die Schaffung allseitiger Kollisionsnormen ohne Gegenleistung wurde als Schwächung der eigenen Position in künftigen Vertragsverhandlungen verstanden.[338] Mankowski stellt treffend fest, dass diese „primitive Grundformel"[339] eine Ausformung des Gegenseitigkeitsprinzips darstellte, das im Internationalen Zivilverfahrensrecht – etwa in § 328 Nr. 5 ZPO – auch heute noch Geltung beansprucht.

Im IPR konnte sich dieser Grundgedanke aber nie vollends durchsetzen. Zwar waren bis zur IPR-Reform im Jahr 1986 die deutschen Kollisionsnormen überwiegend einseitig ausgestaltet und allseitige Kollisionsnormen die Ausnahme.[340] Deutsche Gerichte bauten diese einseitigen Normen jedoch – entgegen ihres Wortlauts – allseitig aus.[341] Damit setzte sich der klassische Savigny'sche Ansatz in der von der Rechtsprechung geprägten Rechtswirklichkeit durch.[342] Von Bar bringt die Zusammenhänge auf den Punkt: „[...] die deutsche Rechtsprechung befand das System allseitiger Kollisionsnormen für notwendig und im Kern allein praktikabel – also schuf sie es sich selber".[343]

Heute basiert das deutsche IPR – soweit es nicht von den ebenfalls allseitigen, vergemeinschafteten Regelungen verdrängt wird – auf allseitigen Kollisionsnormen: Es setzt die Gleichwertigkeit der verschiedenen Rechtsordnungen voraus.[344]

---

[336] *V. Bar/Mankowski*, IPR I, § 5 Rn. 59. Eine ausführliche Darstellung der Entwicklung des deutschen IPR findet sich in den Rn. 75 ff. Vgl. auch *v. Hein*, in: MüKo-BGB, Einleitung zum IPR, Rn. 22 f.

[337] Vgl. hierzu *v. Bar/Mankowski*, IPR I, § 6 Rn. 76, insbesondere die abgedruckten historischen Dokumente, aus denen sich ergibt, dass bspw. Bismarck ein entschiedener Gegner einer allseitigen Kodifikation war.

[338] Vgl. hierzu *v. Bar/Mankowski*, IPR I, § 6 Rn. 77.

[339] *V. Bar/Mankowski*, IPR I, § 5 Rn. 59.

[340] *Thorn*, in: Palandt, Art. 3 EGBGB Rn. 13 f. Vgl. auch Gesetzesentwurf der Bundesregierung zum Gesetz zur Neuregelung des IPR, BT-Drucks. 10/504, S. 22.

[341] Vgl. z. B. BGH, Beschluss vom 22.1.1965 – Az. IV ZB 441/64 = NJW 1965 S. 1129 (1130), *V. Bar/Mankowski*, IPR I, § 6 Rn. 80 (Fn. 374 mit umfangreichen Rechtsprechungsnachweisen des Reichsgerichts); vgl. auch *v. Hein*, in: MüKo-BGB, Einleitung zum IPR, Rn. 23.

[342] *V. Bar/Mankowski*, IPR I, § 6 Rn. 80; vgl. Auch *v. Hein*, in: MüKo-BGB, Einleitung zum IPR, Rn. 23.

[343] *V. Bar/Mankowski*, IPR I, § 6 Rn. 80.

[344] *Thorn*, in: Palandt, Art. 3 EGBGB Rn. 18; *Freitag*, in: Nomos Kommentar BGB, Art. 3 EGBGB, Rn. 36.

b) Gemeinsamkeiten und Unterschiede zwischen IZVR und IPR

Dass das Internationale Privatrecht – anders als das Internationale Zivilverfahrensrecht – bereits sehr früh *lois uniformes* hervorgebracht hat[345], erklärt ein Blick auf die Zielsetzung der jeweiligen Rechtsgebiete:

Dem Internationalen Privatrecht kommt die Aufgabe zu, durch Kollisionsnormen die *eine* Rechtsordnung zu bestimmen, zu der der Sachverhalt die stärkste Beziehung aufweist.[346] Hierbei muss es sich nicht um die eigene Rechtsordnung des jeweiligen Normsetzers handeln. Das gilt für einzelne Staaten ebenso wie für die Europäische Union in ihrer Gesamtheit. Um einen Internationalen Entscheidungseinklang herbeizuführen, ist es daher nur angemessen, wenn die Vorschrift universell gilt: Wenn man beispielsweise davon ausgeht, dass für außervertragliche Schuldverhältnisse aus unerlaubter Handlung das Recht des Staates anzuwenden ist, in dem der Schaden eintritt (Art. 4 I Rom II-VO), so kann es für diese gesetzgeberische Wertung keinen Unterschied machen, ob der Schaden in Frankreich, Mexiko oder Australien eingetreten ist.

Durch eine allseitige Ausgestaltung seines Kollisionsrechts gibt der jeweilige IPR-Gesetzgeber nichts aus der Hand: Er befiehlt seinen Gerichten zwar die Anwendung ausländischen (materiellen) Rechts[347] und bewirkt hierdurch der eigenen Justiz unter Umständen einige Unannehmlichkeiten – etwa die Ermittlung, vor allem aber die (oftmals ungeliebte) Anwendung ausländischen Rechts selbst.[348]

Er kann diesen Anwendungsbefehl aber mit einer Reihe von Einschränkungen versehen.[349] Etabliert haben sich insbesondere zwei Vorbehaltsmöglichkeiten:

Er kann aus seiner eigenen Rechtsordnung einzelne Vorschriften herausgreifen, denen er mit Blick auf die Wahrung seines öffentlichen Interesses so große Bedeutung beimisst, dass diese sich als zwingende Normen – oder auch Eingriffsnormen – gegenüber der kollisionsrechtlich zur Anwendung berufenen ausländischen Rechtsordnung *positiv* duchsetzen (vgl. Art. 9 Rom I-VO).[350]

Soweit die Anwendung ausländischen Rechts mit seiner öffentlichen Ordnung – seinem unverrückbaren Kern, seinen Grundprinzipien und Grundwertungen (*ordre

---

[345] Vgl. v. *Bar/Mankowski*, IPR I, § 5 Rn. 58. Nicht unerwähnt soll an dieser Stelle aber bleiben, dass frühe Staatsverträge noch davon ausgegangen sind, dass eine Vereinheitlichung des Kollisionsrechts nur für das Verhältnis der Vertragsstaaten untereinander erfolgen könne (vgl. Art. 6 Haager Kindesunterhaltsübereinkommen von 1956 – https://www.hcch.net/de/instruments/conventions/full-text/?cid=37, abgerufen am 12.1.2020).

[346] Siehe oben S. 72 f.; v. *Bar/Mankowski*, IPR I, § 6 Rn. 55, vgl. auch den Diskussionsbeitrag von *Schack*, IPRax 2017, S. 193 (194).

[347] Vgl. schon *Riezler*, IZPR, S. 81.

[348] *Adolphsen*, EuZVR, Kap. 2 Rn. 56 f.; Vgl. auch *Schack*, IZVR, Rn. 697 ff.

[349] *Pfeiffer*, Internationale Zuständigkeit, S. 206 f.

[350] Vgl. *Staudinger*, in: Internationales Vertragsrecht, Art. 9 Rom I-VO Rn. 1; *Doehner*, in: Nomos Kommentar Rom-VO, Art. 9 Rom I-VO Rn. 15.

public) – offensichtlich unvereinbar ist, kann er – gewissermaßen als Ergebnis-kontrolle unter außergewöhnlichen Umständen[351] – die Anwendung des ausländi-schen Rechts versagen (vgl. Art. 21 Rom I-VO).[352]

Im Bereich des Internationalen Privatrecht ist es daher leicht „Weltoffenheit" durch die Einführung allseitiger Kollisionsnormen zu demonstrieren. Wenn v. Bar schreibt „Mit der Bereitschaft, den Ausgleich widerstreitender Interessen von Privatrechtssubjekten u. U. auf der Grundlage des von einem fremden Souverän gesetzten Rechts zu vollziehen, hat sich das *IPR von den Fesseln der Souveräni-tät* – einem Konzept übrigens, das jünger ist, als das IPR – *befreit.*"[353] ist ihm voll und ganz zuzustimmen.

Nur scheinbar anders liegt die Situation im Internationalen Zivilverfahrensrecht: Untersucht man zunächst einmal das zentrale Regelungsgebiet der Internationalen Zuständigkeit auf seinen Sinn und Zweck, zeigt sich zwar ein anderes Bild: Die Internationale Zuständigkeit verfolgt das Ziel, nicht die beste, sondern eine mög-liche Zuständigkeit zu begründen. Dabei kann der jeweilige IZVR-Normgeber jeweils nur einseitig die Zuständigkeit eigener Gerichte festlegen: Der nationale Gesetzgeber die Zuständigkeit seiner eigenen Gerichte; der Gemeinschaftsrechts-geber die Zuständigkeit der mitgliedstaatlichen Gerichte. Eine verbindliche Zu-ständigkeitszuweisung an ein (EU-) ausländisches Gericht ist nicht möglich.[354]

Auch wenn die Internationale Zuständigkeit also nur „einseitig" zu regeln ist, gibt es doch bei einer Gesamtschau aller Regelungsgebiete des Internationalen Zivilverfahrensrechts eine Entsprechung zur Allseitigkeit des Internationalen Privatrechts. Sie findet sich im Regelungsbereich der „Anerkennung und Voll-streckung ausländischer Entscheidungen", konkret im anerkennungsrechtlichen Spiegelbildprinzip.[355]

Das Spiegelbildprinzip geht – wie das internationalprivatrechtliche Allseitigkeits-prinzip – davon aus, „daß dem ausländischen Rechtssystem dasselbe zustehen soll wie dem inländischen".[356] Es sagt mit anderen Worten: Wenn schon nicht die Zu-ständigkeit des ausländischen Gerichts positiv angeordnet werden kann, so kann – bzw. muss – doch eine Entscheidung, die unter Wahrung der für richtig befundenen Zuständigkeit ergangen ist, im Inland anerkannt und vollstreckt werden. Für Fälle, in denen ein ausländisches Urteil mit der eigenen Rechts- und Wertevorstellung völlig unvereinbar ist, kann der Verfahrensrechtsgeber einen *ordre-public*-Vorbe-halt nutzen.

---

[351] Vgl. EG (37) Rom I-VO; *Schulze*, in: Internationales Vertragsrecht, Art. 21 Rom I-VO Rn. 1.

[352] *Schulze*, in: Internationales Vertragsrecht, Art. 21 Rom I-VO Rn. 1.

[353] *V. Bar/Mankowski*, IPR I, § 3 Rn. 6.

[354] *Pfeiffer*, Internationale Zuständigkeit, S. 207.

[355] *Schröder*, Internationale Zuständigkeit, S. 779 f.

[356] *Pfeiffer*, Internationale Zuständigkeit, S. 207.

Wie das Internationale Privatrecht geht demnach zwar auch das Internationale Zivilverfahrensrecht von einer Ebenbürtigkeit der Rechtssysteme aus und scheint von Souveränitätserwägungen aufgeladen. Tatsächlich aber geht es hier wie dort nur um den Ausgleich privater Interessen.

Wenn schon das IPR sich von diesen „staatlichen Fesseln" lösen konnte, so gilt es, dies auch für das Internationale Zivilverfahrensrecht zu erreichen.

C. Zusammenfassung

Bis zu diesem Punkt lassen sich die Ergebnisse der vorliegenden Untersuchung wie folgt zusammenfassen:

Die Universalisierung des Europäischen Zivilverfahrensrechts stellt keine Konkurrenz zum klassischen, staatsvertraglichen Internationalen Zivilverfahrensrecht dar, sondern ergänzt es. Sie verfolgt das Ziel, innerhalb der Europäischen Union das autonome Zivilverfahrensrecht der Mitgliedstaaten zurückzudrängen und für Rechtsklarheit und Rechtssicherheit zu sorgen. Sie soll insbesondere international handelnden Unionsbürgern eine globale Rechtsdurchsetzung ermöglichen. Letztlich geht es bei den Regelungen des Internationalen Zivilverfahrensrechts nicht um Staatsinteressen, sondern vielmehr darum, Privaten die Rechtsdurchsetzung zu erleichtern.

Die Universalisierung des Europäischen Zivilverfahrensrechts ist nicht als Plädoyers für eine „Festung Europa" zu verstehen, in der nur europäische Interessen berücksichtigt werden. Die Europäische Union soll vielmehr als globales „Kraftzentrum"[357] internationale Mindeststandards definieren.

---

[357] *Basedow*, RabelsZ 81 (2017), S. 1 (2).

Kapitel 2

Kompetenz für eine Universalisierung des EuZVR

Ob eine Universalisierung des Europäischen Zivilverfahrensrechts überhaupt möglich ist, ist zunächst eine kompetenzrechtliche Frage.

Wie bereits gezeigt[1], steht die Kompetenz, im eigenen Staatsgebiet Recht zu setzen, als Ausdruck staatlicher Souveränität jedem Staat selbst zu. Sie wird als Kompetenz-Kompetenz bezeichnet.[2] Die Europäische Union selbst ist kein souveräner (Bundes-)Staat, sondern eine „Vertragsunion souveräner Staaten".[3] Sie verfügt daher nicht über eine Kompetenz-Kompetenz.[4] Dass sie gleichwohl gesetzgeberisch tätig werden kann, ist die Folge eines Kompetenz- und Souveränitätstransfers von den Mitgliedstaaten auf die Union.[5]

Dieser Transfer erfolgte jedoch nicht umfassend, sondern gemäß dem mittlerweile in Art. 5 II EUV kodifizierten „Prinzip der begrenzten Einzelermächtigung".[6] Einem umfassenden Kompetenztransfer – oder gar einer Übertragung der Kompetenz-Kompetenz – stünde in der Bundesrepublik das Grundgesetz entgegen.[7] Nach dem Prinzip der begrenzten Einzelermächtigung verfügt die Union nur über die Zuständigkeiten, die ihr von den Mitgliedstaaten übertragen

---

[1] Siehe oben S. 50.

[2] *Calliess*, in: Maunz/Dürig, Art. 24 GG Rn. 104.

[3] BVerfG, Urteil vom 30.6.2009 – 2 BvE 2/08 u. a. (*Lissabon-Entscheidung*) = NJW 2009, S. 2267 (2273). Zur Frage der Vereinbarkeit einer Übertragung von Hoheitsrechten auf die Union erklärte das Bundesverfassungsgericht, „dass die Bundesrepublik Deutschland an der Entwicklung einer als Staatenverbund konzipierten Europäischen Union mitwirkt, auf die Hoheitsrechte übertragen werden. Der Begriff des Verbunds erfasst eine enge, auf Dauer angelegte Verbindung souverän bleibender Staaten, die auf vertraglicher Grundlage öffentliche Gewalt ausübt, deren Grundordnung jedoch allein der Verfügung der Mitgliedstaaten unterliegt und in der die Völker – das heißt die staatsangehörigen Bürger – der Mitgliedstaaten die Subjekte demokratischer Legitimation bleiben." (vgl. Rn.229). Gesetzliche Grundlage für diesen Transfer ist in Deutschland Art. 23 I GG, vgl. *Scholz*, in: Maunz/Dürig, Art. 23 GG Rn. 63 ff. (m. w. N.).

[4] *Nettesheim*, in: Recht der EU, Art. 1 AEUV Rn. 18; *Laugwitz*, Anerkennung und Vollstreckung, S. 411.

[5] In Art. 1 I EUV heißt es dementsprechend: „Durch diesen Vertrag gründen die Hohen Vertragsparteien untereinander eine Europäische Union (im Folgenden „Union"), der die Mitgliedstaaten Zuständigkeiten zur Verwirklichung ihrer gemeinsamen Ziele übertragen." Vgl. auch *Calliess*, in: Calliess/Ruffert, Art. 1 EUV Rn. 68.

[6] *Calliess*, in: Calliess/Ruffert, Art. 5 EUV Rn. 6.

[7] BVerfG, Urteil vom 30.6.2009 – 2 BvE 2/08 u. a. (*Lissabon-Entscheidung*) = NJW 2009, S. 2267 (2271) m. w. N.

wurden.[8] Für den Bereich des Internationalen Zivilverfahrensrechts wurde der EU erstmals eine entsprechende Kompetenz durch den Vertrag von Amsterdam – konkret durch die Art. 61 lit. c, 65, 67 EGV – übertragen.[9] Vorher mussten die Mitgliedstaaten zur verfahrensrechtlichen Koordination des internationalen Rechtsverkehrs im Rahmen ihrer intergouvernementalen Zusammenarbeit völkerrechtliche Verträge abschließen.[10] So stellte das staatsvertragliche EuGVÜ – als Keimzelle des Europäischen Zivilverfahrensrechts[11] – selbst noch kein originäres Europäisches Zivilverfahrensrecht dar.[12]

Die Art. 61 lit. c, 65, 67 EGV waren als Kompetenztitel für das Europäische Zivilverfahrensrecht keineswegs unumstritten.[13] Vereinzelt wird auch heute noch die Primärrechtskonformität der auf dieser Grundlage geschaffenen Sekundärrechtsakte angezweifelt.[14] Die Vorschriften erwiesen sich aber trotz aller Unkenrufe als höchst erfolgreiches Instrument; die Kompetenzverlagerung wird heute als „vollendete Tatsache" akzeptiert:[15] Auf ihrer Grundlage erfolgte in einem sehr überschaubaren Zeitraum[16] eine alle Kernbereiche umfassende Europäisierung des Internationalen Zivilverfahrensrechts, die durch traditionelle, staatsvertragliche Regelungen wohl kaum denkbar gewesen wäre.[17] Sie ermöglichten letztlich die Schaffung eines Raums der Freiheit, der Sicherheit und des Rechts, eines Europäischen Rechtsraums (vgl. Art. 67 IV AEUV).

Seit den Änderungen durch den Vertrag von Lissabon findet sich die Kompetenzgrundlage für das Europäische Zivilverfahrensrecht in Art. 81 AEUV.[18] Bedenken hinsichtlich der Primärrechtskonformität auf dieser Kompetenzgrundlage ergangener Sekundärrechtsakte bestehen nicht mehr.[19]

---

[8] *Calliess*, in: Calliess/Ruffert, Art. 5 EUV Rn. 6.

[9] *Adolphsen*, EuZVR, Kap. 1 Rn. 86 ff., 27; *Staudinger*, in: Rauscher, EuZPR/EuIPR, Einl. Brüssel Ia-VO Rn. 1; *Magnus*, in: Magnus/Mankowski, ECPIL, Introduction Rn. 35.

[10] *Kotzur*, in: Geiger/Khan/Kotzur, European Union Treaties, Art. 81 TFEU, Rn. 4; vgl. auch *Adolphsen*, EuZVR, Kap. 1 Rn. 86 ff., 22 ff.; *Basedow*: in: FS Lorenz, S. 463 (467 f.).

[11] *Junker*, IZPR, § 6 Rn. 3.

[12] *Adolphsen*, EuZVR, Kap. 1 Rn. 26; Linke/*Hau*, IZVR, Rn. 1.16. Art. 220 EGWV beinhaltete keine eigenständige Kompetenz, sondern einen Handlungsauftrag an die Vertragsstaaten des EWGV, vgl. *Hess*, EuZPR, § 1 Rn. 1.

[13] Eine ausführliche Darstellung des Streitstands findet sich bei *Schack*, IZVR[5], Rn. 114, m. w. N.; vgl. auch *Schack*, ZEuP 1999, S. 805 (805 ff., 808); *Stadler*, IPRax 2004, S. 2 (2 ff., 10).

[14] *Schack*, IZVR, Rn. 114, meint, dass auch heute noch nicht sicher ausgeschlossen ist, dass der EuGH oder das BVerfG Sekundärrechtsakte im Bereich des EuZVR zu Fall bringen könnte.

[15] *Basedow*, in: FS Lorenz, S. 463 (463) erwartete dies bereits 2001: „Die weltweite Fachwissenschaft wird die Kompetenzverlagerung indessen schon sehr bald als fait accompli hinnehmen."

[16] *Schack*, IZVR, Rn. 113; *Hess*, EuZPR, § 1 Rn. 7.

[17] *Leible*, in FS Gottwald, S. 381 (390); Linke/*Hau*, IZVR, Rn. 1.8.

[18] *Adolphsen*, EuZVR, Kap. 1 Rn. 89, 27; *Staudinger*, in: Rauscher, EuZPR/EuIPR, Einl. Brüssel Ia-VO Rn. 1; *Magnus*, in: Magnus/Mankowski, ECPIL, Introduction Rn. 35.

[19] *Staudinger*, in: Rauscher, EuZPR/EuIPR, Einl. Brüssel Ia-VO Rn. 13, zurückhaltender *Schack*, IZVR, Rn. 114.

Fraglich ist, ob der Europäische Gesetzgeber auf dieser Kompetenzgrundlage nur „regionales" Internationales Zivilverfahrensrecht für den Europäischen Binnenmarkt schaffen darf, oder sie ihn zu einer umfassenden Universalisierung des Europäischen Zivilverfahrensrechts ermächtigt (dazu D.). Für eine Universalisierung müssten hinsichtlich der jeweiligen Regelungsbereiche des IZVR einerseits die „allgemeinen Kompetenzausübungsvoraussetzungen" gegeben sein (dazu A.), andererseits die Tatbestandsvoraussetzungen eines Kompetenztitels (dazu B.). Darüber hinaus darf der Europäische Gesetzgeber nur tätig werden, wenn die Maßnahme gem. Art. 5 III EUV besser auf Unionsebene zu verwirklichen ist als auf Ebene der Mitgliedstaaten und außerdem nach Art, Umfang und Intensität gem. Art. 5 IV EUV verhältnismäßig ist (dazu C.).[20]

A. Die allgemeinen Kompetenzausübungsvoraussetzungen des Art. 81 AEUV

Art. 81 AEUV enthält insgesamt vier Kompetenzausübungsvoraussetzungen, die den Europäischen Gesetzgeber bei seiner Rechtsetzungstätigkeit einschränken:[21] Er darf (1.) nur zivilrechtliche Regelungen schaffen, nicht aber strafrechtliche oder öffentlich-rechtliche.[22] Er ist (2.) nicht dazu ermächtigt, materielles Zivilrecht zu setzen, sondern lediglich Verfahrensrecht.[23] Auch hier unterliegt er Einschränkungen: Art. 81 AEUV erlaubt ihm nicht die Schaffung eines einheitlichen und umfänglichen Europäischen Zivilverfahrensrechts.[24] Der Kompetenztitel gestattet lediglich die Verzahnung der nationalen Zivilverfahrensrechte und die Beseitigung von „Verfahrenshindernissen, die aus dem Nebeneinander verschiedener Jurisdiktionen resultieren"[25], setzt also (3.) einen grenzüberschreitenden Bezug voraus.[26] Schließlich legt Art. 81 II AEUV fest, dass der Europäische Gesetzgeber

---

[20] Zu „europarechtlichen Schrankentrias" (Prinzip der begrenzten Einzelermächtigung, Subsidiaritätsprinzip, Verhältnismäßigkeitsprinzip) vgl. auch *Calliess*, in: Calliess/Ruffert, Art. 5 EUV Rn. 5 m. w. N.

[21] *Rossi*, in: Calliess/Ruffert, Art. 81 AEUV Rn. 7.

[22] Vgl. *Rossi*, in: Calliess/Ruffert, Art. 81 AEUV Rn. 8 f.; *Stumpf*, in: EU-Kommentar, Art. 81 AEUV Rn. 7. Im Einzelfall kann auch eine Maßnahme, die nach nationalem Recht dem öffentlichen Recht unterfällt, eine Zivilsache i. S. v. Art. 81 AEUV darstellen. Der Begriff ist autonom, also ohne unmittelbaren Rückgriff auf das nationale Recht der Mitgliedstaaten auszulegen, vgl. *Adolphsen*, EuZVR, Kap. 3 Rn. 6 ff. Nach *Leible*, in: Streinz, EUV/AEUV, Art. 81 Rn. 10 sind Zivilsachen sämtliche Rechtsstreitigkeiten, „deren Streitgegenstand nicht in Zusammenhang mit der Ausübung hoheitlicher Befugnisse" stehen.

[23] *Rossi*, in: Calliess/Ruffert, Art. 81 AEUV Rn. 7.

[24] *Rossi*, in: Calliess/Ruffert, Art. 81 AEUV Rn. 12; *Leible*, in: Streinz, EUV/AEUV, Art. 81 Rn. 7.

[25] *Leible*, in: Streinz, EUV/AEUV, Art. 81 Rn. 7.

[26] *Rossi*, in: Calliess/Ruffert, Art. 81 AEUV Rn. 10 ff.; *Hess*, in: Recht der EU, Art. 81 AEUV Rn. 26 ff.

(4.) rechtsetzende Maßnahmen treffen soll, „insbesondere wenn dies für das reibungslose Funktionieren des Binnenmarkts erforderlich ist".

Da es sich bei den Regelungen des EuZVR jedenfalls um zivilverfahrensrechtliche Regelungen handelt, sind für die vorliegende Untersuchung nur die letzten beiden Kompetenzausübungsvoraussetzungen von Relevanz: der grenzüberschreitende Bezug (dazu I.) und der Binnenmarktbezug (dazu II.).

I. Der grenzüberschreitende Bezug

Nach Art. 81 I AEUV darf der Europäische Gesetzgeber nur tätig werden, um eine justizielle Zusammenarbeit in Zivilsachen mit grenzüberschreitendem Bezug zu entwickeln. Diese Kompetenzausübungsvoraussetzung existierte bereits im alten Kompetenztitel. Auf den ersten Blick erscheint sie mit Blick auf die hier untersuchte „Universalisierung des Europäischen Zivilverfahrensrechts" unproblematisch. Denn alle wesentlichen Regelungsgebiete des Internationalen Zivilverfahrensrechts setzen denknotwendig einen Auslandsbezug voraus: Die Internationale Zuständigkeit grenzt die Jurisdiktionssphären verschiedener Staaten ab[27]; Regelungen über die Verfahrenskoordination paralleler Prozesse im In- und *Ausland* erfordern[28] – wie Vorschriften über die Anerkennung und Vollstreckung *ausländischer* Entscheidungen[29] – einen Auslandsbezug. Wann ein grenzüberschreitender Bezug gegeben ist, ist trotzdem seit jeher umstritten.

1. Einschränkende Auslegung:
Beschränkung auf intrakommunitäre Sachverhalte

Teile der Literatur meinen, dass der Europäische Gesetzgeber auf dieser Grundlage nur Regelungen für intrakommunitäre – innergemeinschaftliche – Sachverhalte schaffen dürfe.[30] Ein „grenzüberschreitender Bezug" setze (ungeschriebene) Anknüpfungspunkte in mindestens zwei Mitgliedstaaten voraus. Eine Kompetenz für die Regelung sämtlicher internationaler Sachverhalte bestehe ebenso wenig, wie eine Kompetenz für die Regelung rein nationaler Sachverhalte.[31] Der insoweit zu weit geratene Wortlaut des Art. 81 I AEUV sei (zweifach) teleologisch zu reduzieren.

---

[27] Siehe oben S. 31; vgl. *Schack*, IZVR, Rn. 217; *Junker*, IZPR, § 5 Rn. 2; Linke/*Hau*, IZVR, Rn. 4.5 ff.

[28] Siehe oben S. 35, vgl. *Weber*, RIW 2009, S. 620 (621); *Adolphsen*, EuZVR, Kap. 4 Rn. 2.

[29] Siehe oben S. 33; vgl. *Schack*, IZVR, Rn. 216; Linke/*Hau*, IZVR, Rn. 4.5 ff.

[30] *Hoppe*, in: EU-Verträge Kommentar, Art. 81 Rn. 2; *Stumpf*, in: EU-Kommentar, Art. 81 AEUV Rn. 8.

[31] *Stumpf*, in: EU-Kommentar, Art. 81 AEUV Rn. 8 f.

2. Wortlautauslegung: Umfassendes Begriffsverständnis

Die herrschende Meinung vertritt dagegen die Auffassung, dass die Kompetenz-ausübungsvoraussetzung „grenzüberschreitender Bezug" entsprechend seinem Wortlaut weit auszulegen sei. Jede grenzüberschreitende Beziehung – auch eine zwischen einem Mitgliedstaat und einem Drittstaat – erfülle das Tatbestandsmerkmal.[32]

3. Erweiternde Auslegung: Potentiell grenzüberschreitende Sachverhalte

Die Kommission tendiert sogar zu einem noch weiteren Verständnis der Kompetenznorm:[33] Sie vertritt die Meinung, dass jede inländische Entscheidung potentiell grenzüberschreitend sei, weil sie im Ausland anerkannt und vollstreckt werden könne.[34] Daher müsse die Kompetenz auch die Regelung reiner Inlandssacherhalte ermöglichen.

Auch wenn sie sich gegenüber dem Rat mit dieser Auffassung bis heute nicht durchsetzen konnte und mehrere Sekundärrechtsakte – als Ergebnis eines „politischen, interinstitutionellen Kompromiss[es]"[35] zwischen Kommission, Rat und Parlament – einen unmittelbaren grenzüberschreitenden Bezug zu zwei Mitgliedstaaten fordern (z. B. Art. 3 EuMahnVO[36], Art. 3 EuBagtellVO, Art. 2 EuPkhRL, Art. 2 EuMedRL), hält sie an ihrem Normverständnis grundsätzlich fest. Zu Art. 3 EuMahnVO, nach dem ein grenzüberschreitender Bezug vorliegt, wenn mindestens eine der Parteien ihren Wohnsitz oder gewöhnlichen Aufenthalt in einem anderen Mitgliedstaat als dem des befassten Gerichts hat, gab die Kommission das folgende, sehr deutliche „Sondervotum" ab:

> „Die Kommission erklärt, dass die Bestimmung des Begriffs „grenzüberschreitende Rechtssache" im Kontext dieser Verordnung keine Auslegung der Anforderung von Artikel 65 des Vertrages im Sinne der Beschränkung der Tätigkeit der Gemeinschaft auf Sachen mit grenzüberschreitenden Bezügen darstellt, sondern nur eine der Möglichkeiten bietet, den Geltungsbereich dieser Verordnung im Rahmen des Artikels 65 einzuschränken."[37]

---

[32] *Lenzing*, in: Europäisches Unionsrecht, Art. 81 AEUV Rn. 4; *Rossi*, in: Calliess/Ruffert, Art. 81 EUV Rn. 12; *Hess*, in: Recht der EU, Art. 81 AEUV Rn. 30; *Bidell*, Erstreckung auf Drittstaatensachverhalte, S. 35 f.; *Wagner*, IPRax 2007, S. 290 (291 f.).

[33] Vgl. Vorschlag für eine Verordnung des Europäischen Parlaments und des Rates zur Einführung eines Europäischen Mahnverfahrens, KOM (2004) 173 end., S. 7 ff.; Vorschlag für eine Verordnung zur Einführung eines europäischen Verfahrens für geringfügige Forderungen KOM (2005) 87 endg., S. 5 ff.

[34] Vgl. *Hess*, EZPR, § 2 Rn. 11 ff. und § 10 Rn. 87; *ders.*, in: Kohärenz im IPR und IZPR, S. 68 (70 ff.); *ders.*, in: Recht der EU, Art. 81 EUV Rn. 26 ff.

[35] Vgl. *Hess*, EZPR, § 2 Rn. 12.

[36] Verordnung (EG) Nr. 1896/2006 des Europäischen Parlaments und des Rates vom 12.12.2006 zur Einführung eines Europäischen Mahnverfahrens, ABl. EG 2006 L 399/1.

[37] Mitteilung der Kommission an das Europäische Parlament gemäß Artikel 251 Absatz 2 Unterabsatz 2 EG-Vertrag über den Gemeinsamen Standpunkt des Rates im Hinblick auf den

4. Bewertung der „primärrechtlichen Drittstaatenproblematik"

Bei dem soeben geschilderten Streit handelt es sich um die primärrechtliche Fortsetzung der ursprünglich auf Ebene des Sekundärrechts geführten Diskussion über die Kernfrage der Drittstaatenproblematik des Europäischen Zivilverfahrensrechts:[38] Sind die Vorschriften des EuGVÜ/der Brüssel I- Verordnung nach der sogenannten Reduktionstheorie[39] nur dann anwendbar, wenn der Sachverhalt (ungeschriebene rechtliche oder tatsächliche[40]) Bezugspunkte zu mindestens zwei Vertragsstaaten/Mitgliedstaaten aufweist, oder genügt eine (ggf. potentielle) Internationalität kraft Drittstaatenbezugs?[41]

Wie bereits oben[42] dargestellt, wurde diese Frage für das Sekundärrecht mittlerweile durch den EuGH entschieden:

Bereits im Jahr 2000 hat das Gericht in der Sache *Group Josi Reinsurance Company SA ./. Universal General Insurance Company*[43] festgestellt, dass das EuGVÜ auch dann anwendbar ist, wenn der Beklagte seinen (Wohn-)Sitz im Hoheitsgebiet eines Mitgliedstaats hat und der Kläger in einem Drittstaat ansässig ist.[44] Die Entscheidung sah sich aber zu Recht einiger Kritik ausgesetzt, da sie zwar Indizien für eine Abkehr von der Reduktionstheorie enthielt, sie aber nicht endgültig verwarf.[45]

2005 schließlich erteilte der EuGH der Reduktionstheorie in der Entscheidung *Owusu ./. Jackson* eine definitive Absage.[46] Er erklärte, dass hinsichtlich des allgemeinen Gerichtsstands (Art. 2 EuGVÜ) der Wortlaut des Übereinkommens entscheidend sei. Da dieser allein auf den Wohnsitz des Beklagten abstelle und darüber hinaus keinen Bezug zu einem anderen Mitgliedstaat voraussetze, genüge jeder Auslandsbezug.[47]

Erlass einer Verordnung des Europäischen Parlaments und des Rates zur Einführung eines Europäischen Mahnverfahrens, KOM (2006) 374 endg., S. 5.

[38] Vgl. *Grolimund*, Drittstaatenproblematik des europäischen Zivilverfahrensrechts (*passim*); *derselbe*, in: Jahrbuch ZVR 10, Drittstaatenproblematik des Europäischen Zivilverfahrensrechts – eine Never-Ending-Story?, S. 79–95. Siehe auch oben ab S. 22 ff.

[39] *Benecke*, Teleologische Reduktion, S. 10 f., 90 f., 116 und 148; *Schack*, ZZP 107 (1994), S. 279 (288 f.); *Piltz*, NJW 1979, S. 1071 (1071 f.); *Samtleben*, NJW 1974, S. 1590 (1593 f.)

[40] Eine Übersicht liefert *Grolimund*, DSP, Rn. 342 ff.

[41] *Grolimund*, DSP, Rn. 273; *Geimer*, IPRax 1991, S. 31 (31 ff.); *Jayme*, in: Europarecht, IPR, Rechtsvergleichung. S. 97 (101 f.); *Coester-Waltjen*, in: FS Nakamura, S. 89 (101 f., 106 ff.); *Adolphsen*, Internationale Dopingstrafen, S. 365; 434 f.

[42] Siehe oben S. 22 ff.

[43] EuGH, Urteil vom 13.7.2000 – Rs. C-412/98 (*Group Josi Reinsurance Company SA ./. Universal General Insurance Company*) = ECLI:EU:C:2000:399 = NJW 2000, S. 3121.

[44] EuGH, Urteil vom 13.7.2000 – Rs. C-412/98 (*Group Josi Reinsurance Company SA ./. Universal General Insurance Company*) = ECLI:EU:C:2000:399 = NJW 2000, S. 3121 (3122).

[45] Hierzu ausführlich die Anmerkung von *Gebauer*, ZEuP 2001, S. 943 (959 ff.) m. w. N.

[46] EuGH, Urteil vom 1.3.2005 – Rs. C-281/02 (*Owusu ./. Jackson u. a.*) = ECLI:EU:C:2005:120 = EuZW 2005, S. 345 (347).

[47] Die Entscheidung ist im Wortlaut auszugsweise abgedruckt ab S. 23.

Nach Ansicht des EuGH reicht es also für die Anwendbarkeit der Zuständigkeitsordnung des EuGVÜ aus, wenn sich der Auslandsbezug – grenzüberschreitende Bezug – des Rechtsstreits aus der Beziehung zwischen einem Mitgliedstaat
und einem Drittstaat ergibt. Auch wenn die beiden vorstehenden Entscheidungen
nur das Zuständigkeitsregime des völkerrechtlichen EuGVÜ zum Gegenstand hatten[48], sind ihre Grundaussagen verallgemeinerungsfähig und auf die Brüssel I-[49]
bzw. Ia-Verordnung, vor allem aber auch auf den primärrechtlichen Kompetenztitel übertragbar:[50] Da beide Entscheidungen nach dem Inkrafttreten des Vertrags
von Amsterdam am 1.5.1999[51] ergingen, darf davon ausgegangen werden, dass
der EuGH jedenfalls indirekt auch zur Reichweite des neu geschaffenen Kompetenztitels in Art. 61 lit. c, 65, 67 EGV Stellung bezogen hat.[52] Jedenfalls bei der
Owusu-Entscheidung wird er außerdem die damals bereits seit einigen Jahren
geltende Brüssel I-Verordnung berücksichtigt haben. Hierfür spricht auch die Entscheidung *Taser International Inc. ./. SC Gate 4 Business SRL* u. a.[53], in der der
EuGH ganz selbstverständlich von einer Übertragbarkeit der Entscheidung ausgeht:

> „Es ist daran zu erinnern, dass die VO Nr. 44/2001[54] auf einen Rechtsstreit zwischen einem
> Bekl., der seinen Wohnsitz in einem Mitgliedstaat hat, und einem Kl. eines Drittstaats an-
> wendbar ist."[55]

Diese drei Entscheidungen – vor allem das *Owusu ./. Jackson*-Urteil – lassen
darauf schließen, wie weit der EuGH die Rechtsetzungskompetenz des Europäischen Gesetzgebers interpretiert. Überträgt man die Entscheidungen auf das Primärrecht, ist ein grenzüberschreitender Bezug – entsprechend dem insoweit eindeutigen Wortlaut des Art. 81 I AEUV – bei allen internationalen Sachverhalten
zu bejahen, die Berührungspunkte zu wenigstens einem Mitgliedstaat aufweisen.[56]

---

[48] *Bidell*, Erstreckung auf Drittstaatensachverhalte, S. 34 (Fn. 20) und *Laugwitz*, Anerkennung und Vollstreckung, S. 417 gehen fehlerhaft davon aus, dass die Entscheidung zur Brüssel I-Verordnung erging, kommen aber zum richtigen Ergebnis.

[49] Vgl. allein EG (8) Brüssel I-VO S. 1: „Rechtsstreitigkeiten, die unter diese Verordnung
fallen, müssen einen Anknüpfungspunkt an das Hoheitsgebiet *eines* der Mitgliedstaaten aufweisen, die durch diese Verordnung gebunden sind." (Hervorhebungen nicht im Gesetzestext),
vgl. hierzu auch *Piltz*, NJW 2002, S. 789 (791) sowie die umfassende Darstellung von *Buhr*,
Europäischer Justizraum und revidiertes Lugano Übereinkommen, Zum räumlich-persönlichen Anwendungsbereich des europäischen Rechts über die internationale Zuständigkeit in
Zivil- und Handelssachen (*passim*).

[50] So auch *Weber*, RabelsZ 75 (2011), S. 619 (622 f.).

[51] *Schack*, IZVR, Rn. 114.

[52] So im Ergebnis auch *Laugwitz*, Anerkennung und Vollstreckung, S. 417 f., die allerdings
übersieht, dass das EuGVÜ nicht auf einer primärrechtliche Grundlage i. S. e. echten Kompetenz basiert.

[53] EuGH, Urteil vom 17.3.2016 – Rs. C-175/15 (*Taser International Inc. ./. SC Gate 4 Business SRL u. a.*) = ECLI:EU:C:2016:176 = EuZW 2016, S. 558.

[54] Brüssel I-Verordnung.

[55] EuGH, Urteil vom 17.3.2016 – Rs. C-175/15 (*Taser International Inc. ./. SC Gate 4 Business SRL u. a.*) = ECLI:EU:C:2016:176 = EuZW 2016, S. 558 (559).

[56] Vgl. bspw. *Leible*, in: Streinz, EUV/AEUV, Art. 81 Rn. 9; 12; *Rossi*, in: Calliess/Ruffert,
Art. 81 AEUV Rn. 12, jeweils m. w. N.

5. Exkurs: (Keine) Kompetenz zur Regelung von Inlandssachverhalten?

Einer solchen Auslegung widerspricht auch nicht, dass einige Sekundärrechtsakte den grenzüberschreitenden Bezug enger definieren und Berührungspunkte zu zwei Mitgliedstaaten voraussetzen (vgl. z. B. Art. 3 EuMahnVO[57], Art. 3 EuBagtellVO, Art. 2 EuPkhRL, Art. 2 EuMedRL). Der Europäische Gesetzgeber hat von seiner weiten Rechtsetzungskompetenz in diesen Fällen im Gegenteil bewusst nur eingeschränkt Gebrauch gemacht. Hierbei ging es ihm aber nicht (primär) um den Ausschluss von Drittstaatensachverhalten; die Verordnungen regeln im Gegenteil – ungeachtet des Erfordernisses eines qualifizierten Unionsbezugs – Drittstaatensachverhalte. Es kommen hier im Wesentlichen zwei Konstellationen in Betracht:

(1.) Der in einem Drittstaat ansässige Kläger kann einen Beklagten mit mitgliedstaatlichem Wohnsitz nach dem Wortlaut der vorstehenden Verordnungen in einem anderen Mitgliedstaat in Anspruch nehmen.

(2.) Ein in einem Drittstaat ansässiger Beklagter kann über die Verordnungen in Anspruch genommen werden, wenn zum einen der Kläger einen mitgliedstaatlichen Wohnsitz hat und die Zuständigkeit eines anderen mitgliedstaatlichen Gerichts beispielsweise aufgrund einer exorbitanten Zuständigkeit begründet wurde[58]

Der Europäische Gesetzgeber wollte vielmehr dafür Sorge tragen, dass die neugeschaffenen europäischen Erkenntnisverfahren nicht auch bei reinen Inlandssachverhalten zur Anwendung kommen.[59] Damit bezieht er sich erkennbar auf den oben genannten Versuch der Kommission, insbesondere bei der Schaffung von Bagatell- und Mahnverordnung[60] auch lediglich potentiell grenzüberschreitende Sachverhalte[61] als von der Kompetenznorm erfasst zu sehen.[62] In einem Gutachten zum Vorschlag zur Einführung der Bagatellverordnung beschrieb der Juristische Dienst des Rates die Reichweite des Kompetenztitels in diesem Sinne wie folgt:

„Die grenzüberschreitenden Bezüge müssen tatsächlich und unmittelbar gegeben sein. Die Verordnung muss somit den Fall der Rechtsstreitigkeiten „mit Auslandsbezug regeln".

---

[57] Verordnung (EG) Nr. 1896/2006 des Europäischen Parlaments und des Rates vom 12.12.2006 zur Einführung eines Europäischen Mahnverfahrens, ABl. EG 2006 L 399/1.

[58] Vgl. für die EuBagatellVO *Varga*, in: Rauscher, EuZPR/EuIPR, Art. 3 EUMahnVO, Rn. 6 f. *Einhaus*, EuZW 2011, S. 865 (866) behauptet indes (ohne Angabe einer Fundstelle), dass das zentrale deutsche „Europäische Mahngericht", das AG Wedding, dieser Auslegung jedenfalls in Bezug auf die EUMahnVO nicht folge.

[59] *Hess*, in: Kohärenz im IPR und IZPR, S. 68 (70 f., 76 ff.).

[60] Verordnung (EG) Nr. 1896/2006 des Europäischen Parlaments und des Rates vom 12.12.2006 zur Einführung eines Europäischen Mahnverfahrens, ABl. EG 2006 L 399/1.

[61] Siehe oben S. 82, vgl. Vorschlag für eine Verordnung des Europäischen Parlaments und des Rates zur Einführung eines Europäischen Mahnverfahrens, KOM (2004) 173 end., S. 7 ff.; Vorschlag für eine Verordnung zur Einführung eines europäischen Verfahrens für geringfügige Forderungen KOM (2005) 87 endg., S. 5 ff.

[62] Vgl. *Netzer*, Status quo und Konsolidierung des Europäischen Zivilverfahrensrechts, S. 14 f.

Dies trifft mit Sicherheit auf den Teil der Verordnung zu, der die gegenseitige Anerkennung und Vollstreckung der Entscheidungen in allen Mitgliedstaaten ohne Exequaturverfahren betrifft. Was hingegen den Teil anbelangt, der die Einführung eines einheitlichen Entscheidungsverfahrens in Zivil- und Handelssachen betrifft, so wäre die vorgeschlagene Verordnung sowohl auf grenzüberschreitende wie auf rein innerstaatliche Situationen anzuwenden, und es liegt auf der Hand, dass die vorgeschlagene Maßnahme in den allermeisten Fällen rein innerstaatliche Situationen ohne Auslandsberührung betreffen wird. [...] Der Juristische Dienst ist daher der Auffassung, dass der Vorschlag der Kommission auf keinen Fall [auf die Kompetenzgrundlage] gestützt werden kann, wenn der Anwendungsbereich der Maßnahme nicht auf Rechtssachen mit grenzüberschreitendem Bezug eingeschränkt wird."[63]

Der Juristische Dienst des Rates und das Europäische Parlament fügen der Kompetenzausübungsvoraussetzung also ein ungeschriebenes Tatbestandsmerkmal hinzu: Ihrer Auffassung nach muss der grenzüberschreitende Bezug „unmittelbar" sein.

Tatsächlich erscheint der Ansatz der Kommission mit der so konkretisierten Kompetenzausübungsvoraussetzung kaum vereinbar: Erstreitet ein Deutscher gegen einen anderen Deutschen vor einem deutschen Gericht einen Titel, so fehlt diesem Erkenntnisverfahren offensichtlich jeder *unmittelbare* Auslandsbezug. Die Kompetenz des Unionsrechtsgebers auf solche nationalen Erkenntnisverfahren auszudehnen, nur weil sie einen *mittelbaren* Auslandsbezug aufweisen können – etwa wenn der Beklagte über Vermögen in Spanien verfügt, in das der Kläger vollstrecken könnte – würde sich vor diesem Hintergrund verbieten. Denn auch wenn Art. 81 I 2 AEUV klarstellt, dass die justizielle Zusammenarbeit auch den Erlass von Maßnahmen zur Angleichung der Rechtsvorschriften der Mitgliedstaaten umfasst, müsste in einer vergemeinschafteten Regelung der innerstaatlichen Erkenntnisverfahren ein Verstoß gegen die in Art. 5 EUV kodifizierte „europarechtliche Schrankentrias"[64], insbesondere gegen das Prinzip der begrenzten Einzelermächtigung (Art. 5 I, II EUV) und das Subsidiaritätsprinzip (Art. 5 III EUV) gesehen werden.[65]

Ob dieses restriktive Begriffsverständnis mit Blick auf die Grundfreiheiten in einem Europäischen Justizraum letztlich wirklich sinnvoll oder gar zwingend ist, darf indes bezweifelt werden.[66] Es führt beispielsweise dazu, dass ein deutsches Gericht sowohl die Bagatell- als auch die Mahnverordnung anzuwenden hat, wenn beide Parteien in Frankreich ansässig sind und der potentielle Auslandsbezug sich aus einer Vollstreckungsmöglichkeit in Deutschland ergibt, nicht aber im umge-

---

[63] Gutachten des Juristischen Dienstes des Rats der Europäischen Union – Vorschlag für eine Verordnung des Europäischen Parlaments und des Rates zur Einführung eines europäischen Verfahrens für geringfügige Forderungen – Rechtsgrundlage, Dok. Nr. 10748/08 JUR 291 JUSTCIV 130 Rn. 20 ff.

[64] *Calliess*, in: Calliess/Ruffert, Art. 5 EUV Rn. 5 m. w. N., siehe auch unten S. 93 ff.

[65] *Hess*, EZPR, § 2 Rn. 12; *Netzer*, Status quo und Konsolidierung des Europäischen Zivilverfahrensrechts, S. 15.

[66] *Hess*, in: Kohärenz im IPR und IZPR, S. 68 (72).

kehrten Fall: Haben beide Parteien ihren Wohnsitz in Deutschland und geht es um eine Vollstreckung in Frankreich, scheidet eine Anwendung aus.[67] Damit werden dem „europäischen Marktbürger"[68] bei nationalen Ausgangssachverhalten die effizienten Instrumente des Europäischen Zivilverfahrensrechts verwehrt.[69] Gute Argumente sprechen daher dafür, auch mittelbar grenzüberschreitende Sachverhalte als von der Kompetenznorm erfasst zu sehen – jedenfalls in den Fällen, in denen die Bedeutung der Regelung für den grenzüberschreitenden Zugang evident ist.[70]

Auch wenn ein weites Kompetenzverständnis das soeben beschriebene Effizienzgefälle sicher abbauen würde: Ob und wie weit der Europäische Gesetzgeber Inlandssachverhalte regeln kann, spielt für die vorliegende Untersuchung, die eine Vergemeinschaftung des derzeit noch bei den Mitgliedstaaten verbliebenen Internationalen Zivilverfahrensrechts zum Gegenstand hat, letztlich nur eine untergeordnete Rolle. Denn die „klassischen Regelungsgebiete" des Internationalen Zivilverfahrensrechts[71] weisen, wie bereits eingangs festgestellt stets – auch bei ausschließlichem Drittstaatenbezug – einen unmittelbar grenzüberschreitenden Bezug auf.[72] Vergemeinschaftete Regelungen in diesem Bereich erfüllen folglich die Kompetenzausübungsvoraussetzung.

II. Der Binnenmarktbezug

Nach Art. 65 EGV durfte die Gemeinschaft zum schrittweisen Aufbau eines Raums der Freiheit, der Sicherheit und des Rechts, nur solche Maßnahmen erlassen, die „für das reibungslose Funktionieren des Binnenmarkts erforderlich sind."[73] Bedeutung und Reichweite dieses Tatbestandsmerkmals waren heftig umstritten. Teile der Literatur sahen in ihm eine echte Kompetenzausübungsvoraussetzung und monierten ein Legitimationsdefizit solcher Verordnungen, die dem reibungslosen Funktionieren des Binnenmarkts nicht unmittelbar dienten. So meinte beispielsweise Schack, dass der Binnenmarkt nicht besser funktioniere, weil man durch die EuEheVO[74] Scheidungen erleichtere.[75]

---

[67] Vgl. *Voit*, in: Musielak/Voit, ZPO, B. Sammelkommentierung, Rn. 23; *Ulrici*, in: MüKo-ZPO, Art. 3 EuMahnVO, Rn. 2; *Geimer*, IZPR, Rn. 3195n.

[68] *Hess*, in: Kohärenz im IPR und IZPR, S. 68 (72).

[69] Vgl. *Hess*, EZPR, § 10 Rn. 51 (für die EuMahnVO).

[70] Vgl. *Hess*, EZPR, § 2 Rn. 12; *Leible*, in: Streinz, EUV/AEUV, Art. 81 Rn. 7.

[71] Dazu siehe oben S. 31 ff.

[72] Siehe oben S. 81, 83 ff.

[73] Als Programmsatz hat diese Kompetenzausübungsvoraussetzung Eingang gefunden in die Erwägungsgründe der EuZVR-Verordnungen, vgl. EG (1) Brüssel I-VO, EG (3) Brüssel Ia-VO, EG (1) EuErbVO, EG (1) EuBagatellVO.

[74] Verordnung (EG) Nr. 2201/2003 des Rates vom 27.11.2003 über die Zuständigkeit und die Anerkennung und Vollstreckung von Entscheidungen in Ehesachen und in Verfahren betreffend die elterliche Verantwortung und zur Aufhebung der Verordnung (EG) Nr. 1347/2000, ABl. EG 2003 L 338/1.

[75] *Schack*, RabelsZ 65 (2001), S. 615 (618); *ders.*, IZVR[5], Rn. 114.

Dieser Ansatz war freilich schon damals nicht richtig. Der Binnenmarkbezug war nie als echte Kompetenzbegrenzung konzipiert[76] und wurde von der Rechtspraxis auch nicht als solche behandelt.[77] Das Tatbestandsmerkmal sollte vielmehr – gewissermaßen als Programmsatz[78] – sicherstellen, dass der Europäische Gesetzgeber eine justizielle Infrastruktur bereitstellt, die die Durchsetzung privater Rechte im Binnenmarkt – unabhängig von einer wirtschaftlichen Betätigung, also auch im Familien- und Erbrecht – gewährleistet.[79] Das Tatbestandsmerkmal sollte insofern die umfassende Nutzbarkeit der Grundfreiheiten gewährleisten.[80]

Unabhängig von der ganz grundsätzlichen Untauglichkeit dieses Merkmals als Kompetenzausübungsvoraussetzung, hätte es aber auch eine Universalisierung des Europäischen Zivilverfahrensrechts nicht zu begrenzen vermocht. Denn der Binnenmarkt funktioniert nur dann wirklich reibungslos, wenn beispielsweise alle Unionsbürger einen einheitlichen Zugang zu den Gerichten der Mitgliedstaaten auch bei Drittstaatensachverhalten haben oder drittstaatliche Urteile nach den gleichen Voraussetzungen in allen Mitgliedstaaten anerkannt und vollstreckt werden können.[81] Bestehen hier Unterschiede, ist die Binnenmarktfunktionalität jedenfalls berührt.

Der damals geführte Streit ist heute allerdings obsolet. In dem derzeit geltenden, durch den Vertrag von Lissabon eingeführten Kompetenztitel Art. 81 AEUV wurde die vermeintliche Kompetenzausübungsvoraussetzung zur einem Regelbeispiel herabgestuft.[82] Nach Art. 81 II AEUV erlassen das Europäische Parlament und der Rat heute Harmonisierungsmaßnahmen, „insbesondere wenn dies für das reibungslose Funktionieren des Binnenmarkts erforderlich ist". Mit der Neufassung der Vorschrift wurde folglich klargestellt, was bereits für die alte Kompetenzgrundlage galt: „Binnenmarktfinalität [ist] keine conditio sine qua non"[83] für den Erlass einer Maßnahme im Bereich des Europäischen Zivilverfahrensrechts. Der Binnenmarktbezug stellt jedenfalls heute unstreitig keine Kompetenzausübungsvoraussetzung mehr dar.[84]

---

[76] Vgl. *Hess*, EZPR, § 2 Rn. 10; *Rossi*, in: Calliess/Ruffert, Art. 81 AEUV Rn. 13.

[77] Vgl. *Lenzing*, in: Europäisches Unionsrecht, Art. 81 AEUV Rn. 6.

[78] *Hess*, EZPR, § 2 Rn. 10.

[79] Vgl. *Mansel*, RabelsZ 70 (2006), S. 651 (658 f.); *Hess*, EZPR, § 2 Rn. 10; *ders.*, NJW 2000, S. 23 (27 f.; vgl. auch Fn. 80 und 85).

[80] Vgl. *Adolphsen*, EuZVR, Kap. 1 Rn. 10; *Hess*, EZPR, § 2 Rn. 10

[81] Vgl. z. B. Stellungnahme des Europäischen Wirtschafts- und Sozialausschusses zu dem „Grünbuch zur Überprüfung der Verordnung (EG) Nr. 44/2001 des Rates über die gerichtliche Zuständigkeit und die Anerkennung und Vollstreckung von Entscheidungen in Zivil- und Handelssachen" KOM (2009) 175 endg., ABl. EU 2010 C 255/48, Rn. 4.6.

[82] *Hoppe*, in: EU-Verträge Kommentar, Art. 81 Rn. 3; *Rossi*, in: Calliess/Ruffert, Art. 81 AEUV Rn. 13.

[83] *Leible*, in: Streinz, EUV/AEUV, Art. 81 Rn. 11; vgl. auch *Mankowski*, in: Rauscher, EuZPR/EuIPR, Einl. Brüssel Ia-VO Rn. 1.

[84] *Rossi*, in: Calliess/Ruffert, Art. 81 AEUV Rn. 13; *Lenzing*, in: Europäisches Unionsrecht, Art. 81 AEUV Rn. 6. So jetzt auch *Schack*, IZVR, Rn. 114; *Jayme*, IPRax 2008, S. 72 (72).

III. Zwischenergebnis

Die Kompetenzausübungsvoraussetzungen des Art. 81 AEUV geben keinen Hinweis darauf, dass der Kompetenztitel nur zur Schaffung von innergemeinschaftlichem Zivilverfahrensrecht ermächtigt.

Der grenzüberschreitende Bezug als Kompetenzausübungsvoraussetzung begrenzt den Europäischen Gesetzgeber nicht bei der Schaffung eines universalen, „europäischen" Internationalen Zivilverfahrensrechts. Er beschränkt seine Tätigkeit – wie oben gezeigt[85] – lediglich unter zwei Gesichtspunkten: Einerseits darf er rein nationale Sachverhalte nicht regeln. Andererseits soll er inhaltlich kein allumfassendes Verfahrensrecht schaffen.

Der Binnenmarktbezug stellt – jedenfalls heute – keine echte Kompetenzausübungsvoraussetzung mehr dar.

B. Kompetenztitel für eine Universalisierung des EuZVR

Als kompetenzrechtliches „Nadelöhr" für eine Universalisierung des Europäischen Zivilverfahrensrechts erweisen sich aber die konkreten Kompetenztitel des Art. 81 II AEUV. Jede Modifizierung eines bestehenden Sekundärrechtsakts muss auf einen – oder mehrere – Kompetenztitel des Katalogs gestützt werden können; den ursprünglichen Kompetenzgrundlagen kommt allenfalls eine Indizwirkung zu.[86] Dies ist auf den ersten Blick misslich: Während eine Universalisierung der wesentlichen Regelungsbereiche des Internationalen Zivilverfahrensrechts in der Vergangenheit mehr oder weniger zwanglos unter dem nicht abschließenden Katalog[87] des Art. 65 EGV zu subsumieren war, stellt sich dies bei Art. 81 II AEUV zumindest für einige Regelungsbereiche als schwieriger dar. Der abschließende Katalog des Art. 81 II AEUV wurde im Vergleich zur Vorgängerregelung zwar inhaltlich erweitert[88] und ermöglicht auch heute noch die Universalisierung vieler Regelungsbereiche des Internationalen Zivilverfahrensrechts (dazu I.). Insbesondere im Bereich der Anerkennung und Vollstreckung ausländischer Entscheidungen erscheint die Zuordnung unter die Kompetenztitel des Art. 81 II AEUV aber schwieriger (dazu II.).

---

[85] Siehe oben S. 80.

[86] *Rossi*, in: Calliess/Ruffert, Art. 81 AEUV Rn. 37.

[87] *Kotzur*, in: Geiger/Khan/Kotzur, European Union Treaties, Art. 81 TFEU, Rn. 6; *Stumpf*, in: EU-Kommentar, Art. 81 AEUV Rn. 25 ff.

[88] *Kotzur*, in: Geiger/Khan/Kotzur, European Union Treaties, Art. 81 TFEU, Rn. 6; *Leible*, in: Streinz, EUV/AEUV, Art. 81 Rn. 19; *Stumpf*, in: EU-Kommentar³, Art. 81 AEUV Rn. 10; a. A. *Hess*, in: Recht der EU, Art. 81 AEUV Rn. 38.

I. Internationale Zuständigkeit, Rechtshängigkeit, weitere Regelungsgebiete des IZVR

Der Kompetenztitel für den Regelungsbereich der Internationalen Zuständigkeit findet sich – etwas versteckt – in Art. 81 II lit. c AEUV. Danach kann der Europäische Gesetzgeber Maßnahmen erlassen, die die Vereinbarkeit der in den Mitgliedstaaten geltenden Kollisionsnormen und Vorschriften zur Vermeidung von Kompetenzkonflikten sicherstellen sollen.[89] Hinter dem Begriff „Kompetenzkonflikt" verbirgt sich nichts anderes als eine – umständliche und deswegen missverständliche – Übersetzung für „jurisdiction", also (internationale) Zuständigkeit.[90] Über den gleichen Kompetenztitel können auch Rechtshängigkeitsregelungen geschaffen werden.[91]

In Art. 81 II lit. b AEUV findet sich eine Ermächtigung zur Regelung der grenzüberschreitenden Zustellung gerichtlicher und außergerichtlicher Schriftstücke. Über Art. 81 II lit. d AEUV können Maßnahmen erlassen werden, die die Zusammenarbeit bei der Erhebung von Beweismitteln sicherstellen sollen.

Den soeben genannten Kompetenztiteln ist eines gemein: Ausweislich ihres Wortlautes ermächtigen sie den Europäischen Gesetzgeber zur Schaffung von umfassendem Internationalen Zivilverfahrensrecht; eine Beschränkung seiner Rechtsetzungstätigkeit auf regionales Verfahrensrecht ist nicht ersichtlich. Da die Kompetenzausübungsvoraussetzung „grenzüberschreitender Bezug" in diesem Zusammenhang wie oben gezeigt ebenfalls keine beschränkende Wirkung hat, kann auf Grundlage der obenstehenden Kompetenztitel grundsätzlich auch universal geltendes IZVR geschaffen werden.

II. Anerkennung und Vollstreckung drittstaatlicher Entscheidungen

Schwieriger ist die Situation im Bereich der Anerkennung und Vollstreckung drittstaatlicher Entscheidungen. Bei der Reform der Brüssel I-Verordnung war nur die Universalisierung des Zuständigkeitsregimes Gegenstand der Diskussion. Dass die Kommission gleichwohl von einer Kompetenz für eine Universalisierung auch im Bereich von Anerkennung und Vollstreckung ausging, zeigt sich nicht

---

[89] Nicht nachvollziehbar ist, dass *Geimer*, in: Geimer/Schütze, EuZVR, Einl. EuGVVO Rn. 29 mit Blick auf Art. 65 EGV und Art. 81 AEUV noch immer von einer „schmalen Ermächtigungsgrundlage" spricht. Während die Verfasser des EuGVÜ tatsächlich über ihren in Art. 220 EWGV festgelegten Handlungsauftrag hinausgingen, indem sie nicht nur die Anerkennung und Vollstreckung von Entscheidungen, sondern auch die internationale Zuständigkeit regelten (vgl. *Geimer*, in: Geimer/Schütze, EuZVR, Einl. EuGVVO Rn. 28), besteht heute ein entsprechender Kompetenztitel.

[90] Vgl. *Lenzing*, in: Europäisches Unionsrecht, Art. 81 AEUV Rn. 13.

[91] *Hess*, in: Recht der EU, Art. 81 AEUV Rn. 44.

zuletzt an dem Grünbuch zur Überprüfung der Brüssel I-Verordnung[92], das zusammen mit dem nach Art. 73 Brüssel I-VO fälligen Bericht zur Anwendung der Brüssel I-Verordnung[93] im April 2009 veröffentlicht wurde. So lautete Frage 2 des Grünbuchs:

> Unter welchen Bedingungen sollten in einem Drittstaat ergangene gerichtliche Entscheidungen in der Gemeinschaft anerkannt und vollstreckt werden dürfen, wenn diese zwingendes Gemeinschaftsrecht berühren oder wenn die ausschließliche Zuständigkeit bei einem Gericht eines Mitgliedstaats liegt?[94]

Aber auch in der Literatur wird eine entsprechende Kompetenz – teilweise stillschweigend[95] – vorausgesetzt.[96] Tatsächlich wäre unter dem alten Art. 65 EGV die Schaffung universeller Regelungen im Bereich der Anerkennung und Vollstreckung drittstaatlicher Entscheidungen relativ zwanglos möglich gewesen. Denn ausweislich dieser Kompetenznorm konnte der Europäische Gesetzgeber – bei Vorliegen der oben genannten Kompetenzausübungsvoraussetzungen[97] – Maßnahmen zur Verbesserung und Vereinfachung der Anerkennung und Vollstreckung gerichtlicher und außergerichtlicher Entscheidungen in Zivil- und Handelssachen treffen.[98] *De lege lata* ist die Rechtslage komplizierter: Auf den ersten Blick scheint eine Kompetenz gerade nicht zu bestehen (dazu 1.). Bei genauer Betrachtung wird aber deutlich, dass der Gemeinschaftsgesetzgeber auch diesen Komplex regeln kann (dazu 2.)

---

[92] Grünbuch zur Überprüfung der Verordnung (EG) Nr. 44/2001 des Rates über die gerichtliche Zuständigkeit und die Anerkennung und Vollstreckung von Entscheidungen in Zivil- und Handelssachen, KOM (2009), S. 175 endg.

[93] Bericht der Kommission an das Europäische Parlament, den Rat und den Europäischen Wirtschafts- und Sozialausschuss über die Anwendung der Verordnung (EG) Nr. 44/2001 des Rates über die gerichtliche Zuständigkeit und die Anerkennung und Vollstreckung von Entscheidungen in Zivil- und Handelssachen, KOM (2009) 174 endg.

[94] KOM (2009) 175 endg., S. 3 ff.

[95] Vgl. *Bonomi*, IPRax 2017, S. 184 (190 ff.); *Thole*, in: Anerkennung im IZPR, S. 25 (52 ff.); *Weber*, RabelsZ 75 (2011), S. 619 (643); *Fallon/Kruger*, Yearbook of Private International Law, Volume 14 (2012/2013), S. 1 (33); *Hess*, Stellungnahme zum Grünbuch KOM (2009) 175 endg., S. 5, http://www.europarl.europa.eu/document/activities/cont/200910/20091009ATT62257/20091009ATT62257DE.pdf, abgerufen am 1.4.2020.

[96] *Laugwitz*, Anerkennung und Vollstreckung, S. 411 ff, 427 ff.; *Domej*, in: Kohärenz im IPR und IZPR, S. 90 (99); im Ergebnis wohl auch *Weber*, RabelsZ 75 (2011), S. 619 (622 f., 643).

[97] Die Kompetenzausübungsvoraussetzungen wären – wie oben dargestellt – auch nach altem Recht erfüllt gewesen, siehe oben S. 80 ff.

[98] Vgl. *Geimer*, IZPR, Rn. 245h; *Dilger*, Die Regelung zur internationalen Zuständigkeit in Ehesachen in der Verordnung (EG) Nr. 2201/2003, Rn. 91; vgl. auch *Basedow*, in: FS Lorenz, S. 463 (470 f.).

1. Art. 81 II lit. a AEUV als lex specialis?

Auch wenn sich die Reichweite der Kompetenz durch den Vertrag von Lissabon nicht geändert haben soll,[99] erlaubt jedenfalls Art. 81 II lit. a AEUV nur Maßnahmen, die „die gegenseitige Anerkennung und die Vollstreckung gerichtlicher und außergerichtlicher Entscheidungen *zwischen den Mitgliedstaaten*"[100] sicherstellen sollen. Ausweislich des klaren Wortlauts kann dieser Kompetenztitel jedenfalls nicht für die Schaffung gemeinschaftlicher Regelungen über die Anerkennung und Vollstreckung *drittstaatlicher* Entscheidungen herangezogen werden.

Damit ist Art. 81 II lit. a AEUV enger, als der in Art. 81 I 1 AEUV dargelegte „programmatische Ansatz" der Kompetenznorm: Danach soll – ohne besonders benannten Mitgliedstaatenbezug – eine „justizielle Zusammenarbeit in Zivilsachen mit grenzüberschreitendem Bezug, die auf dem Grundsatz der gegenseitigen Anerkennung und Vollstreckung gerichtlicher und außergerichtlicher Entscheidungen beruht" entwickelt werden.

Andererseits kann nur wegen des Mitgliedstaatenbezugs in Art. 81 II lit. a AEUV nicht darauf geschlossen werden, dass die Vorschrift eine inhaltliche Beschränkung für die anderen Kompetenztitel des Art. 81 II lit. b-h AEUV darstellt. Art. 81 II lit. a AEUV stellt sich insbesondere nicht als abschließendes *lex specialis* dar:[101] Wenn die Vorschrift „die *gegenseitige* Anerkennung und die Vollstreckung gerichtlicher und außergerichtlicher Entscheidungen *zwischen den Mitgliedstaaten*" heute derartig betont, nimmt der Kompetenztitel nach hier vertretener Auffassung Bezug auf die durch das gegenseitige Vertrauen und die wechselseitige Anerkennung geprägte Urteilsfreizügigkeit im Europäischen Justizraum.[102] Der Wortlaut von Art. 81 II lit. a AEUV ist daher vor dem Hintergrund der politischen Maßnahmenprogramme von Tampere[103], Den Haag und insbesondere Stockholm[104] zu sehen, die in letzter Konsequenz die Abschaffung aller Exequaturverfahren zwischen den Mitgliedstaaten zum Ziel hatten.[105] Bei einer Universalisierung der Vorschriften über die Anerkennung und Vollstreckung drittstaatlicher Entscheidungen geht es aber gerade nicht um eine auf *gegenseitigem Vertrauen* basierende Maßnahme, sondern *einseitig* um „die Beseitigung von Hindernissen

---

[99] *Rossi*, in: Calliess/Ruffert, Art. 81 AEUV Rn. 19, 9.

[100] Hervorhebung durch den Verfasser.

[101] So aber *Netzer*, Status quo und Konsolidierung des Europäischen Zivilverfahrensrechts S. 53 f., der irrig davon ausgeht, dass eine Kompetenz für die Schaffung von einheitlichem Anerkennungsrecht dazu führen würde, dass reine Drittstaatensachverhalte – ohne Binnenrelevanz – geregelt werden könnten.

[102] So auch *Domej*, in: Kohärenz im IPR und IZPR, S. 90 (99).

[103] Sondergipfel von Tampere, 15./16.10.1999 – Schlussfolgerungen des Vorsitzes, http://www.europarl.europa.eu/summits/tam_de.htm, abgerufen am 1.4.2020. Ein offizielles, amtliches Dokument existiert nicht.

[104] Das Stockholmer Programm – ein offenes und sicheres Europa im Dienste und zum Schutz der Bürger, ABl. EU 2010 C 115/1 (11).

[105] Vgl. *Hess*, in: Recht der EU, Art. 81 AEUV Rn. 19 ff.

für die reibungslose Abwicklung von Zivilverfahren" und „den effektiven Zugang zum Recht" (vgl. Art. 81 II lit. f und e AEUV).

2. Art. 81 II lit. f und e AEUV

Als Kompetenzgrundlage für eine Universalisierung der Anerkennungs- und Vollstreckungsvorschriften kann jedoch Art. 81 II lit. f AEUV[106] gegebenenfalls i. V. m. lit. e AEUV dienen. Art. 81 II lit. f AEUV entspricht im Wesentlichen dem früheren Art. 65 lit. c EGV. Wie seine Vorgängervorschrift[107] eröffnet auch der neue Kompetenztitel den weitesten Handlungsrahmen.[108] Auf der Grundlage von Art. 81 II lit. f AEUV können Maßnahmen zur Beseitigung von Hindernissen für die reibungslose Abwicklung von Zivilverfahren geschaffen werden. Auf den ersten Blick scheint der Kompetenztitel sogar eine vollständige Angleichung der mitgliedstaatlichen Prozessrechte zu ermöglichen. Diese scheitert freilich am Fehlen eines grenzüberschreitenden Bezuges.[109] Der neu geschaffene Art. 81 II lit. e AEUV soll einen effektiven Zugang zum Recht sicherstellen.

Eine Universalisierung der Vorschriften über die Anerkennung und Vollstreckung drittstaatlicher Entscheidungen beseitigt Hindernisse, die durch den unterschiedlichen Rechtsschutzstandard in den Mitgliedstaaten entstehen. Effizienzgefälle werden beseitigt. Sieht ein mitgliedstaatliches Recht in bestimmten Einzelfällen keine Regelung vor, die die Anerkennung und Vollstreckung einer ausländischen Entscheidung ermöglicht, kann die Universalisierung des Europäischen Zivilverfahrensrechts auch den Zweck haben, einen Zugang zum Recht sicherzustellen.

Der Handlungsrahmen der Kompetenztitel aus Art. 81 II lit. f und lit. e AEUV ist anders als Art. 81 II lit a AEUV nicht auf Maßnahmen, die der gegenseitigen Urteilsanerkennung zwischen den Mitgliedstaaten dienen, beschränkt.[110]

C. Beschränkung der Kompetenzausübung durch Subsidiaritäts- und Verhältnismäßigkeitsprinzip

Bei der Kompetenz zur Regelung des Internationalen Zivilverfahrensrechts gem. Art. 81 AEUV handelt es sich gem. Art. 4 I, II lit. j AEUV um eine „geteilte Zuständigkeit" i. S. v. Art. 2 II AEUV. Anders als bei einer ausschließlichen Kompe-

---

[106] So auch *Domej*, in: Kohärenz im IPR und IZPR, S. 90 (99).
[107] *Hess*, EZPR, § 2 Rn. 17.
[108] *Hess*, in: Recht der EU, Art. 81 AEUV Rn. 48.
[109] *Hess*, in: Recht der EU, Art. 81 AEUV Rn. 48; *Leible*, in: Streinz, EUV/AEUV, Art. 81 Rn. 36; vgl. auch S. 81.
[110] Vgl. *Laugwitz*, Anerkennung und Vollstreckung, S. 414.

tenz i. S. v. Art. 2 I AEUV können sowohl die Union als auch die Mitgliedstaaten in diesem Bereich gesetzgeberisch tätig werden und verbindliche Rechtsakte erlassen. Die Bezeichnung dieser Zuständigkeit als „geteilt" darf allerdings nicht dahingehend verstanden werden, dass Mitgliedstaaten und die Union jederzeit gleichberechtigt Recht setzen dürfen. Es handelt sich bei der geteilten Kompetenz vielmehr um eine „konkurrierende Zuständigkeit"[111]: Die Mitgliedstaaten können ihre Zuständigkeit nur ausüben, solange die Union noch nicht von ihrer Zuständigkeit Gebrauch gemacht oder entschieden hat, von der ausgeübten Kompetenz zukünftig keinen Gebrauch mehr zu machen. Die Binnenkompetenz der Union geht der mitgliedstaatlichen Kompetenz folglich vor (vgl. Art. 2 II AEUV).

Ausweislich Art. 5 I 2 EUV ist der Unionsgesetzgeber bei der Ausübung seiner konkurrierenden Zuständigkeit aber an das Subsidiaritätsprinzip gem. Art. 5 III EUV (dazu I.) sowie stets[112] an das Verhältnismäßigkeitsprinzip gem. Art. 5 IV EUV (dazu II.) gebunden. Diese Prinzipien setzen der unionalen Rechtsetzung nach Art. 81 AEUV weitere Grenzen.[113]

I. Beschränkungen durch das Subsidiaritätsprinzip, Art. 5 III EUV

Nach Art. 5 III AEUV wird die Union in den Bereichen, die nicht in ihre ausschließliche Zuständigkeit fallen, nur tätig, sofern und soweit die Ziele der in Betracht gezogenen Maßnahmen von den Mitgliedstaaten weder auf zentraler noch auf regionaler oder lokaler Ebene ausreichend verwirklicht werden können, sondern vielmehr wegen ihres Umfangs oder ihrer Wirkungen auf Unionsebene besser zu verwirklichen sind. Das Subsidiaritätsprinzip befasst sich folglich mit der Frage, „ob" Bedarf für ein Unionshandeln besteht, also ob die Union gesetzgeberisch tätig werden soll.[114]

Zur Beantwortung dieser Frage lassen sich in der Vorschrift zwei Kriterien ausmachen, die kumulativ gegeben sein müssen:[115] Erstens muss das Regelungsziel durch die Mitgliedstaaten nicht ausreichend verwirklicht werden können (sog. *Negativ- oder Insuffizienzkriterium*).[116] Zweitens muss das Regelungsziel auf Unionsebene besser verwirklicht werden können (sog. *Positiv- oder Effizienz-*

---

[111] *Calliess*, in: Calliess/Ruffert, Art. 4 EUV Rn. 1; *Obwexer*, in: Europäisches Unionsrecht, Art. 2 AEUV Rn. 31.

[112] *Calliess*, in: Calliess/Ruffert, Art. 5 EUV Rn. 43.

[113] Vgl. *Bast*, in: Recht der EU, Art. 5 EUV, Rn. 50 (zum Subsidiaritätsprinzip) und Rn. 66 (zum Verhältnismäßigkeitsprinzip).

[114] *Calliess*, in: Calliess/Ruffert, Art. 5 EUV Rn. 23.

[115] Vgl. *Bast*, in: Recht der EU, Art. 5 EUV, Rn. 54 ff.; *Kadelbach*, in: Europäisches Unionsrecht, Art. 5 EUV Rn. 33 ff.

[116] *Bast*, in: Recht der EU, Art. 5 EUV, Rn. 54; *Kadelbach*, in: Europäisches Unionsrecht, Art. 5 EUV Rn. 35 ff.

kriterium).[117] Beide Kriterien müssen in einem „vergleichenden Effizienztest" dahingehend überprüft werden, ob ein unionsrechtliches Handeln gegenüber einem mitgliedstaatlichem Handeln einen „Mehrwert" bringt.[118]

Präzise materielle Vorgaben für diesen Effizienztest enthält Art. 5 III EUV ebenso wenig, wie Angaben zur Qualität des Mehrwerts, den ein unionales Handeln mit sich bringen muss. Sie ergeben sich auch nicht aus dem in Art. 5 zur Konkretisierung des Subsidiaritätsprinzips geschaffenen Protokoll Nr. 2 über die Anwendung der Grundsätze der Subsidiarität und der Verhältnismäßigkeit.[119] Anders als das mit dem Vertrag von Amsterdam eingeführte Protokoll Nr. 30 über die Anwendung der Grundsätze der Subsidiarität und der Verhältnismäßigkeit, beschränkt sich das heute geltende Subsidiaritätsprotokoll im Wesentlichen auf verfahrensrechtliche Prüfvoraussetzungen (vgl. Art. 5 S. 5 des Subsidiaritätsprotokolls); materiell-rechtliche Vorgaben enthält es kaum.[120] Die einzige – für die konkrete Frage wenig ergiebige – materielle Vorgabe, die das Subsidiaritätsprotokoll macht, findet sich in Art. 5 S. 4. Danach beruht die Feststellung, dass ein Ziel der Union besser auf Unionsebene erreicht werden kann, auf qualitativen und, soweit möglich, quantitativen Kriterien.

Fraglich ist also ganz abstrakt, ob eine universelle Ausgestaltung des Europäischen Zivilverfahrensrechts dem Subsidiaritätsprinzip genügt.

Das Negativ- oder Insuffizienzkriterium kann in diesem Zusammenhang leicht bejaht werden. Die Mitgliedstaaten könnten sich zwar darauf verständigen ihr autonomes Internationales Zivilverfahrensrecht untereinander anzugleichen und universell auszugestalten. Gleichlaufende nationale Regelungen über die Internationale Zuständigkeit sowie die Anerkennung und Vollstreckung ausländischer Entscheidungen, aber auch die übrigen Regelungsbereiche des Internationalen Zivilverfahrensrechts würden den Problemen, die heute aus der Unterschiedlichkeit der Rechtsordnungen resultieren, die Schärfe nehmen. Es gibt aber keinen erkennbaren Grund, der die Mitgliedstaaten zu einem solchen Vorgehen bewegen könnte. Selbst wenn sie ohne einen entsprechenden Impuls der Union tätig würden, wäre eine wirkliche Rechtsübereinstimmung wohl kaum zu erreichen. Nationale Sonderwege wären wahrscheinlich; die geschaffenen Regelungen wären stärker der Disposition der jeweiligen Gesetzgeber ausgesetzt.

Dagegen liegen die Vorteile einer unionsrechtlichen Maßnahme auf der Hand: Die universelle Ausgestaltung des Internationalen Zivilverfahrensrechts kann auf Unionsebene besser verwirklicht werden. Durch entsprechende Änderungen der

---

[117] *Bast*, in: Recht der EU, Art. 5 EUV, Rn. 57; *Kadelbach*, in: Europäisches Unionsrecht, Art. 5 EUV Rn. 39.

[118] *Bast*, in: Recht der EU, Art. 5 EUV, Rn. 57; *Kadelbach*, in: Europäisches Unionsrecht, Art. 5 EUV Rn. 40.

[119] Protokoll über die Anwendung der Grundsätze der Subsidiarität und der Verhältnismäßigkeit, ABl. EU 2007 C 306/150.

[120] Vgl. *Calliess*, in: Calliess/Ruffert, Art. 5 EUV Rn. 25 ff. m. w. N.

bereits jetzt existierenden Verordnungen würde in allen Mitgliedstaaten unmittelbar und verbindlich geltendes, gleiches Recht geschaffen. Eine Universalisierung der Regelungen im Bereich der Internationalen Zuständigkeit würde gewährleisten, dass alle Unionsbürger einen einheitlichen Zugang zu den Gerichten der Mitgliedstaaten auch in Drittstaatensachverhalten hätten.

Die universelle Ausgestaltung der Verordnungen auf dem Gebiet des Europäischen Zivilverfahrensrechts wäre effizienter. Daher ist auch das Positiv- oder Effizienzkriterium erfüllt.

Schließlich bringt ein unionsrechtliches Handeln gegenüber einem mitgliedstaatlichem Handeln auch einen entscheidenden Mehrwert: Erfolgt eine Universalisierung des Europäischen Zivilverfahrensrechts auf unionaler Ebene, so begründet dies eine Auslegungszuständigkeit des EuGH. Das wiederum bedeutet einen ganz erheblichen Zuwachs an Rechtssicherheit,[121] da sich widersprechende Entscheidung der für die Auslegung nationaler Regelungen zuständiger mitgliedstaatlicher Gerichte vermeiden lassen.[122]

II. Beschränkungen durch Verhältnismäßigkeitsprinzip, Art. 5 IV EUV

Nach Art. 81 II AEUV erlässt der Europäische Gesetzgeber ganz abstrakt „Maßnahmen" zur Entwicklung einer justiziellen Zusammenarbeit in Zivilsachen mit grenzüberschreitendem Bezug (vgl. Art. 81 I AEUV). Ihm stehen daher gemäß dem in Art. 296 I AEUV festgelegten Formauswahlermessen grundsätzlich alle möglichen Handlungsformen zur Verfügung;[123] neben den in Art. 288 AEUV näher bezeichneten Verordnungen, Richtlinien und Beschlüssen, auch völkerrechtliche Verträge, wenn die Voraussetzungen des Art. 216 AEUV gegeben sind.[124] Nach Art. 296 I AEUV beschränkt das Verhältnismäßigkeitsprinzip aus Art. 5 IV EUV das Formauswahlermessen allerdings.[125]

Nach dem Verhältnismäßigkeitsprinzip dürfen die Maßnahmen der Union inhaltlich wie formal nicht über das zur Erreichung der Ziele der Verträge erforderliche Maß hinaus gehen. Das Verhältnismäßigkeitsprinzip schützt folglich die mitgliedstaatliche Autonomie: Sie soll auch bei kompetenzgemäßem Unionshandeln

---

[121] Diese Auslegungszuständigkeit begründet ganz maßgeblich den Erfolg des Europäischen Zivilverfahrensrechts gegenüber herkömmlichem, staatsvertraglichem Internationalen Zivilverfahrensrecht, vgl. *Pfeiffer*, in: RFSR, S. 75 (75); *Hess*, NJW 2000, S. 23 (25 ff.); siehe auch oben S. 62.

[122] Wie hier: *Laugwitz*, Anerkennung und Vollstreckung, S. 425.

[123] *Bast*, in: Recht der EU, Art. 5 EUV, Rn. 72.

[124] *Calliess*, in: Calliess/Ruffert, Art. 81 AEUV Rn. 16.

[125] *Bast*, in: Recht der EU, Art. 5 EUV, Rn. 72.

nicht weiter verloren gehen, als zur Zweckerreichung unbedingt erforderlich.[126] Das Verhältnismäßigkeitsprinzip befasst sich dementsprechend mit der Frage „wie" der Europäische Gesetzgeber tätig werden darf.[127]

Einen genauen Prüfungsmaßstab für die Verhältnismäßigkeitsprüfung gibt Art. 5 IV EUV nicht vor.[128] Nach wohl herrschender Meinung – auch in anderen Mitgliedstaaten[129] – entspricht die Prüfung aber im Wesentlichen dem dreistufigen Aufbau des deutschen Verfassungsrechts.[130] Unmittelbar aus Art. 5 IV EUV ergibt sich noch das Kriterium „Erforderlichkeit" („nicht über das ... erforderliche Maß hinaus"); mittelbar kann ferner auf das Merkmal „Geeignetheit" geschlossen werden („zur Erreichung der Ziele[131]"). Einzig die „Angemessenheit" als Prüfungskriterium kann Art. 5 IV EUV nicht explizit entnommen werden.

Die Übernahme des ganz wesentlich vom Bundesverfassungsgericht geschaffenen Drei-Stufen-Modells[132] mag auf den ersten Blick verwundern, da Begriffe des Europäischen Rechts im Grundsatz autonom – und nicht unter Rückgriff auf nationales Recht – ausgelegt werden müssen.[133] Überdies haben die Mitgliedstaaten – bei grundsätzlicher Anerkennung eines wie auch immer gearteten Verhältnismäßigkeitsprinzips – rechtshistorisch durchaus sehr unterschiedliche Vorstellungen von der Ausformung desselben.[134] Als logisches und praxistaugliches „Strukturprinzip richterlichen Entscheidens in Europa"[135] erfreut sich das deutsche Modell aber zunehmend großer Beliebtheit.[136] Nußberger spricht insoweit von einem Paradigmenwechsel, da sich mittlerweile auch „die bisher zurückhaltenden französischen und auch die englischen Gerichte"[137] verschiedentlich dieses Modells bedient haben.[138]

---

[126] *Bast*, in: Recht der EU, Art. 5 EUV, Rn. 66.

[127] *Calliess*, in: Calliess/Ruffert, Art. 5 EUV Rn. 43.

[128] Hierzu ausführlich *Trstenjak/Beysen*, EuR 2012, S. 265 (269 f.).

[129] Rechtsvergleichend für Deutschland, Frankreich und Großbritannien *Nußberger*, NVwZ-Beilage 2013 S. 36 (36 f.). Aus britischer Sicht bspw. *Arden*, Proportionality: the way ahead?, https://www.judiciary.uk/wp-content/uploads/JCO/Documents/Speeches/lj-arden-speech-ukael-proportionality-12112012.pdf, S. 12 und 36, abgerufen am 1.4.2020.

[130] *Trstenjak/Beysen*, EuR 2012, S. 265 (269 f.); *Kischel*, EuR 2000, S. 380 (391); *Pache*, NVwZ 1999, S. 1033 (1040); vgl. auch die umfassende Darstellung von *Nußberger*, NVwZ-Beilage 2013 S. 36 (41).

[131] Gemeint sind hier die Ziele der konkreten Maßnahme. Die Formulierung in Art. 5 IV EUV („Ziele der Verträge") ist insofern missverständlich, vgl. ausführlich *Bast*, in: Recht der EU, Art. 5 EUV, Rn. 70.

[132] *Nußberger*, NVwZ-Beilage 2013 S. 36 (40 f.)

[133] EuGH, Urteil vom 22.3.1983 – Rs. 34/82 (*Martin Peters Bauunternehmung GmbH ./. Zuid Nederlandse Aannemers Vereiniging*) = ECLI:EU:C:1983:87 = https://eur-lex.europa.eu/legal-content/DE/TXT/PDF/?uri=CELEX:61982CJ0034&from=DE, Rn. 10ff., abgerufen am 1.4.2020; vgl. auch *Wegener*, in: Calliess/Ruffert, Art. 19 EUV Rn. 13 (m. w. N. zur Rspr.).

[134] *Nußberger*, NVwZ-Beilage 2013 S. 36 (36 f.).

[135] *Nußberger*, NVwZ-Beilage 2013 S. 36 (44).

[136] *Nußberger*, NVwZ-Beilage 2013 S. 36 (42).

[137] *Nußberger*, NVwZ-Beilage 2013 S. 36 (44).

[138] *Nußberger*, NVwZ-Beilage 2013 S. 36 (40 f.).

Besonders enthusiastisch äußert sich Arden, Richterin des britischen Supreme Court[139], zum Verhältnismäßigkeitsprinzip deutscher Machart:

> „The logic of the proportionality is impeccable. Its attraction is irresistible. Indeed, proportionality is so logical that one would expect it to found in common law. But in fact it is not derived from the common law or from any UK statute. (…)
>
> However, one can say that proportionality is a very ancient concept. (…) For our purpose, it is sufficient to note its origin in the administrative law in Prussia at the end of nineteenth century. (…) The Federal Constitutional Court of Germany, which was established after World War II, adopted and developed the proportionality principle. It had three elements:
>
> Suitability (…), Necessity (…) and Fair balance (…).“[140]

Auch der EuGH[141] geht von dem soeben dargestellten Prüfungsmaßstab aus.[142] Besonders deutlich wird dies bei der *The Queen ./. Minister of Agriculture* – Entscheidung. Dort heißt es:

> „Nach ständiger Rechtsprechung des Gerichtshofes gehört der Grundsatz der Verhältnismäßigkeit zu den allgemeinen Grundsätzen des Gemeinschaftsrechts. Nach diesem Grundsatz hängt die Rechtmäßigkeit des Verbots einer wirtschaftlichen Tätigkeit davon ab, daß die Verbotsmaßnahmen zur Erreichung der mit der fraglichen Regelung zulässigerweise verfolgten Ziele *geeignet* und *erforderlich* sind. Dabei ist, wenn mehrere geeignete Maßnahmen zur Auswahl stehen, die am wenigsten belastende zu wählen; ferner müssen die verursachten Nachteile in *angemessenem* Verhältnis zu den angestrebten Zielen stehen.“[143]

Der EuGH gewährt dem Europäischen Gesetzgeber aber in formaler wie inhaltlicher Sicht einen weiten Gestaltungsspielraum und prüft die Verhältnismäßigkeit einer Maßnahme nicht immer[144] sklavisch nach den oben genannten Positiv-

---

[139] *Arden* trat dieses Amt zum 1.10.2018 an, vgl. https://www.gov.uk/government/news/appointments-to-the-supreme-court-27-june-2018, abgerufen am 1.4.2020.

[140] *Arden*, Proportionality: the way ahead?, https://www.judiciary.uk/wp-content/uploads/JCO/Documents/Speeches/lj-arden-speech-ukael-proportionality-12112012.pdf, S. 1, 3 f., abgerufen am 1.4.2020.

[141] Auch der EGMR bedient sich im Grundsatz der deutschen Systematik, vgl. *Nußberger*, NVwZ-Beilage 2013 S. 36 (41 f.).

[142] EuGH, Urteil vom 13.11.1990 – Rs. C-331/88 (*The Queen ./. Minister of Agriculture*) = ECLI: ECLI:EU:C:1990:391 = EuZW 1991, S. 122 (Rn. 13); EuGH, Urteil vom 8.6.2010 – Rs. C-58/08 (*Vorabentscheidungsersuchen EU-Roamingverordnung*) = ECLI:EU:C:2010:321 = MMR 2010, S. 561 (563 Rn. 52 m. w. N.); EuGH, Urteil vom 11.7.1989 – Rs. C-265/87 (*Schräder Kraftfutter ./. Hauptzollamt Gronau*) = ECLI:EU:C:1989:303 = BeckRS 2004, 72769 (Rn. 22 m.w.N); vgl. auch *Calliess*, in: Calliess/Ruffert, Art. 5 EUV Rn. 51 m. w. N.

[143] EuGH, Urteil vom 13.11.1990 – Rs. C-331/88 (*The Queen ./. Minister of Agriculture*) = ECLI: ECLI:EU:C:1990:391 = EuZW 1991, S. 122 (Rn. 13), Hervorhebungen nicht im Original.

[144] EuGH, Urteil vom 8.6.2010 – Rs. C-58/08 (*Vorabentscheidungsersuchen EU-Roamingverordnung*) = ECLI:EU:C:2010:321 = MMR 2010, S. 561 (563 Rn. 52 m. w. N.); EuGH, Urteil vom 11.7.1989 – Rs. C-265/87 (*Schräder Kraftfutter ./. Hauptzollamt Gronau*) = ECLI: EU:C:1989:303 = BeckRS 2004, 72769 (Rn. 22 m.w.N).

kriterien.[145] Ihm geht es „nicht darum, ob eine (…) erlassene Maßnahme die einzig mögliche oder die bestmögliche war; sie ist vielmehr nur dann rechtswidrig, wenn sie zur Erreichung des Ziels, das das zuständige Organ verfolgt, offensichtlich ungeeignet"[146] oder unangemessen autonomiebelastend ist. Im Ergebnis wird der dreistufige Aufbau des deutschen Verfassungsrechts damit flexibilisiert.

Dies zugrunde gelegt, stellt sich die Frage, welche Maßnahme i. S. v. Art. 81 I, II AEUV zur Universalisierung des Europäischen Zivilverfahrensrechts verhältnismäßig ist.

Die Sekundärrechtsakte, die in ihrer Gesamtheit das Europäische Zivilverfahrensrecht bilden, wurden in der Vergangenheit regelmäßig als Verordnung[147], teilweise als Richtlinie[148] erlassen. Die Universalisierung einer dieser Regelungen würde an der Wahl der jeweiligen Handlungsform im Zweifel nichts ändern: Die für die vorliegende Untersuchung zentralen Teile des Europäischen Zivilverfahrensrechts – die Brüssel Ia-Verordnung – und die sie flankierenden Sekundärrechtsakte wurden als Verordnungen erlassen. Dass die Verordnung als Handlungsform ungeeignet sein könnte, ist nicht ersichtlich. Das Gegenteil ist vielmehr der Fall: Da die Verordnung gem. Art. 288 II AEUV ohne Umsetzungsakt unmittelbar und in allen Teilen in den Mitgliedstaaten gilt, stellt sie im Vergleich zu den anderen in Art. 288 AEUV genannten Maßnahmen zwar die Maßnahme dar, die die mitgliedstaatliche Autonomie potentiell am stärksten belastet. Sie ist aber grade aufgrund dieses weitreichenden, der Verordnung innewohnenden Wirkmodus geeignet, echte (unilaterale) Rechtsvereinheitlichung zu realisieren.

Eine Richtlinie gem. Art. 288 III AEUV, die nur hinsichtlich des zu erreichenden Ziels verbindlich ist, die Wahl von Form und Mittel aber den Mitgliedstaaten überlässt[149], wäre dagegen im Grundsatz wohl autonomieschonender.[150] Soll aber das autonome Internationale Zivilverfahrensrecht zugunsten gemeinschaftlicher Regelungen zurückgedrängt werden und sollen diese neugeschaffenen Regelungen einen wirklich einheitlichen Rechtsschutz in allen Mitgliedstaaten ermöglichen, so sind die Spielräume, die eine Richtlinie den Mitgliedstaaten lässt, für diese Ziele

---

[145] *Bast*, in: Recht der EU, Art. 5 EUV, Rn. 73; *Calliess*, in: Calliess/Ruffert, Art. 5 EUV Rn. 51.

[146] EuGH, Urteil vom 8.6.2010 – Rs. C-58/08 (*Vorabentscheidungsersuchen EU-Roamingverordnung*) = ECLI:EU:C:2010:321 = MMR 2010, S. 561 (563 Rn. 52); vgl. auch *Arden*, Proportionality: the way ahead?, https://www.judiciary.uk/wp-content/uploads/JCO/Documents/Speeches/lj-arden-speech-ukael-proportionality-12112012.pdf, S. 13, abgerufen am 1.4.2020.

[147] *Junker*, IZPR, § 2 Rn. 4, 8–21; *Adolphsen*, EuZVR, Kap. 1 Rn. 30, 37 ff.

[148] Zu nennen sind hier neben der Durchsetzungsrichtlinie („Enforcement Directive", Richtlinie 2004/48/EG, ABl. EG 2004 L 157/45, die Prozesskostenrichtlinie (Richtlinie 2002/8/EG, ABl. EG 2003 L 26/1) unter anderem die Mediationsrichtlinie (Richtlinie 2008/52/EG, ABl. EU 2008 L 136/1); vgl. *Adolphsen*, EuZVR, Kap. 1 Rn. 41. Die Richtlinien haben aber für die vorliegende Bearbeitung keine Relevanz.

[149] Vgl. *Vedder*, in: Nomos Kommentar Unionsrecht, Art. 20 EUV, Rn. 23.

[150] *Calliess*, in: Calliess/Ruffert, Art. 5 EUV Rn. 53.

schädlich. Es erscheint zwar zumindest denkmöglich, die Spielräume durch eine übermäßig detaillierte Festlegung des zu erreichenden Ziels einzuengen. Durch eine solche Erhöhung der Regelungsdichte würde aber nur der Wirkmodus der Verordnung i. S. v. Art. 288 II AEUV nachgebildet. Unter Verhältnismäßigkeitsgesichtspunkten wäre die Richtlinie dann jedenfalls nicht mehr autonomieschonender als eine Verordnung.[151]

Als autonomieschonende Handlungsform kommt jedenfalls abstrakt auch der Abschluss eines völkerrechtlichen Vertrages zwischen der EU und den Staaten der Welt in Betracht. Wie bereits gezeigt wurde, ist der Abschluss eines sinnvollen Abkommens aber sehr schwierig; ein alle Staaten der Welt umfassendes Vertragswerk praktisch aussichtslos. Insofern stellt die Verordnung die einzig brauchbare Handlungsform dar.[152]

D. Zusammenfassung

Kompetenzrechtlich ist eine einseitige Universalisierung des Europäischen Zivilverfahrensrechts möglich. Die allgemeinen Kompetenzausübungsvoraussetzungen sind – ebenso wie das Subsidiaritäts- und das Verhältnismäßigkeitsprinzip – erfüllt. Als Kompetenztitel für die Anerkennung und Vollstreckung drittstaatlicher Entscheidungen dienen Art. 81 II lit. f und e AEUV; für die anderen Regelungsgebiete Art. 81 II lit. c AEUV.

Es bleibt die Frage, wie eine Universalisierung des Europäischen Zivilverfahrensrechts konkret aussehen könnte. Dies soll nachfolgend am Beispiel der Brüssel Ia-Verordnung untersucht werden.

---

[151] Vgl. *Bast*, in: Recht der EU, Art. 5 EUV, Rn. 72, der mit Blick auf diese Möglichkeit davon ausgeht, dass eine einfache Hierarchisierung der Handlungsformen des Art. 288 AEUV nach dem Kriterium des geringstmöglichen Eingriffs in die mitgliedstaatliche Autonomie nicht möglich ist.
[152] Vgl. hierzu S. 59 ff.

Kapitel 3

Die Universalisierung der Brüssel Ia-Verordnung

A. Vorbemerkungen

I. Untersuchungsgegenstand

Zentraler Untersuchungsgegenstand der vorliegenden Arbeit ist das vergemeinschaftete Internationale Verfahrensrecht in Zivil- und Handelssachen. Seit den Anfängen der Drittstaatendiskussion[1] hat sich die Rechtsquelle in diesem Bereich zweimal geändert: Aus dem völkerrechtlichen Vertrag EuGVÜ wurde zunächst die Brüssel I-Verordnung. Diese gilt seit dem 10.1.2015 reformiert als Brüssel Ia-Verordnung fort. Die nachfolgende Untersuchung beschränkt sich im Wesentlichen auf das derzeit geltende Recht. Wo es für ein besseres Verständnis der Zusammenhänge förderlich ist, werden Bezüge zur alten Rechtslage hergestellt.

II. Untersuchungsmethode

Begreift man die Universalisierung der Brüssel Ia-Verordnung als die Erstreckung des räumlich-persönlichen Anwendungsbereichs des Europäischen Gemeinschaftsrechts auf Drittstaatensachverhalte, muss in einem ersten Schritt festgestellt werden, wie der räumlich-persönliche Anwendungsbereich der Verordnung *de lege lata* beschaffen ist. Diese Bestandsaufnahme gibt zugleich Auskunft über den räumlich-persönlichen „Restanwendungsbereich" des autonomen Internationalen Zivilverfahrensrechts und zeigt die Probleme auf, die sich aus der fehlenden Harmonisierung der Vorschriften ergeben. Gleichzeitig bildet sie die Grundlage für einen Regelungsvorschlag.

III. Der räumlich-persönliche Anwendungsbereich der Brüssel Ia-Verordnung

Über den räumlich-persönlichen Anwendungsbereich der verschiedenen Regelungsgebiete der Brüssel Ia-Verordnung lassen sich kaum pauschale Aussagen treffen. Während die Verordnung ihren sachlichen (Art. 1 Brüssel Ia-VO) und

---

[1] Siehe oben S. 22 ff.

zeitlichen Anwendungsbereich (Art. 66 Brüssel Ia-VO) festlegt und ihr räumlicher Geltungsbereich aus dem Primärrecht ableitbar ist (Art. 52 EUV i. V. m. Art. 355 AEUV),[2] existiert keine Regelung, die den räumlich-persönlichen Anwendungsbereich der Brüssel Ia-Verordnung positiv bestimmt. Insoweit unterscheidet sich die Verordnung von anderen Sekundärrechtsakten, wie etwa der Bagatell- und der Mahnverordnung. Diese beiden Verordnungen enthalten – jeweils in Art. 3 – eine Norm, die definiert, was unter grenzüberschreitendem Sachverhalt i. S. d. Verordnungen zu verstehen ist und dadurch festlegt, welche räumlich-persönliche Konstellation ein konkreter Sachverhalt erfüllen muss, um unter die Verordnung subsumiert werden zu können.

Im Gegensatz dazu muss bei der Brüssel Ia-Verordnung – wie bereits beim EuGVÜ und der Brüssel I-Verordnung – der räumlich-persönliche Anwendungsbereich direkt aus den Vorschriften über die Internationale Zuständigkeit, die Anerkennung und Vollstreckung sowie die Verfahrenskoordination abgeleitet werden.[3] Genau wie Ihre Vorgängerinnen knüpft die Brüssel Ia-Verordnung dabei in den verschiedenen Regelungsgebieten an unterschiedliche Voraussetzungen an; bei der Internationalen Zuständigkeit variieren die Anknüpfungspunkte sogar innerhalb des Regelungsgebiets.

Daher ist für den Zweck der vorliegenden Untersuchung im Folgenden eine getrennte Betrachtung der drei wesentlichen Regelungsgebiete der Verordnung angezeigt, namentlich der Internationalen Zuständigkeit (dazu B.), der Anerkennung und Vollstreckung ausländischer Entscheidungen (dazu C.) und der Verfahrenskoordination (dazu D.). Die Untersuchung erfolgt für diese Regelungsgebiete nach der eingangs festgelegten Untersuchungsmethode.[4]

In einem Exkurs werden sodann die durch die „Reform der Reform" eingefügten Regelungen über das Europäische Patentgericht kurz untersucht (dazu E.). Das Kapitel endet mit einer Zusammenfassung (dazu F.).

B. Das Zuständigkeitssystem der Brüssel Ia-Verordnung

Nach einem knappen Überblick (dazu I.) soll zunächst ganz allgemein die Funktionsweise des Zuständigkeitssystems der Brüssel Ia-Verordnung dargestellt werden (dazu II.). Von großer Bedeutung für die Funktionsweise ist der Wohnsitz des Beklagten, der als zentraler Anknüpfungspunkt für die meisten Zuständigkeiten dient (dazu III.). Nur in Ausnahmefällen spielt der Wohnsitz des Beklagten für die Anwendung der Verordnung keine Rolle (dazu IV.). Nach einem kurzen Zwischenergebnis (dazu V.) sollen Universalisierungsbestrebungen aus der Praxis in

---

[2] Vgl. hierzu S. 50 ff.
[3] Zum EuGVÜ vgl. *Grolimund*, DSP, Rn. 56; *Geimer*, NJW 1986, S. 2991 (2991 ff.); zur Brüssel I-Verordnung vgl. *Buhr*, EU-Justizraum, Rn. 38, 671 ff., 674.
[4] Siehe oben S. 101.

den Blick genommen werden (dazu VI.) bevor schließlich ein Vorschlag für die Erstreckung des Zuständigkeitssystems der Verordnung erfolgt (dazu VII.).

I. Überblick

Das Zuständigkeitssystem der Brüssel Ia-Verordnung entspricht – von einigen kleinen Änderungen abgesehen – dem der Brüssel I-Verordnung und dem des EuGVÜ: Es unterscheidet zunächst den allgemeinen von den besonderen Gerichtsständen:[5] Während am allgemeinen – parteibezogenen – Gerichtsstand des Art. 4 I Brüssel Ia-VO grundsätzlich alle Klagen gegen eine Person erhoben werden können[6], eröffnen die besonderen – überwiegend streitgegenstandsbezogenen – Gerichtsstände der Art. 7–9 Brüssel Ia-VO Zuständigkeiten nur für bestimmte Streitigkeiten. Sind neben dem allgemeinen Gerichtstand ein oder mehrere besondere Gerichtsstände eröffnet, kann der Kläger grundsätzlich unter den verschiedenen Gerichtsständen frei wählen. Man spricht insoweit von fakultativen[7] oder auch konkurrierenden[8] Gerichtsständen. Sie ermöglichen *forum shopping*, also „das systematische Ausnutzen in mehreren Staaten nebeneinander existierender internationaler Zuständigkeit um bestimmter rechtlicher oder tatsächlicher Vorteile Willen"[9].

Eine Wahlmöglichkeit besteht dort nicht, wo der Gesetzgeber einen ausschließlichen Gerichtstand festgelegt hat. Dieser geht den besonderen, aber auch dem allgemeinen Gerichtsstand vor (vgl. Art. 27 Brüssel Ia-VO).[10] Ausschließliche Gerichtsstände finden sich in Art. 24 Brüssel Ia-VO. Daneben sieht die Zuständigkeitsordnung der Brüssel Ia-Verordnung im Grundsatz abschließende Schutzregimes für typischerweise schwächere Parteien vor.[11] Durch diese halbzwingenden Zuständigkeitsvorschriften werden Arbeitnehmer, Versicherungsnehmer und Verbraucher besonders geschützt.

Ein grundsätzlich ebenfalls ausschließlicher Gerichtsstand kann außerdem gem. Art. 25 Brüssel Ia-VO begründet werden,[12] wenn die Parteien einen Gerichtstand vereinbaren. Nach Art. 26 Brüssel Ia-VO kann schließlich auch durch rügelose Einlassung ein Gerichtstand begründet werden.

---

[5] Vgl. *Adolphsen*, EuZVR, Kap. 3 Rn. 51 ff.; *Schack*, IZVR, Rn. 221 ff.; *Mankowski*, in: Rauscher, EuZPR/EuIPR, Vorbem. zu Art. 4 Brüssel Ia-VO Rn. 1.

[6] *Adolphsen*, EuZVR, Kap. 3 Rn. 51; *Schack*, IZVR, Rn. 221.

[7] *Adolphsen*, EuZVR, Kap. 3 Rn. 52.

[8] *Junker*, IZPR, § 5 Rn. 20.

[9] *Schack*, IZVR, Rn. 251, 250 ff.

[10] *Adolphsen*, EuZVR, Kap. 3 Rn. 51 ff.; 189.

[11] *Mankowski*, in: Rauscher, EuZPR/EuIPR, Vorbem. zu Art. 4 Brüssel Ia-VO Rn. 4; *Junker*, IZPR, § 13 Rn. 1 ff.

[12] *Mankowski*, in: Rauscher, EuZPR/EuIPR, Art. 25 Brüssel Ia-VO Rn. 198.

II. Allgemeine Funktionsweise

Die von der Verordnung normierten Zuständigkeitsregeln begründen einen *numerus clausus*[13] verbindlicher Gerichtsstände: Sie sind gem. Art. 5 Brüssel Ia-VO für Beklagte mit mitgliedstaatlichem Wohnsitz abschließend.[14] Mitgliedstaatliche Gerichte sind durch die Vorschriften gebunden und können sich beispielsweise nicht nach der *forum non conveniens*-Doktrin[15] für unzuständig erklären, wenn sie meinen, dass ein anderes Gericht besser zur Entscheidung eines konkreten Rechtsstreits geeignet wäre.[16] Das autonome Zuständigkeitsrecht der Mitgliedstaaten wird gegenüber Beklagten mit Wohnsitz in einem Mitgliedstaat völlig verdrängt.[17] Dies gewährleistet im Hinblick auf die Verteilung der Zuständigkeiten zwischen den verschiedenen mitgliedstaatlichen Gerichten einen hohen Grad an Vorhersehbarkeit und Rechtssicherheit.[18]

Hat der Beklagte dagegen keinen Wohnsitz in einem Mitgliedstaat, so kommt das Zuständigkeitsregime der Brüssel Ia-Verordnung nur ausnahmsweise zur Anwendung, nämlich in den Fällen, in denen es auf den Wohnsitz des Beklagten nicht ankommt, weil die Verordnung einen mitgliedstaatlichen Klägergerichtstand (Art. 18 I, 21 II Brüssel Ia-VO) oder einen ausschließlichen Gerichtsstand (Art. 24, 25 Brüssel Ia-VO) eröffnet, vgl. Art. 6 I Brüssel Ia-VO.[19] Ansonsten bestimmt sich die Zuständigkeit in diesen Fällen nach dem autonomen Recht der Mitgliedstaaten. Gegenüber Beklagten mit Wohnsitz in Drittstaaten kommen insofern derzeit 29 verschiedene Regelungsregime zur Anwendung: In bestimmten Konstellationen die Zuständigkeitsordnung der Brüssel Ia-Verordnung; ansonsten die 27 verschiedenen nationalen Zuständigkeitsregelungen der Mitgliedstaaten sowie die Vorschriften des Vereinigten Königreichs.

III. Der Beklagtenwohnsitz als zentraler Anknüpfungspunkt des Zuständigkeitssystems

Zentraler Anknüpfungspunkt des Zuständigkeitssystems der Brüssel Ia-Verordnung ist also der Wohnsitz des Beklagten:

---

[13] Kropholler/*v. Hein*, Art. 3 Brüssel I-VO, Rn. 1.

[14] Dies gilt nicht für den einstweiligen Rechtsschutz und für nach Art. 71 Brüssel Ia-VO vorrangige Staatsverträge, vgl. *Mankowski*, in: Rauscher, EuZPR/EuIPR, Art. 5 Brüssel Ia-VO Rn. 2.

[15] Vgl. *Schack*, IZVR, Rn. 559 ff.; *Adolphsen*, EuZVR, Kap. 3 Rn. 55 f.; *Heinze/Dutta*, IPRax 2005, S. 224 (225 f.).

[16] EuGH, Urteil vom 1.3.2005 – Rs. C-281/02 (*Owusu./. Jackson u. a.*) = ECLI:EU:C:2005:120 = EuZW 2005, S. 345 (347 f., insbesondere Rn. 36 ff.) m. w. N.

[17] *Mankowski*, in: Rauscher, EuZPR/EuIPR, Art. 5 Brüssel Ia-VO Rn. 1.

[18] EuGH, Urteil vom 1.3.2005 – Rs. C-281/02 (*Owusu./. Jackson u. a.*) = ECLI:EU:C:2005:120 = EuZW 2005, S. 345 (347 f., insbesondere Rn. 36 ff.) m.w.N; vgl. auch *Schack*, IZVR, Rn. 569; *Adolphsen*, EuZVR, Kap. 3 Rn. 56.

[19] Siehe unten S. 115 ff.

Stark vereinfacht gilt die Brüssel Ia-Verordnung jedenfalls immer dann, wenn sich der Beklagtenwohnsitz im räumlichen Geltungsbereich der Verordnung befindet.[20] Die Staatsangehörigkeit des Beklagten – aber auch des Klägers – ist dagegen irrelevant (vgl. Art. 4 I Brüssel Ia-VO):[21] Ein Kläger mit Wohnsitz in einem Drittstaat kann sich wie ein Kläger mit Wohnsitz in einem Mitgliedstaat – unabhängig von seiner Staatsangehörigkeit – des Zuständigkeitsregimes der Brüssel Ia-Verordnung bedienen, soweit nur der Beklagte einen Wohnsitz in einem EU-Mitgliedstaat hat.[22] Hierdurch wird auch Klägern aus Drittstaaten der Europäische Rechtsraum geöffnet.[23]

Wie in ihren Vorgängervorschriften kommt auch in der Brüssel Ia-Verordnung dem Beklagtenwohnsitz aber doppelte Bedeutung zu:[24]

1. Der Beklagtenwohnsitz als Regelanknüpfung für den allgemeinen Gerichtsstand

Der Beklagtenwohnsitz dient zum einen als Regelanknüpfung für den allgemeinen Gerichtstand gem. Art. 4 I Brüssel Ia-VO. Die Verordnung folgt damit – wie bereits die Brüssel I-Verordnung und das EuGVÜ – dem römisch-rechtlichen[25] Prinzip *actor sequitur forum rei*.[26] Danach muss der Kläger den Beklagten an dessen Wohnsitz verklagen. Diese teilweise als „Grundprinzip des Prozessrechts"[27] bezeichnete Anknüpfung ist in vielen Staaten bekannt.[28] Sie wird damit gerechtfertigt, dass sie einen Ausgleich zwischen den Kläger- und den Beklagteninteres-

---

[20] *Geimer*, in: FS Simotta, S. 163 (166).

[21] *Mankowski*, in: Rauscher, EuZPR/EuIPR, Art. 4 Brüssel Ia-VO Rn. 1; *Czernich*, in: Czernich/Kodek/Mayr, Art. 4 Rn. 4.

[22] Vgl. *Mankowski*, in: Rauscher, EuZPR/EuIPR, Art. 4 Brüssel Ia-VO Rn. 1.

[23] Vgl. bereits *Jenard*-Bericht, ABl. EG 1979 C 59/1 (14): „Auf den ersten Blick mag der sehr weitgehende Liberalismus des Übereinkommens überraschen. Die hier aufgestellten Zuständigkeitsnormen unterscheiden sich wesentlich von den Vorschriften der auf der direkten Zuständigkeit beruhenden zweiseitigen Abkommen […]. Sie gelten nicht nur für Angehörige der Vertragsstaaten, sondern für alle Personen, gleich welcher Staatsangehörigkeit, die ihren Wohnsitz in einem Vertragsstaat haben."

[24] Vgl. *Geimer*, in: Geimer/Schütze, EuZVR, Art. 2 EuGVVO Rn. 17 ff.

[25] Vgl. hierzu *Schröder*, Internationale Zuständigkeit, S. 229 ff.

[26] *Czernich*, in: Czernich/Kodek/Mayr, Art. 4 Rn. 1.

[27] *v. Overbeck*, Schweizerisches Jahrbuch für internationales Recht XXI (1964), S. 25 (32). Der römisch-rechtliche Ansatz wurde insbesondere von der deutschen Jurisprudenz als vorzugswürdig erachtet. So schrieb *v. Grolmann*, S. 33 Fn. 1 bereits im Jahr 1800 „Es ist daher aus der Natur der Sache genommene Grundregel für die Beurtheilung der Zuständigkeit der Gerichte, daß nur nach dem zuständigen Gerichte des Beklagten gefragt werden könne".

[28] Eine rechtshistorische und rechtsvergleichende Darstellung liefert *Schröder*, Internationale Zuständigkeit, S. 229 ff.; vgl. auch *Spellenberg*, IPRax 1981, S. 75 (76); *Jenard*-Bericht, ABl. EG 1979 C 59/1 (18 f.); EuGH, Urteil vom 13.7.2000 – Rs. C-412/98 (*Group Josi Reinsurance Company SA ./. Universal General Insurance Company*) = ECLI:EU:C:2000:399 = NJW 2000, S. 3121 (3121 f.).

sen schafft: Während der Kläger den Vorteil genießt, den Beklagten jederzeit zu einer Einlassung zwingen zu können, soll der Beklagte sich wenigstens an seinem Wohnsitz verteidigen dürfen. Befürworter sehen in dem Prinzip daher eine am Gerechtigkeitsgedanken orientierte prozessuale Lastenverteilung,[29] dem besonders bei internationalen Verfahren Bedeutung zukomme.[30] Gegner halten die Parteiinteressen zutreffend für gleichwertig und eine Regelzuständigkeit aufgrund der Parteirolle für ganz grundsätzlich rechtspolitisch verfehlt.[31] Unabhängig davon, welcher Auffassung man hier auch folgen mag: In der Rechtswirklichkeit ist das *actor sequitur forum rei* Prinzip in vielen Staaten,[32] so auch in Deutschland (vgl. §§ 12, 13, 17 ZPO)[33], als Regelanknüpfung für den allgemeinen Gerichtsstand normiert. Die Wahl des Anknüpfungspunkts Beklagtenwohnsitz für den (internationalen) allgemeinen Gerichtsstand gem. Art. 4 I Brüssel Ia-VO ist insofern vielleicht nicht innovativ; sie bewirkt indes einen die Rechtsanwendung erleichternden Gleichlauf mit den autonomen Zivilverfahrensrechten:[34] Der Beklagte wird – wie bei einem reinen Inlandsverfahren – vor seinen Heimatgerichten verklagt.

Auch für den Kläger hat die gesetzgeberische Wahl des Beklagtenwohnsitzes als Anknüpfungspunkt Vorteile: Am Wohnsitz des Beklagten wird sich im Regelfall auch der Schwerpunkt seines vollstreckungstauglichen Vermögens befinden und daher Vollstreckungsmaßnahmen größere Aussicht auf Erfolg haben.[35]

2. Der Beklagtenwohnsitz als bestimmendes Prinzip für die besonderen Gerichtsstände

Darüber hinaus „modifiziert" der Beklagtenwohnsitz aber fast das gesamte Zuständigkeitsregime der Brüssel Ia-VO, indem er bei den besonderen Gerichtsständen der Art. 7 f. Brüssel Ia-VO als notwendige Bedingung auftritt (dazu b)). Dies ist einigermaßen erstaunlich, vergegenwärtigt man sich den Sinn und Zweck der besonderen Gerichtsstände (dazu a)).

---

[29] *Vollkommer*, in: Zöller, § 12 ZPO Rn. 2.
[30] Vgl. bereits *Jenard*-Bericht, ABl. EG 1979 C 59/1 (18): „Der Regel „actor sequitur forum rei" kommt als Schutzbestimmung für den Beklagten im internationalen Rechtsverkehr noch größere Berechtigung zu als in dem innerstaatlichen Recht. Denn im allgemeinen ist es für den Beklagten schwieriger, sich vor einem ausländischen Gericht zu verteidigen als vor dem Gericht einer fremden Stadt innerhalb des eigenen Landes."
[31] *Schröder*, Internationale Zuständigkeit, S. 239 f.
[32] Vgl. *Schack*, IZVR, Rn. 222.
[33] *Adolphsen*, ZPR, § 6 Rn. 48
[34] Vgl. auch *Jenard*-Bericht, ABl. EG 1979 C 59/1 (18 f., 35).
[35] *Schröder*, Internationale Zuständigkeit, S. 237 f.; *Schack*, IZVR, Rn. 222.

a) Sinn und Zweck besonderer Gerichtsstände: Besonderheit der Brüssel Ia-VO

Auch wenn nach hier vertretener Ansicht die umstrittene[36] Privilegierung des Beklagten durch das *actor sequitur forum rei* – Prinzip im Regelfall jedenfalls vertretbar erscheint, existieren doch Konstellationen, in denen die Parteiinteressen anders gewichtet werden können. Diese Konstellationen sind Anlass für die Schaffung von besonderen, aber auch ausschließlichen Gerichtsständen.

aa) Exkurs: Gründe für die Schaffung von Gerichtsständen, die vom allgemeinen Gerichtsstand abweichen

Für die Schaffung dieser Gerichtsstände kommen im Wesentlichen drei Gründe in Betracht:[37]

(1.) Zunächst kann der Kläger ein legitimes Interesse daran haben, an einem Klägergerichtstand (bspw. seinem Wohnsitz) klagen zu können. Dies ist beispielsweise bei wirtschaftlich schwächeren Vertragsparteien (Verbrauchern, Arbeitnehmern, usw.) der Fall. Sie sollen privilegiert an Ihrem Wohnsitz klagen können. Dem trägt die novellierte Brüssel Ia-Verordnung Rechnung, indem sie ihre Schutzgerichtsstände für typischerweise schwächere Parteien erweitert und es Verbrauchern beispielsweise erlaubt, am eigenen mitgliedstaatlichen Wohnsitz auch drittstaatenansässige Unternehmen zu verklagen.[38]

(2.) Es kann aber auch ein konkreter Streitgegenstand einen besonders engen Sachbezug zu einem Ort haben, der vom Wohnsitz des Beklagten abweicht und es rechtfertigt, dass neben den personenbezogenen allgemeinen Gerichtsstand – fakultativ – ein zweiter streitgegenstandsbezogener tritt. Dem hat der Europäische Gesetzgeber Rechnung getragen und in Art. 7 f. Brüssel Ia-VO besondere Gerichtsstände geschaffen. Nach dieser Vorschrift sind etwa die Gerichte am Erfüllungsort eines vertraglichen Anspruchs (Art. 7 Nr. 1 Brüssel Ia-VO), oder am Ort der unerlaubten Handlung (Art. 7 Nr. 2 Brüssel Ia-VO) zuständig. Sie treten neben den allgemeinen Gerichtsstand. Einige streitgegenstandsbezogene Gerichtsstände sind – wie die beiden soeben benannten – historisch-juristisches Gemeingut. Sie gehen teilweise zurück auf römisches Recht und sind in vielen Staaten bekannt.[39]

---

[36] Siehe oben 105 f.

[37] *Geimer*, in: Geimer/Schütze, Internationale Urteilsanerkennung I.1, S. 352 f.

[38] Siehe unten S. 121 ff.; vgl. auch *Domej*, RabelsZ 78 (2014), S. 508 (522 f.); *Staudinger*, in: Rauscher, EuZPR/EuIPR, Art. 6 Brüssel Ia-VO Rn. 11.

[39] Eine historische – und freilich nicht ganz aktuelle – rechtsvergleichende Darstellung liefert *Schröder*, Internationale Zuständigkeit, S. 240 ff. (Klagen aus Delikt); S. 284 ff. (Klagen aus Rechtsgeschäft).

Hat ein Streitgegenstand einen derartig engen Bezug zu einem Ort, dass dieser gleichsam als „natürliches Forum" für die Entscheidung des Streites betrachtet werden kann, so rechtfertigt sich sogar die Schaffung eines den allgemeinen Gerichtsstand ersetzenden ausschließlichen Gerichtsstandes.[40]

(3.) Schließlich kann es im Interesse des Gerichts sein, zusammenhängende Komplexe vor demselben Gericht entscheiden zu lassen. In der Brüssel Ia-Verordnung finden sich solche Vorschriften in Art. 8 Brüssel Ia-VO.

Greift man für die weitere Betrachtung die besonderen Gerichtsstände heraus, fällt auf, dass die Brüssel Ia-Verordnung hier mit einigen Besonderheiten aufwarten kann.

bb) Besonderheit bei der Ausgestaltung
der besonderen Gerichtsstände in der Brüssel Ia-Verordnung

Als Eigenheit verweisen die besonderen Gerichtsstände der Brüssel Ia-Verordnung nur auf mitgliedstaatliche Gerichte. Ausdrücklich normiert Art. 7 Brüssel Ia-VO:

> Eine Person, die ihren Wohnsitz im Hoheitsgebiet eines Mitgliedstaats hat, kann in einem *anderen Mitgliedstaat* verklagt werden.

Nach ganz herrschender Meinung ist die Einschränkung „in einem anderen Mitgliedstaat" auch in Art. 8 Brüssel Ia-VO hineinzulesen.[41]

An sich beschreibt diese Einschränkung nur eine Selbstverständlichkeit: Da der Gemeinschaftsrechtsgeber (nach dem EU-bezogenen Territorialitätsprinzip[42]) Recht nur mit Geltung innerhalb „seines Territoriums" setzen – und drittstaatlichen Gerichten gerade keine Zuständigkeit zuweisen kann – hätte es dieser Feststellung nicht bedurft.[43]

Das zeigt auch ein Vergleich mit dem deutschen autonomen Recht: Wenn § 32 ZPO anordnet, dass „für Klagen aus unerlaubter Handlung das Gericht zuständig ist, in dessen Bezirk die Handlung begangen ist", kann daraus – jedenfalls im Ausgangspunkt – nur auf eine Zuständigkeit deutscher Gerichte geschlossen werden. Zur Verdeutlichung dient das nachfolgende Beispiel:

> Der deutsche D erleidet während seines Urlaubs in Kanada einen Unfall, den der US-Amerikaner U schuldhaft herbeigeführt hat.

---

[40] Siehe unten S. 115 ff.; *Mankowski*, in: Rauscher, EuZPR/EuIPR, Art. 24 Brüssel Ia-VO Rn. 3; vgl. auch *Gottwald*, in: MüKo-ZPO, Art. 24 Brüssel Ia-VO, Rn. 7 f.
[41] *Leible*, in: Rauscher, EuZPR/EuIPR, Art. 8 Brüssel Ia-VO Rn. 4.
[42] Siehe oben S. 50; vgl. auch Linke/*Hau*, IZVR, Rn. 2.3.
[43] Siehe oben S. 50.

Trotz des insoweit offenen Wortlauts der Norm kann eine Anwendung von § 32 ZPO nicht zur Folge haben, dass die kanadischen Gerichte zuständig sind. Denn die Entscheidungszuständigkeit seiner Gerichte legt jeder Staat – als Ausdruck seiner Souveränität für sein Territorium – selbst fest.[44] Eine Klage am Ort der unerlaubten Handlung – in Kanada – ist also nur möglich, wenn das kanadische Recht dies vorsieht.

An dem Umstand, dass Kanada – jedenfalls aus deutscher Sicht – durchaus ein sehr geeignetes Forum bieten würde, ändert dies nichts. Einen Ausdruck findet dies *indirekt* an anderer Stelle, nämlich bei der Anerkennungszuständigkeit i. S. v. § 328 Nr. 1 ZPO: Ein von D in Kanada erstrittenes Urteil gegen den U kann – bei Vorliegen der anderen Voraussetzungen – in Deutschland anerkannt werden, weil bei spiegelbildlicher Anwendung der deutschen Normen – konkret des § 32 ZPO – das kanadische Gericht für das Erkenntnisverfahren zuständig gewesen wäre. Da diese indirekte Zuständigkeit lediglich Beurteilungsregel für den deutschen Richter ist und keine Auswirkungen auf das ausländische Erkenntnisverfahren hat, wahrt sie auch das Territorialitätsprinzip.

Das Spiegelbildprinzip stellt auch im Bereich des Gemeinschaftsrechts im Grundsatz eine taugliche Anerkennungsvoraussetzung für drittstaatliche Entscheidungen dar. Wollte man aber beispielsweise Art. 7 Nr. 2 Brüssel Ia-VO in oben genanntem Fall spiegelbildlich anwenden, so müsste man dies *de lege lata* – völlig unnötig – entgegen dem eindeutigen Wortlaut der Vorschrift tun: Die mit Blick auf die Kompetenz des Gemeinschaftsrechtsgebers überflüssige Beschränkung „in einem anderen Mitgliedstaat" müsste bei spiegelbildlicher Anwendung der Norm außer Acht gelassen werden. *De lege ferenda* sollte dieser Bezug daher gestrichen werden. Eine entsprechende Formulierung findet sich im Kommissionsvorschlag zur Reform der Brüssel I-Verordnung: Dort werden die besonderen Gerichtsstände kurz und treffend eingeleitet mit „Folgende Gerichte sind zuständig".[45] Es ist zwar nicht davon auszugehen, dass die Kommission mit dieser Formulierung das anerkennungsrechtliche Spiegelbildprinzip für die besonderen Gerichtsstände verwirklichen wollte. Denn die Regelungen über die Anerkennung und Vollstreckung drittstaatlicher Entscheidungen waren nicht Gegenstand der Verordnungsnovelle.[46] Die Kommission wollte sich vielmehr sprachlich zur geplanten, aber nicht vollzogenen Universalisierung des Zuständigkeitsregimes bekennen.

Gegen die soeben vorgeschlagene Neufassung der besonderen Gerichtsstände lässt sich – anders als bei einer Universalisierung der ausschließlichen Gerichtsstände[47] – insbesondere auch nicht die Gefahr eines negativen Kompetenzkonflikts

---

[44] Vgl. Linke/*Hau*, IZVR, Rn. 2.2.
[45] Vorschlag für eine Verordnung des Europäischen Parlaments und des Rates über die gerichtliche Zuständigkeit und die Anerkennung und Vollstreckung von Entscheidungen in Zivil und Handelssachen, KOM (2010) 748 endg., S. 26.
[46] Siehe unten S. 131 ff.
[47] Siehe unten S. 117 ff.

anführen: Wenn sich ein Kläger im dem Wissen, dass eine drittstaatliche Entscheidung in der Union anerkannt werden wird – etwa wegen der besonderen Sachnähe des Gerichts – für eine Klage vor einem – aus europäischer Sicht aufgrund einer besonderen Zuständigkeit zuständigen – drittstaatlichen Gericht entscheidet, so berührt dies nicht die übrigen vergemeinschafteten Zuständigkeiten: Der Kläger ist mit anderen Worten nicht gezwungen im Drittstaat zu klagen. Er kann sich natürlich weiterhin des Gemeinschaftsrechts bedienen.

b) Modifikation der besonderen Gerichtsstände in der Brüssel Ia-VO

Schwerer wiegt indes ein anderer Faktor: In der Brüssel Ia-Verordnung modifiziert das *actor sequitur forum rei* – Prinzip auch die besonderen Gerichtsstände. Als Beispiel soll erneut Art. 7 Brüssel Ia-VO dienen:

> Eine Person, *die ihren Wohnsitz im Hoheitsgebiet eines Mitgliedstaats* hat, kann in einem anderen Mitgliedstaat verklagt werden.

Beide Regelungen – mit ihren insgesamt elf besonderen Gerichtsständen – sind also nur einschlägig, wenn der spezifische sachbezogene – streitgegenstandsbezogene – Anknüpfungspunkt des jeweiligen Gerichtsstands erfüllt ist und der Beklagte überdies einen Wohnsitz in einem Mitgliedstaat hat. Ist der spezifische Anknüpfungspunkt gegeben, verfügt der Beklagte aber nicht über einen Wohnsitz in einem Mitgliedstaat, greifen die besonderen Gerichtsstände nicht. Die Auswirkungen veranschaulicht das nachfolgende Beispiel:

> Der russische Staatsangehörige R verursacht während seines Urlaubsaufenthalts in Berlin schuldhaft einen Verkehrsunfall, bei dem die in Deutschland wohnhafte Französin F verletzt wird.

Will die Geschädigte den Unfallverursacher gerichtlich in Anspruch nehmen, so bietet das Europäische Zivilverfahrensrecht ihr jedenfalls keine Zuständigkeit. Sowohl der allgemeine Gerichtstand gem. Art. 4 I Brüssel Ia-VO als auch der besondere Deliktsgerichtsstand des Art. 7 Nr. 2 Brüssel Ia-VO setzen voraus, dass der Beklagte seinen Wohnsitz in einem Mitgliedstaat hat. Liegt der Beklagtenwohnsitz – wie hier – in einem Drittstaat, gilt nach Art. 6 I, II Brüssel Ia-VO das autonome internationale Zivilverfahrensrecht der Mitgliedstaaten. Damit erweist sich der Anknüpfungspunkt des mitgliedstaatlichen Beklagtenwohnsitzes als Abgrenzungskriterium zwischen europäischem und nationalem Internationalen Zivilverfahrensrecht.[48]

Diese aus dem staatsvertraglichen EuGVÜ übernommene Konstruktion ist nicht unproblematisch. Sie garantiert zwar allen Beklagten mit mitgliedstaatlichem Wohnsitz, nur nach Maßgabe der Verordnung verklagt werden zu können[49] und

---

[48] *Geimer*, in: Geimer/Schütze, EuZVR, Art. 2 EuGVVO Rn. 18.
[49] Zum EuGVÜ so schon der *Jenard*-Bericht, ABl. EG 1979 C 59/1 (19).

schafft dadurch einen hohen Grad an Vorhersehbarkeit und Rechtssicherheit. Diese Vorteile genießen – unabhängig von ihrer Staatsangehörigkeit – in letzter Konsequenz aber tatsächlich nur Beklagte mit mitgliedstaatlichem Wohnsitz (dazu aa)). Für Beklagte mit Drittstaatenwohnsitz – unabhängig von ihrer Staatsangehörigkeit – kann die Konstruktion unter Umständen diskriminierend (dazu bb)), für Kläger – unabhängig von ihrer Staatsangehörigkeit – zumindest nachteilig sein (dazu cc)).

aa) Privilegierung von Beklagten mit mitgliedstaatlichem Wohnsitz

Die Verquickung der besonderen – streitgegenstandsbezogenen – Gerichtsstände der Brüssel Ia-Verordnung mit dem parteibezogenen Merkmal des Beklagtenwohnsitzes bewirkt zunächst einen Schutz des so konkretisierten Personenkreises: Die in Art. 5 I Brüssel Ia-VO festgelegte Garantie, außerhalb des eigenen Wohnsitzstaates nur nach Maßgabe der Verordnungszuständigkeiten verklagt werden zu können, sperrt unabhängig von der Staatsangehörigkeit des Beklagten sämtliche autonomen Zuständigkeiten, auch und insbesondere solche, die exorbitant sind. Art. 5 II Brüssel Ia-VO, der „besonders gravierende Ausformungen von Zuständigkeitsimperialismus"[50] brandmarkt, hat insoweit nur verstärkenden, deklaratorischen Charakter.[51]

Als exorbitante Gerichtsstände werden solche bezeichnet, die *ex orbis* – „aus dem Rahmen"[52] – fallen.[53] Sie zeichnen sich dadurch aus, dass sie für ein Zivilverfahren mit Auslandsbezug eine internationale Zuständigkeit außerhalb des Wohnsitzstaates des Beklagten begründen, obwohl es zu diesem Staat nur eine sehr schwache[54] – oder sogar gar keine[55] – Anknüpfung gibt. Als solche Anknüpfungspunkte kommen unter anderem die Staatsangehörigkeit oder der Wohnsitz des Klägers, im Forumsstaat belegenes Vermögen ohne Verbindung zum Streitgegenstand – oder die Zustellung der Klageschrift im Forumsstaat in Betracht.[56] Da die vorgenannten Anknüpfungspunkte erkennbar keinen Bezug zu dem zu entscheidenden Zivilverfahren aufweisen, sind sie international verpönt.[57] Gleichwohl verfügt fast[58] jeder Mitgliedstaat über einen oder mehrere exorbitante Gerichts-

---

[50] *Mankowski*, in: Rauscher, EuZPR/EuIPR, Art. 5 Brüssel Ia-VO Rn. 3.
[51] *Mankowski*, in: Rauscher, EuZPR/EuIPR, Art. 5 Brüssel Ia-VO Rn. 3 und 6.
[52] Wörtlich: „aus dem Kreis", vgl. auch *Junker*, IZPR, § 5 Rn. 24.
[53] *Junker*, IZPR, § 5 Rn. 24; *Schack*, IZVR, Rn. 225.
[54] *Junker*, IZPR, § 5 Rn. 24.
[55] *Schack*, IZVR, Rn. 225.
[56] *Nuyts*, Study on Residual Jurisdiction – General Report, S. 62 Rn. 80, http://ec.europa.eu/civiljustice/news/docs/study_residual_jurisdiction_en.pdf, zuletzt abgerufen am 1.7.2018.
[57] *Junker*, IZPR, § 5 Rn. 24; *Schack*, IZVR, Rn. 225.
[58] Nach *Mankowski*, in: Rauscher, EuZPR/EuIPR, Art. 6 Brüssel Ia-VO Rn. 5 verfügen Belgien, Spanien und die Niederlande nicht (mehr) über exorbitante Zuständigkeiten.

stände[59], da sie zugunsten des Klägers Rechtsschutzlücken schließen und ihm Justizgewährung vor heimischen Gerichten sichern.[60]

Solche beziehungsarmen Gerichtsstände gegenüber Beklagten mit mitgliedstaatlichem Wohnsitz auszuschalten, ist sinnvoll: Sie dienen, wie bereits angedeutet, dazu, Zuständigkeit zu begründen, wo eigentlich keine bestehen sollte. Im Europäischen Binnenmarkt soll sich der Beklagte mit Wohnsitz in einem Mitgliedstaat zwar darauf verlassen können, nur dann nicht an seinem Wohnsitz verklagt zu werden, wenn der Gemeinschaftsrechtsgeber die Zuständigkeit eines anderen Gerichtes für sinnvoller erachtet hat und deswegen einen vom allgemeinen Gerichtstand abweichenden Gerichtstand bereitstellt. Ein „right not to be sued abroad"[61] wird insbesondere mit Blick auf die Mitgliedstaaten aber gerade nicht eingeführt. Eine umfassende Justizgewährung wird in der Brüssel Ia-Verordnung im Gegenteil durch die Zuständigkeitsordnung europäisiert und durch die Vorschriften über die Anerkennung und Vollstreckung mitgliedstaatlicher Entscheidungen abgesichert.

bb) Nachteile für den Kläger mit mitgliedstaatlichem Wohnsitz

Wie oben beschrieben, greifen die besonderen Gerichtsstände der Brüssel Ia-Verordnung nicht, wenn der Beklagte seinen Wohnsitz in einem Drittstaat hat (Art. 7 Brüssel Ia-VO a. A.). Der Kläger mit mitgliedstaatlichem Wohnsitz ist in diesem Fall auf das autonome Zuständigkeitsrecht seines Wohnsitzmitgliedstaats angewiesen, vgl. Art. 6 II Brüssel Ia-VO.[62] Zwar spielt hier die Staatsangehörigkeit des Klägers keine Rolle: Die Französin aus oben genanntem Beispiel[63] kann sich auf das deutsche Internationale Zivilverfahrensrecht berufen (Art. 6 II Brüssel Ia-VO).[64] Nach § 32 ZPO – der insoweit doppelfunktional die örtliche und die internationale Zuständigkeit regelt[65] – sind die Gerichte am Unfallort – der vorliegend gleichzeitig Handlungs- und Erfolgsort ist – zuständig. Aus Art. 6 II Brüssel Ia-VO folgt überdies, dass gegenüber Beklagten mit drittstaatlichem Wohnsitz auch die gem. Art. 5 II i. V. m. Art. 76 I lit. a Brüssel Ia-VO gegenüber Beklagten mit mitgliedstaatlichem Wohnsitz ausgeschlossenen exorbitanten Gerichtsstände zur Anwendung kommen können. Die F aus oben genanntem Beispiel könnte demzufolge den R auch nach § 23 ZPO verklagen, wenn dieser in Deutschland über ausreichendes

---

[59] Vgl. die rechtsvergleichende Studie von *Nuyts*, Study on Residual Jurisdiction – General Report, S. 62 Rn. 80, http://ec.europa.eu/civiljustice/news/docs/study_residual_jurisdiction_en.pdf, zuletzt abgerufen am 1.7.2018, oder aber die gem. Art. 76 I lit. a Brüssel Ia-VO aufgrund mitgliedstaatlicher Notifikation durch die Kommission geführten Listen.

[60] *Schack*, IZVR, Rn. 225.

[61] *Geimer*, IZPR, Rn. 250d ff.

[62] Vgl. auch *Hess/Pfeiffer/Schlosser*, Heidelberg Report, S. 46 Rn. 158.

[63] Siehe oben S. 110 f.

[64] Vgl. auch S. 37 f., insbesondere Fn. 63.

[65] *Heinrich*, in: Musielak/Voit, ZPO, § 32 Rn. 23.

Vermögen verfügen sollte. Dies scheint auf den ersten Blick für den Kläger kein Nachteil zu sein: Und tatsächlich bestehen wohl kaum Konstellationen, in denen die autonomen Zuständigkeitsregelungen überhaupt keine Zuständigkeit begründen können – ein negativer Kompetenzkonflikt ist unwahrscheinlich; im Gegenteil: Das autonome Internationale Zivilverfahrensrecht der Mitgliedstaaten ist tendenziell weiter als das europäisch vergemeinschaftete Recht:[66] Fast alle Mitgliedstaaten verfügen über sehr anknüpfungsschwache, exorbitante Zuständigkeiten. Insofern ist der Justizgewährungsanspruch des mitgliedstaatlichen Klägers wohl in den meisten Mitgliedstaaten gewahrt. Fraglich ist jedoch, ob ein Zugang zum Recht allein genügt. Ohne mit dieser Arbeit einen rechtsvergleichenden Ansatz zu verfolgen, erscheint es mit Blick auf Rechtssicherheit, Rechtsklarheit und Vorhersehbarkeit schwierig, wenn Unionsbürger in unterschiedlichen Mitgliedstaaten qualitativ unterschiedlichen Rechtschutz genießen. Fest steht, dass die derzeitige Ausgestaltung *forum shopping* ermöglicht.

Besonders problematisch ist indes, dass eine auf Grundlage (exorbitanten) autonomen Internationalen Zuständigkeitsrechts erstrittene Entscheidung für den Kläger mitunter lediglich einen *Pyrrhussieg* darstellt: Er erhält zwar einen Titel, der nach den Vorschriften der Brüssel Ia-Verordnung in allen Mitgliedstaaten anerkannt und vollstreckt werden kann.[67] Für den Fall, dass der drittstaatliche Beklagte aber – was häufig der Fall sein wird – nur an seinem Lebensmittelpunkt außerhalb der Union über vollstreckungsfähiges Vermögen verfügt, ist sehr ungewiss, ob ein drittstaatliches Gericht eine Entscheidung anerkennt und vollstreckt, die von einem lediglich exorbitant zuständigen Gericht erlassen wurde. Die nicht vereinheitlichten, weitreichenden nationalen Restzuständigkeiten sind für den Unionskläger folglich nur dann wirklich vorteilhaft, wenn der Beklagte über vollstreckbares Vermögen in einem EU-Mitgliedstaat verfügt.

cc) Diskriminierung von Beklagten mit Drittstaatenwohnsitz

Jedenfalls negativ betroffen sind die Beklagten, die über keinen mitgliedstaatlichen Wohnsitz verfügen. Für sie gilt gem. Art. 6 I Brüssel Ia-VO das autonome Internationale Zivilverfahrensrecht der Mitgliedstaaten inklusive der gegenüber Beklagten mit mitgliedstaatlichem Wohnsitz ausgeschlossenen exorbitanten Zuständigkeiten der autonomen Internationalen Zivilverfahrensrechte, Art. 6 II Brüssel Ia-VO (dazu (1.)).[68] Da die Brüssel Ia-Verordnung nicht an die Staatsangehörig-

---

[66] Vgl. die rechtsvergleichende Studie von *Nuyts*, Study on Residual Jurisdiction – General Report, S. 128 (ab Rn. 166), http://ec.europa.eu/civiljustice/news/docs/study_residual_jurisdiction_en.pdf, zuletzt abgerufen am 1.7.2018.
[67] Vgl. EG (27) Brüssel Ia-VO; *Gottwald*, in: MüKo-ZPO, Art. 36 Brüssel Ia-VO, Rn. 2; siehe auch unten S. 135.
[68] Siehe oben S. 111 f.

keit anknüpft, können aber auch Unionsbürger ohne mitgliedstaatlichen Wohnsitz von Art. 6 Brüssel Ia-VO betroffen sein (dazu (2.)).

(1)   Diskriminierung von Drittstaatenangehörigen

Die Anwendbarkeit der nationalen Restzuständigkeiten belastet Drittstaatenangehörige ohne mitgliedstaatlichen Wohnsitz im Kern aus zwei Gründen:

Zunächst einmal können Drittstaatenangehörige den Umfang ihrer potentiellen Gerichtspflichtigkeit in der Europäischen Union kaum überblicken. Unterhält beispielsweise ein Unternehmen mit Sitz außerhalb eines Mitgliedstaats Geschäftskontakte zu Partnern mit (Wohn-)Sitz in verschiedenen Mitgliedstaaten der Europäischen Union, ist es im Falle von Rechtsstreitigkeiten – bei materiell gleichgelagerten Fällen – potentiell mit 29 verschiedenen Zuständigkeitsregimes konfrontiert. Da die Internationale Zuständigkeit Auswirkungen auf das gesamte Zivilverfahren hat (Kollisionsrecht, Verfahrensrecht nach dem *lex fori* – Prinzip, Rechtsklima, Verfahrensdauer)[69] stellt dies eine erhebliche Beeinträchtigung für den Rechtsverkehr dar. Hinzu kommt, dass in dieser Konstellation nach Art. 6 II Brüssel Ia-VO auch exorbitante Gerichtsstände zuständigkeitsbegründend sein können. Dies macht nicht nur die Rechtslage weiter unübersichtlich: Da auch solche Entscheidungen eines exorbitant zuständigen Gerichts nach den Vorschriften der Brüssel Ia-Verordnung – ohne Exequaturverfahren – in allen Mitgliedstaaten anerkannt und vollstreckt werden können,[70] werden Beklagte ohne mitgliedstaatlichen Wohnsitz stärker belastet, als es bei einer „sortenreinen" Anwendung autonomen Rechts sonst der Fall wäre.

Trotzdem stellt die oben beschriebene Benachteiligung von Drittstaatenbeklagten durch die Anwendung autonomer exorbitanter Zuständigkeiten eher eine moralisch als eine rechtlich diskriminierende Rechtslage dar.[71] So wird man einen Verstoß gegen die Gerichtszugangsgarantie des Art. 6 I EMRK allenfalls dann bejahen können, wenn der exorbitante Gerichtsstand überhaupt keinen Anknüpfungspunkt – keinen Minimalkontakt – zum Beklagten aufweist. Ein solcher ist aber bei den meisten gegeben.[72]

(2)   Diskriminierung von Unionsbürgern

Aber auch Unionsbürger – Staatsangehörige der Mitgliedstaaten, Art. 9 S. 2 EUV – könnten von der Regelung des Art. 6 Brüssel Ia-VO diskriminiert werden.

---

[69] Vgl. *Geimer*, IZPR, Rn. 1924ff.
[70] Siehe unten S. 135; vgl. bereits *Hess/Pfeiffer/Schlosser*, Heidelberg Report, S. 46 Rn. 156.
[71] *Grolimund*, in: Jahrbuch ZVR 10, S. 79 (82f.).
[72] Siehe oben S. 31 (m.w.N.).

Denn auch Unionsbürger ohne mitgliedstaatlichen Wohnsitz dürfen *de lege lata* nach dem autonomen Zuständigkeitsrecht der Mitgliedstaaten – inklusive der exorbitanten Zuständigkeiten – verklagt werden. Dies mit den bereits oben geschilderten Folgen. Während dies bei Drittstaatenangehörigen vielleicht lediglich moralisch fragwürdig ist, stellt sich die Frage, wie eine solche Ungleichbehandlung von Unionsbürgern zu rechtfertigen ist.

IV. Zuständigkeiten, bei denen der Wohnsitz irrelevant ist

Die Brüssel Ia-Verordnung kennt aber auch Zuständigkeiten, bei denen es nicht auf den Wohnsitz des Beklagten ankommt. Hierzu gehören zum einen die ausschließlichen Gerichtsstände der Art. 24 (dazu 1.) und 25 Brüssel Ia-VO (dazu 2.), zum anderen die durch die Reform der Brüssel I-Verordnung eingeführten Schutzregimes für typischerweise schwächere Parteien (dazu 3.).

1. Die ausschließlichen Gerichtsstände des Art. 24 Brüssel Ia-VO

Art. 24 Brüssel Ia-Verordnung beinhaltet einen abschließenden[73] Katalog von ausschließlichen Zuständigkeiten, die den allgemeinen, die besonderen und sogar die Schutzgerichtsstände der Verordnung, sowie das gesamte autonome Zuständigkeitsrecht[74], verdrängen.[75] Die ausschließlichen Zuständigkeiten sind, ausweislich des Wortlauts von Art. 24 Brüssel Ia-VO (am Anfang), nicht personenbezogen[76] – knüpfen also nicht an den Wohnsitz von Kläger oder Beklagtem an – sondern sachbezogen. Anders als bei den sachbezogenen besonderen Gerichtsständen[77] ist der Anknüpfungspunkt bei den ausschließlichen Zuständigkeiten aber in einem besonders hohen Maße sachnah; er legt das „natürliche Forum" für die Entscheidung des Streites fest.[78] Auf diese Weise soll das „Verfahren an dem Ort lokalisiert werden, dessen Recht in der Regel auf den Rechtsstreit anzuwenden ist"; „es soll derjenige Richter über den Rechtsstreit urteilen, der am sachnächsten den Beweis erheben kann".[79] Außerdem ist bei – bzw. nach – vielen Rechtsstreitigkeiten, die unter Art. 24 Brüssel Ia-VO fallen, die Eintragung in ein nationales Register am

---

[73] *Adolphsen*, EuZVR, Kap. 3 Rn. 187; *Mankowski*, in: Rauscher, EuZPR/EuIPR, Art. 24 Brüssel Ia-VO Rn. 3.

[74] *Gottwald*, in: MüKo-ZPO, Art. 24 Brüssel Ia-VO, Rn. 1.

[75] *Mankowski*, in: Rauscher, EuZPR/EuIPR, Art. 24 Brüssel Ia-VO Rn. 1; Kropholler/ *v. Hein*, Art. 22 Brüssel I-VO, Rn. 2.

[76] *Mankowski*, in: Rauscher, EuZPR/EuIPR, Art. 24 Brüssel Ia-VO Rn. 3.

[77] Siehe oben S. 107.

[78] *Mankowski*, in: Rauscher, EuZPR/EuIPR, Art. 24 Brüssel Ia-VO Rn. 3; vgl. auch *Gottwald*, in: MüKo-ZPO, Art. 24 Brüssel Ia-VO, Rn. 7 f.

[79] *Schlosser*, in: Schlosser/Hess, EuZPR, Art. 24 EuGVVO Rn. 1; vgl. auch *Gottwald*, in: MüKo-ZPO, Art. 24 Brüssel Ia-VO, Rn. 1.

Belegenheitsort notwendig[80] (vgl. den Wortlaut von Art. 24 Nr. 3 Brüssel Ia-VO; aber auch im Bereich des Immobiliarsachenrechts und des Gesellschaftsrechts sind Register üblich), die ein ausländischer Richter nicht vornehmen kann.

Bei der Ausgestaltung des Art. 24 Brüssel Ia-VO hat der Gemeinschaftsrechtsgeber Anknüpfungspunkte gewählt, die in den meisten Rechtsordnungen für die jeweiligen Anknüpfungsgegenstände nicht nur bekannt sind[81], sondern gleichsam einem – fast zwingenden – „Gebot der Logik"[82] folgen: So soll beispielsweise nach Art. 24 Nr. 1 Brüssel Ia-VO nur das Gericht des Belegenheitsortes für Rechtsstreitigkeiten über dingliche Rechte an Immobilien[83] und schuldrechtliche Immobilienüberlassungsverträge zuständig sein; nach Art. 24 Nr. 3 Brüssel Ia-VO darf ferner nur der Registerstaat über die Gültigkeit der Eintragung in ein Register entscheiden.

Die in den Art. 24 Nr. 1–5 Brüssel Ia-Verordnung kodifizierten ausschließlichen Gerichtsstände gelten im Grundsatz auch im Verhältnis zu Drittstaaten; auf den Wohnsitz des Beklagten kommt es, wie eingangs gesagt, ebenso wenig an, wie auf den Wohnsitz des Klägers, vgl. auch Art. 6 I Brüssel Ia-VO.[84] Voraussetzung hierfür ist jedoch, dass der die ausschließliche Zuständigkeit begründende Anknüpfungspunkt in einem Mitgliedstaat liegt.[85]

Liegt der Anknüpfungspunkt in einem Drittstaat, ist Art. 24 Nr. 1 Brüssel Ia-VO seinem Wortlaut nach nicht anwendbar. Verfügt der Beklagte über einen mitgliedstaatlichen Wohnsitz, können der allgemeine – oder bei Vorliegen der streitgegenstandsbezogenen Voraussetzungen – die besonderen Gerichtsstände der Art. 7 f. Brüssel Ia-VO greifen. In allen anderen Fällen kommt das autonome Internationale Zivilverfahrensrecht zur Anwendung. Die Zusammenhänge verdeutlicht der nachfolgende Fall:

---

[80] *Gottwald*, in: MüKo-ZPO, Art. 24 Brüssel Ia-VO, Rn. 1.

[81] Vgl. Kropholler/*v. Hein*, Art. 22 Brüssel I-VO, Rn. 10. Als Anknüpfung für einen ausschließlichen Gerichtsstand beispielsweise kennen von den Mitgliedstaaten den Belegenheitsort: Portugal, Bulgarien, Tschechische Republik, Schottland, Estland, Frankreich, Deutschland, Griechenland, Ungarn, Italien, Lettland, Litauen, Luxemburg, Polen, Rumänien, Slowenien, Spanien und Schweden, vgl. *Nuyts*, Study on Residual Jurisdiction – General Report, Rn. 92, http://ec.europa.eu/civiljustice/news/docs/study_residual_jurisdiction_en.pdf, zuletzt abgerufen am 1.7.2018.

[82] *Mankowski*, in: Rauscher, EuZPR/EuIPR, Art. 24 Brüssel Ia-VO Rn. 3.

[83] Verschwiegen werden darf in diesem Zusammenhang aber nicht, dass – rechtspolitisch verfehlt – der sachliche Anwendungsbereich der Zuständigkeit nach Art. 24 Nr. 1 Brüssel Ia-VO nach euro-autonomer Auslegung sehr eng ausfällt. So sind „nur Klagen *aus* einem dinglichen Recht, nicht Klagen *auf* ein dingliches Recht" erfasst, vgl. *Mankowski*, in: Rauscher, EuZPR/EuIPR, Art. 24 Brüssel Ia-VO Rn. 14; *Schlosser*, in: Schlosser/Hess, EuZPR, Art. 24 EuGVVO Rn. 2 ff.

[84] *Gottwald*, in: MüKo-ZPO, Art. 24 Brüssel Ia-VO, Rn. 4; *Mankowski*, in: Rauscher, EuZPR/EuIPR, Art. 24 Brüssel Ia-VO Rn. 5; *Schlosser*, in: Schlosser/Hess, EuZPR, Art. 24 EuGVVO Rn. 1.

[85] *Gottwald*, in: MüKo-ZPO, Art. 24 Brüssel Ia-VO, Rn. 4; *Mankowski*, in: Rauscher, EuZPR/EuIPR, Art. 24 Brüssel Ia-VO Rn. 5.

Die in Deutschland lebenden Japaner J und N sind Miteigentümer ihres in Osaka belegenen Elternhauses. Nach dem Tod ihrer Eltern soll die Immobilie nun veräußert werden. Allerdings können sich J und N über die Auflösung des Miteigentumsverhältnisses nicht einigen. J ruft daher ein deutsches Gericht an. N rügt die Unzuständigkeit des deutschen Gerichts und verweist auf die Belegenheit der Immobilie in Japan.[86]

Art. 24 Nr. 1 Brüssel Ia-VO greift vorliegend nicht. Der Belegenheitsort der streitgegenständlichen Immobilie liegt in Japan und damit nicht in einem Mitgliedstaat. Da N allerdings in Deutschland lebt kann der J ihn an seinem allgemeinen Gerichtsstand gem. Art. 4 Brüssel Ia-VO verklagen.[87]

Dieses Ergebnis irritiert: Da es sich bei den ausschließlichen Gerichtsständen der Verordnung – wie oben beschrieben[88] – um die jeweiligen „natürlichen Foren" zur Entscheidung der ihnen unterfallenden Rechtsstreitigkeiten handelt, erscheint die Möglichkeit, den N an seinem Wohnsitz zu verklagen, unbillig. Denn das sachnächste Forum liegt mit Blick auf die Belegenheit der Immobilie in Japan. Anders als bei besonderen Gerichtsständen, die fakultativ neben die allgemeinen Gerichtsstand treten, verdrängt ein ausschließlicher Gerichtsstand – eben wegen der besonders engen Sachnähe – den allgemeinen Gerichtsstand[89] und sorgt damit im Regelfall auch für einen Gleichlauf mit dem anwendbaren Recht.

Selbst wenn das deutsche Gericht – etwa auf Grundlage des Art. 43 I EGBGB, nach dem „Rechte an einer Sache" dem Recht des Belegenheitsstaates unterliegen – japanisches Recht anwenden würde, wäre eine Anerkennung der deutschen Entscheidung in Japan ungewiss: Einer Anerkennung könnte die fehlende Entscheidungszuständigkeit deutscher Gerichte entgegenstehen.[90] Die Folge wäre ein hinkendes Rechtsverhältnis.

Aus den vorstehenden Gründen wird seit Jahren über eine „spiegelbildliche Anwendung"[91] der ausschließlichen Zuständigkeiten auf Drittstaatensachverhalte diskutiert. Befürworter einer spiegelbildlichen Anwendung – oder auch Reflexwirkung („effet réflexe")[92] – führen an, dass es nicht in Frage komme, den „allein (für) sachgerecht erklärten Anknüpfungspunkt in diesen Fällen auszuschalten".[93] Jedenfalls dann wenn der Drittstaat die gleiche ausschließliche Zuständigkeits-

---

[86] Der Fall orientiert sich lose an EuGH, Urteil vom 17.12.2015 – Rs. C-605/14 (*Virpi Komu ua ./. Pekka Komu ua*) = ECLI:EU:C:2015:833 = EuZW 2016, S. 198. Dort stritten allerdings finnische Grundstückseigentümer über in Spanien belegene Immobilien.

[87] Siehe oben S. 104 ff.

[88] Siehe oben S. 115.

[89] Siehe oben S. 103.

[90] Vgl. hierzu *Schlosser*, in: Schlosser/Hess, EuZPR, Art. 24 EuGVVO Rn. 1.

[91] *Schlosser*, in: Schlosser/Hess, EuZPR, Art. 24 EuGVVO Rn. 1; Kropholler/*v. Hein*, Art. 22 Brüssel I-VO, Rn. 7 (m. w. N.); *Heinze/Dutta*, IPRax 2005, S. 224 (227 f.).

[92] Vgl. *Jayme*, in: Europarecht, IPR, Rechtsvergleichung. S. 97 (108); Kropholler/*v. Hein*, Art. 22 Brüssel I-VO, Rn. 7.

[93] Kropholler/*v. Hein*, Art. 22 Brüssel I-VO, Rn. 7.

anknüpfung kenne[94], der Drittstaat zur Gewährung effektiven Rechtsschutzes in der Lage sei[95] und eine im Drittstaat ergangene Entscheidung anerkannt und vollstreckt werden könne, müsse die Vorschrift analog angewendet werden.[96] Dies auch mit der Folge, dass sich ein an sich nach Art. 4 Brüssel Ia-VO allzuständiges mitgliedstaatliches Gericht am allgemeinen Gerichtsstand des Beklagten für unzuständig erklären müsste.[97]

Gegner der Reflexwirkung[98] führen an, sie unterlaufe die in Art. 5 I Brüssel Ia-VO festgelegte Gerichtsstandsgarantie:[99] Jedenfalls Beklagte mit mitgliedstaatlichem Wohnsitz müssten darauf vertrauen dürfen, nur nach den Vorschriften der Brüssel Ia-VO verklagt werden zu können. Die für eine Reflexwirkung notwendige Analogie scheitere an einer planwidrigen Regelungslücke, da die Verordnung weitere vergemeinschaftete Zuständigkeiten bereite halte und ansonsten auf die autonomen Restzuständigkeiten verweise.[100] Vor allem den vergemeinschafteten Zuständigkeiten könne man eine hinreichende Beziehung zum Forum nicht absprechen.[101] Schließlich könne die Verordnung einem drittstaatlichen Gericht eine Zuständigkeit positiv nicht zuweisen. In der Annahme einer Reflexwirkung sei nur eine Derogation der eigenen Zuständigkeit zu sehen. Es drohe ein negativer Kompetenzkonflikt.[102]

Obwohl überzeugende Sachargumente für eine Reflexwirkung streiten, scheint der Europäische Gesetzgeber sie nicht ernsthaft in Betracht zu ziehen; im Gegenteil: Obgleich die Diskussion um eine spiegelbildliche Anwendung der ausschließlichen Gerichtsstände in der Literatur seit Jahren geführt wird[103], fand dieser Ansatz bei der Überarbeitung der Brüssel I-Verordnung keine echte Berücksichtigung. Weder im Grünbuch[104] noch im Kommissionsvorschlag[105] wurde eine spiegelbildliche Anwendung der ausschließlichen Zuständigkeiten auf Drittstaatensachver-

---

[94] So bereits *Jayme*, in: Europarecht, IPR, Rechtsvergleichung. S. 97 (108 ff.); *Coester-Waltjen*, in: FS Nakamura, S. 89 (105); *Heinze/Dutta*, IPRax 2005, S. 224 (228).

[95] *Hess*, EuZPR, § 5 Rn. 14.

[96] Kropholler/*v. Hein*, Art. 22 Brüssel I-VO, Rn. 7; *Schack*, IZVR, Rn. 359.

[97] Kropholler/*v. Hein*, Art. 22 Brüssel I-VO, Rn. 7; *Schlosser*, in: Schlosser/Hess, EuZPR, Art. 24 EuGVVO Rn. 1.

[98] *Mankowski*, in: Rauscher, EuZPR/EuIPR, Art. 24 Brüssel Ia-VO Rn. 6 (m. w. N.).

[99] Siehe oben S. 111; *Mankowski*, in: Rauscher, EuZPR/EuIPR, Art. 24 Brüssel Ia-VO Rn. 6.

[100] *Mankowski*, in: Rauscher, EuZPR/EuIPR, Art. 24 Brüssel Ia-VO Rn. 6.

[101] *Mankowski*, in: Rauscher, EuZPR/EuIPR, Art. 24 Brüssel Ia-VO Rn. 7; *Tiefenthaler*, in: Czernich/Kodek/Mayr, Art. 24 Rn. 7.

[102] *Mankowski*, in: Rauscher, EuZPR/EuIPR, Art. 24 Brüssel Ia-VO Rn. 6.

[103] Vgl. *Coester-Waltjen*, in: FS Nakamura, S. 89 (104 ff.).

[104] Grünbuch zur Überprüfung der Verordnung (EG) Nr. 44/2001 des Rates über die gerichtliche Zuständigkeit und die Anerkennung und Vollstreckung von Entscheidungen in Zivil- und Handelssachen, KOM (2009), S. 175 endg.

[105] Vorschlag für eine Verordnung des Europäischen Parlaments und des Rates über die gerichtliche Zuständigkeit und die Anerkennung und Vollstreckung von Entscheidungen in Zivil und Handelssachen, KOM (2010) 748 endg.

halte erörtert.[106] Lediglich Erwägungsgrund (24) Brüssel Ia-VO zeigt, dass sich der Europäische Gesetzgeber – am Rande – mit der Frage auseinandergesetzt hat:

> „Bei der Berücksichtigung der geordneten Rechtspflege sollte das Gericht des betreffenden Mitgliedstaats alle Umstände des bei ihm anhängigen Falles prüfen. Hierzu können Verbindungen des Streitgegenstands und der Parteien zu dem betreffenden Drittstaat zählen wie auch die Frage, wie weit das Verfahren im Drittstaat zu dem Zeitpunkt, an dem ein Verfahren vor dem Gericht des Mitgliedstaats eingeleitet wird, bereits fortgeschritten ist, sowie die Frage, ob zu erwarten ist, dass das Gericht des Drittstaats innerhalb einer angemessenen Frist eine Entscheidung erlassen wird.

> Dabei kann auch die Frage geprüft werden, ob das Gericht des Drittstaats unter Umständen, unter denen ein Gericht eines Mitgliedstaats ausschließlich zuständig wäre, im betreffenden Fall ausschließlich zuständig ist."[107]

Der Erwägungsgrund bezieht sich aber zum einen auf die Koordination paralleler Verfahren. Zum anderen hätte der Europäische Gesetzgeber eine Reflexwirkung durch Abänderung des Normwortlauts – Streichung des Mitgliedstaatenbezuges – deutlich machen können. Dies ist allerdings nicht geschehen.

2. Die Gerichtsstandsvereinbarung als grundsätzlich ausschließlicher Gerichtsstand

Gerichtsstandsvereinbarungen i. S. v. Art. 25 Brüssel Ia-VO begründen – vorbehaltlich einer abweichenden Vereinbarung durch die Parteien[108] – ebenfalls einen ausschließlichen Gerichtsstand (Art. 25 I 2 Brüssel Ia-VO) und gehen damit grundsätzlich den anderen Zuständigkeiten vor.[109] Einschränkungen gelten nach Art. 25 IV Brüssel Ia-VO, wenn durch die Gerichtsstandsvereinbarung eine ausschließliche Zuständigkeit gem. Art. 24 Brüssel Ia-VO abbedungen wird oder die Gerichtsstandsvereinbarung den Schutzregimes der Art. 15, 19 oder 23 Brüssel Ia-VO zuwiderläuft.

Wie Art. 24 Brüssel Ia-VO gilt auch Art. 25 Brüssel Ia-VO unabhängig vom Wohnsitz der Parteien (vgl. Art. 25 I 1 Brüssel Ia-VO am Anfang).[110] Hierbei handelt es sich um eine durch die Reform eingeführte Neuerung: Die Vorgängervorschrift – Art. 23 Brüssel I-VO – war ausweislich ihres Wortlauts nur anwendbar, wenn mindestens eine Partei ihren Wohnsitz im Hoheitsgebiet eines Mitgliedstaat hatte.[111] Nach heute geltendem Recht besteht diese Einschränkung nicht mehr:

---

[106] Vgl. auch *Mankowski*, in: Rauscher, EuZPR/EuIPR, Art. 24 Brüssel Ia-VO Rn. 7.
[107] EG (24) Brüssel Ia-VO.
[108] *Dörner*, in: Saenger, Art. 25 EuGVVO Rn. 2.
[109] *Mankowski*, in: Rauscher, EuZPR/EuIPR, Art. 25 Brüssel Ia-VO Rn. 198.
[110] *Mankowski*, in: Rauscher, EuZPR/EuIPR, Art. 25 Brüssel Ia-VO Rn. 198.
[111] Vgl. Kropholler/*v. Hein*, Art. 23 Brüssel I-VO, Rn. 12; *Stadler*, in: Musielak/Voit, ZPO, Art. 25 EuGVVO Rn. 1, 3; *Mankowski*, in: Rauscher, EuZPR/EuIPR, Art. 25 Brüssel Ia-VO Rn. 4.

Auch Drittstaatenangehörige ohne jede Verbindung zu einem Mitgliedstaat können die Zuständigkeit mitgliedstaatlicher Gerichte vereinbaren:[112] So kann beispielsweise das Landgericht Frankfurt am Main[113] zwischen Geschäftspartnern aus Australien und Kanada als neutrales Forum vereinbart werden. Damit trägt die Verordnung der Privatautonomie Rechnung und überlasst den Parteien die Wahl, an einem anderen, als den gesetzlich vorgesehenen Gerichtsständen zu prozessieren.

Dieses liberale Prozessverständnis findet aber eine Grenze, wenn es um die Vereinbarung der Zuständigkeit eines drittstaatlichen Gerichts geht. Eine solche Vereinbarung wird von Art. 25 Brüssel Ia-VO zwar nicht untersagt.[114] Die Vorschrift regelt diese Konstellation ausweislich ihres insoweit eindeutigen Wortlauts aber nicht. Dies ist hinsichtlich der Prorogation drittstaatlicher Gerichte nachvollziehbar (dazu a)); hinsichtlich der Derogation mitgliedstaatlicher Gerichte indes nicht zwingend (dazu b)).

a) Keine Prorogation drittstaatlicher Gerichte
gem. Art. 25 Brüssel Ia-VO

Die Vereinbarung der Zuständigkeit drittstaatlicher Gerichte ist auf Grundlage von Art. 25 Brüssel Ia-VO nicht möglich. Dies gilt jedenfalls für die Prorogation – also „Neuwahl"[115] – des drittstaatlichen Gerichts:[116] Die Zuweisung einer drittstaatlichen Zuständigkeit durch den Europäischen Gesetzgeber wäre als völkerrechtswidrige Souveränitätsverletzung zu qualifizieren[117], die der Drittstaat folgenlos ignorieren dürfte. Über die Prorogation des drittstaatlichen Gerichts hat ausschließlich eben dieses nach dem eigenen nationalen Verfahrensrecht zu entscheiden.[118]

---

[112] *Schlosser*, in: Schlosser/Hess, EuZPR, Art. 25 EuGVVO Rn. 5; vgl. auch *Geimer*, in: FS Gottwald, S. 175 (175).

[113] Ausweislich des Wortlauts von Art. 25 I 1 Var. 1 Brüssel Ia-VO kann ein konkretes Gericht, nicht nur die Gerichte eines Mitgliedstaats, prorogiert werden.

[114] *Schlosser*, in: Schlosser/Hess, EuZPR, Art. 25 EuGVVO Rn. 6a.

[115] Vgl. *Schack*, IZVR, Rn. 496.

[116] *Mankowski*, in: Rauscher, EuZPR/EuIPR, Art. 25 Brüssel Ia-VO Rn. 13.

[117] Siehe oben S. 50; vgl. auch *Mankowski*, in: Rauscher, EuZPR/EuIPR, Art. 25 Brüssel Ia-VO Rn. 13; *Kruger*, Civil Juristiction Rules, Rn. 4.52.

[118] *Mankowski*, in: Rauscher, EuZPR/EuIPR, Art. 25 Brüssel Ia-VO Rn. 13.; vgl. auch *Schlosser*-Bericht, ABl. EG 1979 C 59/71 (124 Rn. 176): „Vereinbaren Parteien, Streitigkeiten vor Gerichten eines Nichtvertragsstaats auszutragen, so kann selbstverständlich nichts im EuGVÜ diese Gerichte hindern, sich für zuständig zu erklären, wenn ihr Recht die Abmachung wirksam sein läßt. Fraglich ist nur, ob und gegebenenfalls in welcher Form solche Vereinbarungen eine Zuständigkeit von Gemeinschaftsgerichten abbedingen können, die nach dem EuGVÜ als ausschließliche oder konkurrierende begründet ist. Nichts im EuGVÜ läßt den Schluß zu, daß derartiges prinzipiell unzulässig sein soll. Das Übereinkommen enthält aber auch keine Regeln über die Wirksamkeit solcher Vereinbarungen. Wird ein Gericht innerhalb der Ge-

b) Regelung des Derogationsaspekts durch Art. 25 Brüssel Ia-VO?

Umstritten ist indes, ob Art. 25 Brüssel Ia-VO hinsichtlich des „Derogations-aspekts"[119], der der Prorogation eines drittstaatlichen Gerichts innewohnt[120], zur Anwendung kommt. Denn in der Prorogation eines drittstaatlichen Gerichts liegt schließlich immer auch zugleich die Derogation – also „Abwahl"[121] – eines mit-gliedstaatlichen Gerichts.[122] Man spricht insoweit auch von einer Prorogation mit Derogationseffekt.[123]

Mit Blick auf den insoweit offenen Wortlaut der Vorschrift meint die wohl herr-schende Meinung, dass die Derogation eines mitgliedstaatlichen Gerichts zuguns-ten eines drittstaatlichen Gerichts nicht leichter erfolgen dürfe, als die Derogation eines mitgliedstaatlichen Gerichts zugunsten eines anderen mitgliedstaatlichen Gerichts.[124] Diese Auffassung überzeugt. Denn jedenfalls die in Art. 25 IV Brüs-sel Ia-VO normierten Schutzvorschriften könnten sonst umgangen werden.

3. Die Schutzgerichtsstände für üblicherweise schwächere Parteien

Zugunsten von Versicherungsnehmern (Art. 10 ff. Brüssel Ia-VO), Verbrauchern (Art. 17 ff. Brüssel Ia-VO) und Arbeitnehmern (Art. 20 ff. Brüssel Ia-VO) enthält die Brüssel Ia-Verordnung in sich geschlossene, selbständige und erschöpfende Sonderregelungen.[125] Diese dienen dazu, den soeben genannten – typischerweise schwächeren – Personengruppen einerseits die Rechtsverfolgung zu erleichtern.[126] Andererseits sollen sie im umgekehrten Fall vor gerichtlicher Inanspruchnahme – in einem gewissen Rahmen – geschützt werden.[127]

Die Schutzwürdigkeit dieser Personengruppen ergibt sich aus ihrer – in der Re-gel – schwächeren wirtschaftlichen und tatsächlichen Verhandlungsposition. Für Versicherte beschreibt der EuGH diese Position anschaulich:

---

meinschaft einer solchen Vereinbarung zum Trotz angerufen, so muß es die Wirksamkeit der Abrede nach dem Recht beurteilen, das an seinem Sitz gilt. In dem Maße, in welchem das Kollisionsrecht dort ein ausländisches Recht für maßgebend hält, gilt dieses. Ist die Verein-barung nach diesen Maßstäben unwirksam, so sind wieder die Zuständigkeitsbestimmungen des EuGVÜ anzuwenden."

[119] *Mankowski*, in: Rauscher, EuZPR/EuIPR, Art. 25 Brüssel Ia-VO Rn. 14.

[120] Vgl. *Stadler*, in: Musielak/Voit, ZPO, Art. 25 EuGVVO Rn. 3.

[121] Vgl. *Schack*, IZVR, Rn. 496.

[122] Vgl. *Adolphsen*, EuZVR, Kap. 3 Rn. 228; *Mankowski*, in: Rauscher, EuZPR/EuIPR, Art. 25 Brüssel Ia-VO Rn. 14.

[123] *Gottwald*, in: MüKo-ZPO, Art. 25 Brüssel Ia-VO, Rn. 6.

[124] *Mankowski*, in: Rauscher, EuZPR/EuIPR, Art. 25 Brüssel Ia-VO Rn. 14 (m. w. N.), vgl. auch *Geimer*, in: Geimer/Schütze, EuZVR, Art. 23 EuGVVO Rn. 40 ff.

[125] *Staudinger*, in: Rauscher, EuZPR/EuIPR, Art. 10 Brüssel Ia-VO Rn. 1.

[126] *Adolphsen*, EuZVR, Kap. 3 Rn. 153, 163, 179.

[127] *Junker*, IZPR, § 13 Rn. 2.

„Diesen Bestimmungen, die dem Versicherten mehr Gerichtsstände zur Verfügung stellen als dem Versicherer und jede Möglichkeit einer Gerichtsstandsvereinbarung zugunsten des Versicherers ausschließen, liegt – wie auch die vorbereitenden Arbeiten erkennen lassen – das Bestreben zugrunde, den Versicherten zu schützen, der meist mit einem vorformulierten und in seinen Einzelheiten nicht mehr verhandelbaren Vertrag konfrontiert wird und in aller Regel der wirtschaftlich Schwächere ist."[128]

Rechtstechnisch funktionieren die Schutzgerichtsstände dabei im Grundsatz nach dem gleichen Schema:

a) Klagen gegen die typischerweise schwächere Partei

Die typischerweise schwächere Personengruppe kann von ihrem Vertragspartner grundsätzlich nur an ihrem Wohnsitz verklagt werden. Dies ergibt sich für Versicherungsnehmer, Versicherte und Begünstigte aus Art. 14 I Brüssel Ia-VO, für Verbraucher aus Art. 18 II Brüssel Ia-VO und für Arbeitnehmer aus Art. 22 I Brüssel Ia-VO.

b) Klagen durch die typischerweise schwächere Partei

Will die üblicherweise schwächere Partei dagegen ihren Vertragspartner verklagen, stellt ihr die Brüssel Ia-Verordnung gleich mehrere Wahlgerichtsstände zur Verfügung:

Eine Klage ist jedenfalls am Wohnsitz des Versicherers (Art. 11 I lit a. Brüssel Ia-VO), des Vertragspartners des Verbrauchers (Art. 18 I Var. 1 Brüssel Ia-VO) und des Arbeitgebers (Art. 21 I lit. a Brüssel Ia-VO) möglich. Verfügt der Vertragspartner der typischerweise schwächeren Partei zwar nicht über einen mitgliedstaatlichen (Wohn-)Sitz, wohl aber über eine Zweigniederlassung, Agentur oder sonstige Niederlassung in einem Mitgliedstaat, so kann er auch in diesem verklagt werden (vgl. Art. 11 II, 17 II und 20 II Brüssel Ia-VO). Daneben enthalten die Schutzgerichtsstände weitere, individuelle Wahlgerichtsstände.

Neu durch die Reform der Brüssel I-VO eingeführt wurden die Art. 18 I Var. 2 („ohne Rücksicht auf den Wohnsitz des anderen Vertragspartners") und Art. 21 II Brüssel Ia-VO.[129] Die beiden Vorschriften sind Überbleibsel der deutlich ambitionierteren Versuche, die Zuständigkeitsordnung der Brüssel I-VO auf Drittstaatensachverhalte auszudehnen.[130] Sie ermöglichen es Verbrauchern und Arbeitneh-

---

[128] EuGH, Urteil vom 14.7.1983 – Rs. 201/82 (*Kreditversicherung ./. Italienischen Fiskus*) = ECLI:EU:C:1983:217 = NJW 1984 S. 2760 (2760 Rn. 17).

[129] *Mankowski*, in: Rauscher, EuZPR/EuIPR, Art. 6 Brüssel Ia-VO Rn. 11.

[130] *Mankowski*, in: Rauscher, EuZPR/EuIPR, Art. 6 Brüssel Ia-VO Rn. 11; *Domej*, RabelsZ 78 (2014), S. 508 (522 f.).

mern am eigenen Wohnsitz gegen den jeweiligen Vertragspartner zu klagen. Eine gleichlaufende Möglichkeit für Versicherungsnehmer fehlt. Mankowski vermutet, dass sich die gesetzgeberische Ungleichbehandlung von Verbraucher- und Versicherungssachen aus der unterschiedlichen Praxisrelevanz ergibt: Da es sich bei Versicherungsverträgen um – einigermaßen gewichtige – Dauerschuldverhältnisse handle, die wohl nie mit Vertragspartnern aus Drittstaaten ohne Niederlassung im Binnenmarkt zustande kommen, bestehe in der Praxis kein Bedürfnis für einen Klägergerichtstand. Anders sei die Lage bei Verbraucherverträgen: Mit Blick auf den wachsenden Onlinehandel – auch mit drittstaatlichen Firmen – sei hier ein Klägergerichtsstand angezeigt.[131]

Unabhängig davon, dass Mankowski hinsichtlich der Entbehrlichkeit eines Klägergerichtsstands in Versicherungssachen zuzustimmen ist, dürfen leise Zweifel an der Sinnhaftigkeit des neu eingeführten Klägergerichtsstands für Verbraucher geäußert werden. Der Klägergerichtstand am Wohnsitz des Verbrauchers sichert zwar die Anwendung von zwingendem gemeinschaftsrechtlichem Verbraucherschutzrecht, wie es bereits das Grünbuch zur Reform der Brüssel I-Verordnung forderte.[132] Er setzt aber gerade die nicht nur typischerweise schwächere, sondern auch juristisch unerfahrenere Partei der Gefahr aus, sich einen nutzlosen Titel zu erstreiten.[133] Denn wenn deren Vertragspartner nicht über vollstreckungsfähiges Vermögen im Wohnsitzstaat des Klägers verfügt[134], wird sich das „Schutzversprechen" des Art. 18 I Var. 2 Brüssel Ia-VO als leer erweisen: Eine Anerkennung einer derartigen deutschen Entscheidung könnte sich vor den drittstaatlichen Gerichten als schwierig erweisen.[135] Domej weist daher richtig darauf hin, dass durch die Klagemöglichkeit am Ort der Niederlassung des Vertragspartners dem Verbraucher gem. Art. 17 II Brüssel Ia-VO schon recht gut gedient war.[136] Letztlich ist es die Sache des Klägers abzuwägen, ob Aussichten auf Vollstreckung bestehen.

V. Zwischenergebnis

Der oben skizzierte räumlich-persönliche Anwendungsbereich des Zuständigkeitssystems der Brüssel Ia-Verordnung entspricht – von einigen Änderungen vor allem im Bereich der Schutzgerichtstände und der ausschließlichen Gerichtsstände

---

[131] *Mankowski*, in: Rauscher, EuZPR/EuIPR, Art. 10 Brüssel Ia-VO Rn. 7a.

[132] Grünbuch zur Überprüfung der Verordnung (EG) Nr. 44/2001 des Rates über die gerichtliche Zuständigkeit und die Anerkennung und Vollstreckung von Entscheidungen in Zivil- und Handelssachen, KOM (2009), S. 175 endg., S. 3; vgl. auch *Domej*, RabelsZ 78 (2014), S. 508 (523).

[133] *Domej*, RabelsZ 78 (2014), S. 508 (523).

[134] *Mankowski*, in: Rauscher, EuZPR/EuIPR, Art. 10 Brüssel Ia-VO Rn. 7a, geht hiervon etwas zu optimistisch aus.

[135] *Domej*, RabelsZ 78 (2014), S. 508 (523 f.).

[136] *Domej*, RabelsZ 78 (2014), S. 508 (523 f.).

abgesehen – dem der Brüssel I-Verordnung bzw. dem des EuGVÜ: Die Zuständigkeitsordnung der Brüssel Ia-Verordnung findet dabei im Grundsatz Anwendung,
wenn der Beklagte seinen Wohnsitz in einem Mitgliedstaat hat.

VI. Universalisierung des Zuständigkeitssystems:
Der Kommissionsvorschlag KOM (2010) 748 endg.

Nachdem der EuGH durch seine *Owusu*-Entscheidung[137] klargestellt hatte, dass
Drittstaatensachverhalte grundsätzlich dem räumlich-persönlichen Anwendungsbereich des vergemeinschafteten Zuständigkeitsrechts unterfallen,[138] trat die Frage
nach einer vollständigen Erstreckung des Zuständigkeitsrechts auf alle Sachverhalte mit Auslandsbezug in den Mittelpunkt der Diskussion.

In dieser Hinsicht bemerkenswert war der Kommissionsentwurf vom 14.12.2010.[139]
Unter der Überschrift „Verbesserung der Funktionsweise der Verordnung im internationalen Rechtsverkehr" sprach sich die Kommission hier für die von der Literatur[140] geforderte Erstreckung der Zuständigkeitsordnung der Brüssel I-Verordnung
auf Drittstaatensachverhalte aus.[141] Hierzu sah der Verordnungsvorschlag die nachfolgenden Änderungen vor:

1. Allgemeine Vorschriften

Nach dem Entwurf sollten auch Beklagte ohne mitgliedstaatlichen Wohnsitz
nur noch nach den Vorschriften der Verordnung verklagt werden können. Die
Verordnung sollte insoweit in ein *loi uniforme* umgewandelt werden.[142] Zu diesem
Zweck sollte die damalige Entsprechung von Art. 6 Brüssel Ia-VO[143] ersatzlos ge-
strichen werden – inklusive des Verweises auf die exorbitanten Zuständigkeiten.
Hierdurch hätte man die autonomen Restzuständigkeiten vollständig beseitigt.[144]
Der neue – erweiterte – räumlich-persönliche Anwendungsbereich der Zuständig-
keitsordnung wäre durch eine Modifikation der Entsprechung des heutigen Art. 5 II

---

[137] Siehe oben S. 22 ff.; EuGH, Urteil vom 1.3.2005 – Rs. C-281/02 (*Owusu ./. Jackson* u. a.) = ECLI:EU:C:2005:120 = EuZW 2005, S. 345 (347).

[138] Siehe oben S. 22 ff.

[139] Vorschlag für eine Verordnung des Europäischen Parlaments und des Rates über die gerichtliche Zuständigkeit und die Anerkennung und Vollstreckung von Entscheidungen in Zivil
und Handelssachen, KOM (2010) 748 endg.

[140] Statt vieler: *Grolimund*, DSP, Rn. 741 ff.; *Nuyts*, Study on Residual Jurisdiction – General
Report, http://ec.europa.eu/civiljustice/news/docs/study_residual_jurisdiction_en.pdf, zuletzt
abgerufen am 1.7.2018.

[141] KOM (2010) 748 endg., S. 8.

[142] *Simotta*, in: FS Simotta, S. 527 (531).

[143] Art. 4 Brüssel I-VO, vgl. KOM (2010) 748 endg. S. 25.

[144] vgl. *Geimer*, in: FS Simotta, S. 163 (166); *Weitz*, in: FS Simotta, S. 679 (687).

Brüssel Ia-VO[145] dokumentiert worden: Der Entwurf stellte insoweit klar, dass sein Zuständigkeitsregime auch für Personen ohne mitgliedstaatlichen Wohnsitz abschließend ist.

2. Besondere Gerichtsstände

Gleichzeitig sollten (fast) alle besonderen Zuständigkeiten des Abschnitts 2 „universalisiert" werden. Zu diesem Zwecke sollte jeder Mitgliedstaatenbezug aus den Vorschriften entfernt werden. Die Entsprechung des deliktischen Gerichtstands aus Art. 7 Nr. 2 Brüssel Ia-VO[146] sollte beispielsweise wie folgt gefasst werden:[147]

„Folgende Gerichte sind zuständig:

[...]

2. wenn eine unerlaubte Handlung oder eine Handlung, die einer unerlaubten Handlung gleichgestellt ist, oder wenn Ansprüche aus einer solchen Handlung den Gegenstand des Verfahrens bilden, *das Gericht des Ortes*, an dem das schädigende Ereignis eingetreten ist oder einzutreten droht; [...]"[148]

Dass diese Änderungen keine positive Zuständigkeitszuweisung zugunsten drittstaatlicher Gerichte bewirkt hätten, ist angesichts des bereits mehrfach angesprochenen (EU-bezogenen) Territorialitätsprinzips klar:[149] Der Europäische Gesetzgeber kann drittstaatlichen Gerichten keine Zuständigkeit zuweisen. Sinn und Zweck der sprachlichen Änderung war es vielmehr, die streitgegenstandsbezogenen, besonderen Zuständigkeiten der Verordnung von der Notwendigkeit eines mitgliedstaatlichen Beklagtenwohnsitzes abzukoppeln:[150] Aufgrund dieser Modifikation hätte man nicht nur Beklagte mit mitgliedstaatlichem Wohnsitz an den besonderen Gerichtständen der Verordnung verklagen können. Bezogen auf den oben genannten Beispielsfall[151] wäre es auch möglich, den in Russland lebenden R wegen des von ihm in Deutschland schuldhaft verursachten Verkehrsunfalls vor deutschen Gerichten zu belangen. Auf diese Weise hätte man die räumlich-persönliche Anwendung der besonderen Gerichtsstände effektuiert.

Als „positiver Nebeneffekt" hätte die sprachlich offene Fassung der Zuständigkeitsnormen für den Bereich der Anerkennung und Vollstreckung drittstaatlicher

---

[145] Art. 3 Brüssel I-VO = Art. 4 Brüssel I-E, vgl. KOM (2010) 748 endg. S. 25.

[146] Art. 5 Nr. 2 Brüssel I-VO = Art. 5 Nr. 2 Brüssel I-E, vgl. KOM (2010) 748 endg. S. 25.

[147] Vgl. *Hess/Pfeiffer/Schlosser*, Heidelberg Report, S. 46 ff. Rn. 158 ff., insbesondere 161 und 163, die bereits 2007 jedenfalls eine Ausweitung der besonderen Gerichtsstände für sinnvoll erachteten.

[148] vgl. KOM (2010) 748 endg. S. 26; Hervorhebungen nicht im Original.

[149] Siehe oben S. 50 ff., 108 ff.; vgl. *Geimer*, in: FS Simotta, S. 163 (166).

[150] KOM (2010) 748 endg., S. 8 f.; vgl. auch *Weitz*, in: FS Simotta, S. 679 (685).

[151] Siehe oben S. 110.

Entscheidungen die Anwendung des anerkennungsrechtlichen Spiegelbildprinzips erleichtert.[152]

3. Neue Zuständigkeiten für Drittstaatensachverhalte

Gewissermaßen als Kompensation[153] für den Verlust der (exorbitanten) nationalen Zuständigkeiten, sah der Kommissionsvorschlag die Schaffung von zwei neuen Gerichtsständen vor, einer subsidiären Zuständigkeit (dazu a)) und einer Notzuständigkeit (dazu b)).[154] Wie die wegfallenden autonomen Restzuständigkeiten, wären auch diese neuen Zuständigkeiten nicht gegenüber Beklagten mit mitgliedstaatlichem Wohnsitz anwendbar gewesen, vgl. Art. 4 Brüssel I-E.

a) Die subsidiäre Zuständigkeit nach Art. 25 Brüssel I-E

Bei der subsidiären Zuständigkeit des Art. 25 Brüssel I-E handelte es sich um einen Vermögensgerichtsstand: Die Vorschrift lautete:

> Soweit sich aus den Artikeln 2 bis 24 keine Zuständigkeit eines mitgliedstaatlichen Gerichts ergibt, sind die Gerichte des Mitgliedstaats zuständig, in dem sich Vermögen des Beklagten befindet, sofern
>
> a) der Wert des Vermögens nicht in einem unangemessenen Verhältnis zur Höhe der Forderung steht und
>
> b) die Streitigkeit einen ausreichenden Bezug zu dem Mitgliedstaat des angerufenen Gerichts aufweist.

Auf den ersten Blick erstaunt die europäische „Renaissance des Vermögensgerichtsstands"[155]. Denn seine deutsche Ausformung in § 23 ZPO ist als vermeintlich exorbitante, anknüpfungsschwache Internationale Zuständigkeit jedenfalls grundsätzlich international verpönt (dazu aa).[156] Bei näherem Blick wird aber deutlich, dass der Vermögensgerichtsstand – richtig ausgestaltet – eine nahezu ideale subsidiäre Zuständigkeit darstellt (dazu bb).

---

[152] Siehe oben S. 108 f.

[153] KOM (2010) 748 endg., S. 9; *Nuyts*, Study on Residual Jurisdiction – General Report, S. 64 Rn. 83 ff., http://ec.europa.eu/civiljustice/news/docs/study_residual_jurisdiction_en.pdf, zuletzt abgerufen am 1.7.2018; vgl. auch *Weber*, RabelsZ 75 (2011), S. 619 (637 ff.).

[154] KOM (2010) 748 endg., S. 9.

[155] *Geimer*, in: FS Simotta, S. 163 (167); umfassend *Wolf*, in: FS Simotta, S. 717 (passim).

[156] Ausführlich *Schack*, IZVR, Rn. 366 ff.; *Wolf*, in: FS Simotta, S. 717 (717 f.); vgl. sogar BGH, Urteil vom 30.9.1964 – Az. VIII ZR 195/61 = NJW 1964 S. 2350 (2352).

aa) Der deutsche Vermögensgerichtstand, § 23 ZPO

Als Grund für den schlechten Ruf des deutschen Vermögensgerichtsstand (§ 23 ZPO) kann die extensive Nutzung und Auslegung der Vorschrift durch die deutsche Rechtsprechung erblickt werden:[157] Während in der Vergangenheit bereits *geringste* Vermögenswerte für eine Zuständigkeitsbegründung ausreichten – etwa vier zurückgelassene Obstkörbe im Wert von 2 Kronen für eine Klage über 3611,99 Kronen[158] – schränkt die deutsche Rechtsprechung die Reichweite des § 23 ZPO aber heute unter zwei Gesichtspunkten ein:

(1.) Zum einen setzt die jüngere Rechtsprechung eine scheinbare Wertgrenze: Danach ist ein Vermögenswert jedenfalls dann nicht mehr gerichtsstandsbegründend, wenn (offensichtlich) feststeht, dass bei Vollstreckung in diesen Vermögenswert nicht einmal die Vollstreckungskosten bedient werden können.[159] Diese Grenze kann eine Zuständigkeitsbegründung aber allenfalls bei offensichtlich wertlosen Vermögensgegenständen verhindern. Eine dezidierte Prüfung, ob der Betrag zur (weitgehenden) Befriedigung des Gläubigers genügt, kann im Erkenntnisverfahren jedenfalls nicht sinnvoll stattfinden. Folglich genügen zur Begründung des Vermögensgerichtstands noch immer geringe Vermögenswerte im Inland.[160]

(2.) Seit einiger Zeit fordert der BGH allerdings neben der inländischen Vermögensbelegenheit als ungeschriebenes Tatbestandsmerkmal[161] einen „hinreichenden Inlandsbezug des Rechtsstreits".[162] Wann dieser hinreichende Inlandsbezug zu bejahen ist, wurde von der deutschen Rechtsprechung nie vollends klar umrissen.[163] Der von Wolf vorgenommene Versuch einer Kategorisierung[164] ist angesichts der Bandbreite der Anknüpfungspunkte ehrenhaft, kommt aber mangels Trennschärfe kaum zu belastbaren Ergebnissen. Am ehesten kann man noch die Anknüpfungspunkte aussortieren, die in der Person einer Partei begründet sind. Zu denken ist hier insbesondere an einen inländischen Wohnsitz oder einen gewöhnlichen Auf-

---

[157] *Wolf*, in: FS Simotta, S. 717 (717 f.); vgl. auch *Nuyts*, Study on Residual Jurisdiction – General Report, S. 138 Rn. 175 ff., http://ec.europa.eu/civiljustice/news/docs/study_residual_jurisdiction_en.pdf, zuletzt abgerufen am 1.7.2018: […] it would probably be unsuitable to create a „German-style" property jurisdiction […].

[158] RG, Urteil vom 19.1.1911 – Az. Rep. VII 583/10 = RGZ 75, 147 = JurionRS 1911, 10018 Rn. 1 und 7.

[159] BGH, Beschluss vom 22.9.2005 – AZ. IX ZR 1/05 = BeckRS 2005, 11442; vgl. auch BGH, Beschluss vom 28.10.1996 – Az. X ARZ 1071/96 = NJW 1997, 325 (326).

[160] BGH, Urteil vom 12.11.1990 – Az. II ZR 249/89 = NJW-RR 1991, 423 (425) m. w. N.; vgl. auch *Toussaint*, in: BeckOK-ZPO, § 23 Rn. 6; *Patzina*, in: MüKo-ZPO, § 23 ZPO Rn. 16; *Wolf*, in: FS Simotta, S. 717 (717 f.).

[161] *Wolf*, in: FS Simotta, S. 717 (717); ausführlich *Fricke*, NJW 1992, S. 3066 (*passim*).

[162] BGH, Urteil vom 2.7.1991 – Az. XI ZR 206/90 = NJW 1991, 3092.

[163] *Wolf*, in: FS Simotta, S. 717 (718); *Bidell*, Erstreckung auf Drittstaatensachverhalte, S. 111.

[164] *Wolf*, in: FS Simotta, S. 717 (718); vgl. auch die umfangreiche Darstellung von *Bidell*, Erstreckung auf Drittstaatensachverhalte, S. 110 ff.

enthalt.[165] Ebenfalls zu dieser Kategorie gehört wohl die Staatsangehörigkeit des Klägers.[166] Ansonsten besteht ein heilloses Durcheinander unterschiedlicher – tendenziell „streitbezogener" Anknüpfungspunkte. So kann ein hinreichender Inlandsbezug auch daraus resultieren, dass die streitige Rechtsbeziehung Ihren Ausgangspunkt im Inland hatte[167] oder deutsches Recht zur Anwendung kommt.[168]

Eine Kategorisierung ist nach hier vertretener Auffassung aber ohnehin entbehrlich. Als der BGH das ungeschriebene Tatbestandsmerkmal des „hinreichenden Inlandsbezugs" geschaffen hat, ging es darum den deutschen Vermögensgerichtsstand völkerrechtskonform(er) auszugestalten.[169] Das Völkerrecht fordert aber gerade nur einen „genuine link" – einen Minimalkontakt.[170] Will man über die reine Vermögensbelegenheit, die bei genauer Betrachtung bereits einen Minimalkontakt darstellt, überhaupt einen weiteren Inlandsbezug verlangen, so kann dieser nicht hohen Anforderungen unterworfen werden.

bb) Die europäische Renaissance des Vermögensgerichtsstands

Dass die Kommission sich gleichwohl gerade für einen Vermögensgerichtsstand als subsidiären Gerichtsstand eingesetzt hat, hat gute Gründe: Vermögensgerichtsstände sind in vielen Mitgliedstaaten bekannt[171]. Unter den exorbitanten Gerichtsständen gelten sie – im Gegensatz beispielsweise zu den Zuständigkeiten, die an die Staatsangehörigkeit des Klägers anknüpfen – als dem Grunde nach tolerierbar.[172] Denn bei der Vermögensbelegenheit handelt es sich um einen objektiven Anknüpfungspunkt. Geimer vertritt sogar die Ansicht, dass diese Zuständigkeit überhaupt nicht exorbitant sei.[173] Sie hat überdies einen großen praktischen

---

[165] BGH, Urteil vom 2.7.1991 – Az. XI ZR 206/90 = NJW 1991, 3092 (3094).

[166] Kritisch hierzu: *Wolf*, in: FS Simotta, S. 717 (720).

[167] Exemplarisch OLG Rostock, Urteil vom 11.11.1999 – Az. 1 U 31/98 = ECLI:DEOLGROST:1999:1111:1U31.98.0A – juris, Rn. 46; vgl. auch *Wolf*, in: FS Simotta, S. 717 (720) m. w. N.

[168] Vgl. *Wolf*, in: FS Simotta, S. 717 (720) m. w. N.

[169] *Wolf*, in: FS Simotta, S. 717 (717); *Fricke*, NJW 1992, S. 3066 (3067).

[170] Siehe oben S. 22.

[171] Nach *Nuyts*, Study on Residual Jurisdiction – General Report, S. 62 Rn. 80, http:// ec.europa.eu/civiljustice/news/docs/study_residual_jurisdiction_en.pdf, zuletzt abgerufen am 1.7.2018, kennen insgesamt 14 Mitgliedstaaten Vermögensgerichtsstände. Eine - freilich nicht mehr ganz aktuelle – Auflistung auch außereuropäischer Staaten, die über einen Vermögensgerichtstand verfügen, liefert *Schack*, ZZP 97 (1984) S. 46 (50 ff.).

[172] *Nuyts*, Study on Residual Jurisdiction – General Report, S. 136 Rn. 175 ff., http://ec.europa. eu/civiljustice/news/docs/study_residual_jurisdiction_en.pdf, zuletzt abgerufen am 1.7.2018; vgl. auch *Schack*, ZZP 97 (1984) S. 46 (50 ff.).

[173] *Geimer*, IZPR, Rn. 1356 f.: „Der Zuständigkeitsbezug des § 23 ZPO ist [...] legitim und trifft in den meisten Fällen den Nagel auf den Kopf: Wer Vermögen im Inland erwirbt bzw. besitzt, zeigt eine *Affinität zu Deutschland*. Diese reicht aus, um die Gerichtspflichtigkeit des Vermögensinhabers vor deutschen Gerichten zu begründen. [...] Wem dies „exorbitant" erscheint, kann sein Vermögen ins Ausland transferieren. Wer aber in Deutschland investiert

Vorteil: Dort wo Vermögen ist, kann vollstreckt werden. Mit Blick auf die Parteiinteressen (Justizgewährung) ist gerade das interessant. Das gilt insbesondere für
die Fälle, in denen eine im Ausland erstrittene Entscheidung im Inland nicht anerkannt und vollstreckt werden kann. Hier erhält der Kläger die Möglichkeit auf
Inlandsvermögen des ausländischen Beklagten zuzugreifen, was ihm sonst vorenthalten wäre.

Eben vor diesem Hintergrund würde sich ein Vermögensgerichtstand als vergemeinschafteter „pseudo"-exorbitanter Gerichtsstand gut in das Zuständigkeitssystem der Brüssel Ia-Verordnung einfügen: Überall dort „wo die Vollstreckung
gesichert ist" – also im Verhältnis der Mitgliedstaaten untereinander – „kann [bzw.
muss, vgl. Art. 4 und Art. 25 a. A. Brüssel I-E ,] auf den Gerichtsstand des Vermögens verzichtet werden".[174] In Fällen, in denen die Vollstreckung aber gerade
nicht gesichert ist – also im Verhältnis zu Drittstaaten – würde mit dem Vermögensgerichtsstand ein anknüpfungsschwächerer Gerichtsstand zur Verhinderung
von Rechtsschutzlücken bereit gehalten.[175]

Einen vergleichbaren Zweck erfüllt in der Unterhaltsverordnung die in Art. 6
EuUntVO geregelte Auffangzuständigkeit. Als Anknüpfungspunkt wird hier allerdings nicht die Inlandsbelegenheit von Vermögen festgelegt, sondern die gemeinsame Staatsangehörigkeit der Parteien. Mit Blick auf den Sinn und Zweck
der Unterhaltsverordnung (Erwägungsgründe) und angesichts des Umstands, dass
Art. 6 EuUntVO keinen Wahlgerichtstand begründet, ist diese Anknüpfung ebenso
wenig verwerflich, wie der Vermögensgerichtsstand der Brüssel Ia-VO.[176]

b) Die Notzuständigkeit nach Art. 26 Brüssel I-E

Darüber hinaus sah der Kommissionsentwurf in Art. 26 Brüssel I-E eine Notzuständigkeit (*forum necessitatis*) vor.

Wie die Bezeichnung es vermuten lässt, hat eine Notzuständigkeit den Sinn,
ein inländisches Forum zu eröffnen, wenn ansonsten vollständige Rechtsschutz-
verweigerung droht, vgl. auch Art. 26 a. A. Brüssel I-E.[177] Die Pflicht zur Justizgewährung – als Ausfluss des Justizgewährungsanspruchs – ergibt sich aus Art. 6 I

---

und die Vorteile des deutschen Wirtschaftssystems genießt, soll sich nicht wundern, dass
seine Gläubiger die Haftung des inländischen Vermögens für alle Verbindlichkeiten – wo
auch immer sie entstanden sein und wie auch immer sie lokalisiert sein mögen – ohne lange
Umschweife mit Hilfe der deutschen Gerichten durchsetzen können. Er kann sich nicht hinter
dem Satz actor sequitur forum rei verschanzen. Auch zuständigkeitsrechtlich gibt es keine
splendid isolation." Vgl. auch *Geimer*, JZ 1984, S. 979.

[174] *Wolf*, in: FS Simotta, S. 717 (728).
[175] *Wolf*, in: FS Simotta, S. 717 (728).
[176] *Lipp*, in: MüKo-FamFG, Art. 6 EuUntVO Rn. 3.
[177] *Geimer*, IZPR, Rn. 1024 ff.

EMRK und Art. 47 II GRCh;[178] für die Justizgewährung durch deutsche Gerichte zudem aus Art. 20 III GG.[179]

Notzuständigkeiten sind in vielen Mitgliedstaaten bekannt.[180] In Betracht kommen hierfür abstrakt zwei Konstellationen:

(1.) Rechtschutzverweigerung droht im Falle eines negativen Kompetenzkonflikts

(2.) Rechtschutzverweigerung im Inland droht überdies, wenn zwar eine ausländische Entscheidung vorliegt, diese Entscheidung aber im Inland nicht anerkannt und vollstreckt werden kann – etwa mangels verbürgter Gegenseitigkeit oder eines Verstoßes gegen den *ordre public*.[181]

Der letztlich nicht umgesetzte Entwurf der Kommission berücksichtigte beide Konstellationen. Er lautete:

> Ergibt sich aus dieser Verordnung keine Zuständigkeit eines mitgliedstaatlichen Gerichts, so kann die Streitigkeit in Ausnahmefällen vor den Gerichten eines Mitgliedstaats verhandelt werden, wenn dies erforderlich ist, um das Recht auf ein faires Verfahren oder das Recht auf gerichtlichen Rechtsschutz zu gewährleisten, vor allem
>
> a) wenn es nicht zumutbar ist oder es sich als unmöglich erweist, ein Verfahren in einem Drittstaat, zu dem die Streitigkeit einen engen Bezug aufweist, einzuleiten oder zu führen, oder
>
> b) wenn eine in einem Drittstaat über die Streitigkeit ergangene Entscheidung in dem Mitgliedstaat nicht anerkannt und vollstreckt werden könnte, in dem das Gericht nach innerstaatlichem Recht befasst wurde, und eine Anerkennung und Vollstreckung für die Durchsetzung der Rechte des Klägers notwendig wären
>
> und die Streitigkeit einen ausreichenden Bezug zu dem Mitgliedstaat des angerufenen Gerichts aufweist.

VII. Stellungnahme und Vorschlag

Dass der Kommissionsentwurf vom 14.12.2010 nicht in Kraft getreten ist, stellt einen bedauerlichen Rückschlag dar. Durch den Wegfall der autonomen Restzuständigkeiten hätte sich der Streit um die Diskriminierung von Beklagten mit Drittstaatenwohnsitz wegen exorbitanter mitgliedstaatlicher Zuständigkeit deutlich entschärft. Zwar wäre mit Art. 25 Brüssel I-E ein vergemeinschafteter potentiell exorbitanter (Vermögens-)Gerichtsstand geschaffen worden. Dieser wäre aber –

---

[178] *Geimer*, IZPR, Rn. 1035; ausführlich *Bidell*, Erstreckung auf Drittstaatensachverhalte, S. 168 ff.

[179] *Pfeiffer*, Internationale Zuständigkeit, S. 337 ff.

[180] *Nuyts*, Study on Residual Jurisdiction – General Report, S. 136 Rn. 175 ff., http:// ec.europa.eu/civiljustice/news/docs/study_residual_jurisdiction_en.pdf, zuletzt abgerufen am 1.7.2018.

[181] *Geimer*, IZPR, Rn. 1029.

anders als beispielsweise der personenbezogene, exorbitante Klägergerichtsstand des Art. 14 CC immerhin nicht vollends von der Person des Beklagten losgelöst gewesen und hätte einen hinreichenden Minimalkontakt aufgewiesen. Überdies hätte dieser eine „exorbitante" Gerichtsstand die Vielzahl autonomer exorbitanter Gerichtsstände abgelöst und hätte damit auch für betroffene Drittstaatenbeklagte einen Gewinn an Rechtsklarheit und Rechtssicherheit dargestellt.

Auch die sprachliche Ausweitung der besonderen Gerichtsstände hätte sich positiv ausgewirkt. Sie hätte zwar keine drittstaatliche Zuständigkeit positiv begründen können; eine solche Festlegung wäre völkerrechtswidrig. Die Ausweitung der besonderen Zuständigkeit hätte aber bewirkt, dass ein Beklagter ohne Wohnsitz in der EU trotzdem in der EU hätte verklagt werden können. Ferner hätte sich die sprachlich offene Gestaltung auch im Bereich der Anerkennung bewähren können.

De lege ferenda sollte daher der Ansatz der Kommission vollumfänglich wiederaufgegriffen werden.

C. Das Anerkennungs- und Vollstreckungssystem der Brüssel Ia-Verordnung

Die Brüssel Ia-Verordnung regelt ausschließlich die Anerkennung und Vollstreckung von mitgliedstaatlichen Entscheidungen in Zivil- und Handelssachen.[182] Hierfür hält sie besondere Regelungen bereit, die die jeweiligen ausländischen Entscheidungen in die eigene Rechtsordnung des Anerkennungs- bzw. Vollstreckungsstaats integrieren.

Als große Neuerung gegenüber der alten Rechtslage verzichtet die Brüssel Ia-Verordnung dabei aber auf Integrationsrechtsakte im Anerkennungs- bzw. Vollstreckungsstaat. „Der ausländische Titel wird dem Grundsatz nach ohne vorgängige Kontrolle auf Anerkenntnishindernisse einem inländischen Titel gleichgestellt."[183] Die Brüssel Ia-Verordnung verwirklicht insoweit das „Herkunftslandprinzip"[184] (dazu I.).

Regelungen über die Anerkennung und Vollstreckung von Entscheidungen aus Drittstaaten findet man dagegen in der Brüssel Ia-Verordnung ebenso wenig, wie in der Brüssel I-Verordnung[185] oder dem EuGVÜ[186]. Eine Vereinheitlichung des Anerkennungs- und Vollstreckungsrechts war insoweit – anders als die Vereinheitlichung des Zuständigkeitsrechts – auch nicht Gegenstand des Kommissions-

---

[182] Vgl. *Bonomi*, IPRax 2017, S. 184 (191).
[183] *Hess*, EuZPR, § 3 Rn. 22; vgl. auch *Adolphsen*, EuZVR, Kap. 6 Rn. 1; *ders.*, ZJS 2012, S. 579 (582); *Domej*, RabelsZ 78 (2014), S. 508 (512 f.).
[184] *Hess*, EuZPR, § 3 Rn. 22; vgl. auch *Kaufhold*, EuR 2012, S. 408 (430).
[185] *Geimer*, in: Geimer/Schütze, EuZVR, Einl. EuGVVO Rn. 240.
[186] *Grolimund*, DSP, Rn. 60, 93; *Coester-Waltjen*, in: FS Nakamura, S. 89 (97 f.).

vorschlags zur Neufassung der Brüssel I-Verordnung.[187] Geht es um die Anerkennung und Vollstreckung drittstaatlicher Entscheidungen, kommt vielmehr das jeweilige nationale Recht des Anerkennungs- bzw. Vollstreckungsstaats zur Anwendung, in Deutschland also die Vorschriften der ZPO (dazu II.).[188]

Genau hier liegt aber das Problem: Die autonomen Vorschriften der Mitgliedstaaten unterscheiden sich im Bereich der Anerkennung und Vollstreckung drittstaatlicher Entscheidungen sehr. Einige Mitgliedstaaten – wie zum Beispiel Finnland[189] und bis vor kurzem auch Österreich[190] – verweigern eine Anerkennung und Vollstreckung drittstaatlicher Entscheidungen, sofern sie nicht durch eine völkerrechtliche Vereinbarung dazu verpflichtet sind. Andere Mitgliedstaaten halten Regelungen bereit, die im Wesentlichen denen der Brüssel Ia-Verordnung entsprechen. Hierzu gehören neben Deutschland beispielsweise Belgien, Frankreich und Italien.[191]

Doch selbst die mitgliedstaatlichen Rechtsordnungen, die eine Anerkennung und Vollstreckung drittstaatlicher Entscheidungen grundsätzlich zulassen, normieren hierfür unterschiedliche Voraussetzungen: Allein das in vielen Mitgliedstaaten bekannte Anerkennungskriterium „Verbürgung der Gegenseitigkeit"[192] gibt es schon in verschiedenen autonomen Ausprägungen: Während einige Staaten eine bilaterale staatsvertragliche Verbürgung der Gegenseitigkeit fordern[193], gibt es andere Staaten, denen die einseitige administrative oder gesetzliche Verbürgung der Gegenseitigkeit durch einen Drittstaat genügt.[194] In Deutschland muss die Gegenseitigkeit nach § 328 I Nr. 5 ZPO nur tatsächlich[195] bzw. materiell[196] verbürgt sein. Nach der Rechtsprechung des BGH ist dies der Fall, wenn der ausländische Staat in seiner „Anerkennungspraxis bei einer Gesamtwürdigung im Wesentlichen gleichwertige Bedingungen für die Vollstreckung eines ausländischen Urteils gleicher Art"[197] schafft. Doch auch diese Definition birgt Probleme: Denn das Vorliegen

---

[187] Vorschlag für eine Verordnung des Europäischen Parlaments und des Rates über die gerichtliche Zuständigkeit und die Anerkennung und Vollstreckung von Entscheidungen in Zivil und Handelssachen, KOM (2010) 748 endg.; vgl. auch *Geimer*, in: FS Simotta, S. 163 (164).

[188] Vgl. *Bonomi*, IPRax 2017, S. 184 (190 ff.).

[189] *Borrás*, Yearbook of Private International Law Volume 12 (2010), S. 333 (345 Rn. 16); *Lappalainen*, in: Recognition an Enforcement of Foreign Judgments, S. 169 (175 Rn. 21); vgl. auch *Hartmann*, in: Baumbach, Anh. § 328 Rn. 6.

[190] § 79 II EO lautete bis zum 31.12.2016: „Akte und Urkunden sind für vollstreckbar zu erklären, wenn die Akte und Urkunden nach den Bestimmungen des Staates, in dem sie errichtet wurden, vollstreckbar sind und die Gegenseitigkeit durch Staatsverträge oder durch Verordnungen verbürgt ist." Vgl. *Laugwitz*, Anerkennung und Vollstreckung, S. 298.

[191] *Borrás*, Yearbook of Private International Law Volume 12 (2010), S. 333 (345 Rn. 16); vgl. *Fallon/Kruger*, Yearbook of Private International Law, Volume 14 (2012/2013), S. 1 (23).

[192] Siehe oben S. 41 ff.

[193] Vgl. *Laugwitz*, Anerkennung und Vollstreckung, S. 298 ff.

[194] Vgl. *Schütze*, in: Geimer/Schütze, EuZVR, Nationale Rechte (E.1) Rn. 72 ff.; 87 ff.

[195] Vgl. *Schütze*, in: Geimer/Schütze, EuZVR, Nationale Rechte (E.1) Rn. 71.

[196] *Gottwald*, in: MüKo-ZPO, § 328 ZPO Rn. 131.

[197] BGH, Urteil vom 24.10.2000 – Az. XI ZR 300/99 = NJW 2001, S. 524 (525).

einer „Anerkennungspraxis" meint im Grundsatz das Vorhandensein einschlägiger ausländischer Rechtsprechung, aus der sich die Wirkungserstreckung deutscher Urteile im jeweiligen Ausland ergibt.[198] Solche drittstaatlichen Entscheidungen sind aber selten oder für den deutschen Richter jedenfalls nur schwer zugänglich.[199] Wenn es sie gibt, betreffen sie oftmals nur einzelne Urteilsgattungen (Versäumnisurteile, Leistungsurteile usw.), so dass sie nur eine partielle Verbürgung der Gegenseitigkeit begründen können.[200] Die umfangreichen, sich teilweise widersprechenden Länderübersichten der einschlägigen Kommentarliteratur[201] mit Angaben zur Verbürgung der Gegenseitigkeit zeigen, wie schwierig eine Prüfung dieses Anerkennungsgrundes ist. In der Praxis muss daher häufig auf Rechtsgutachten zurückgegriffen werden.[202] Insbesondere bei Gerichten, die damit die eigene Entscheidung zu einem gewissen Grad delegieren, ist dies bedenklich.

Nimmt man schließlich in den Blick, dass internationale Verfahren – insbesondere solche mit Drittstaatenbezug – selten sind, bedeutet die derzeitige Rechtslage einen verhältnismäßig hohen Aufwand für eine kleine Zahl von Fällen: So haben deutsche Amtsgerichte 2017 insgesamt nur 1188 Anträge auf Vollstreckbarerklärung ausländischer Entscheidungen bearbeitet. Das entspricht gerundet etwa 0,1 % der insgesamt 952.413 amtsgerichtlichen Verfahren.[203] Bei den Landgerichten wurden 1014 Anträge gestellt, was immerhin 0,3 % der insgesamt 308.026 erledigten Verfahren ausmacht.[204] Addiert man amtsgerichtliche und land-

---

[198] Vgl. *Schütze*, in: Geimer/Schütze, EuZVR, Nationale Rechte (E.1) Rn. 83 ff.

[199] *Schütze*, in: Geimer/Schütze, EuZVR, Nationale Rechte (E.1) Rn. 84; *Schack*, IZVR, Rn. 968.

[200] *Schütze*, in: Geimer/Schütze, EuZVR, Nationale Rechte (E.1) Rn. 84, 94 ff.

[201] Vgl. nur *Schütze*, in: Geimer/Schütze, EuZVR, Nationale Rechte (E.1) Rn. 125 ff.; *Gottwald*, in: MüKo-ZPO, § 328 ZPO Rn. 135 ff.; *Hartmann*, in: Baumbach, Anh. § 328 Rn. 1 ff.

[202] *Schütze*, in: Geimer/Schütze, EuZVR, Nationale Rechte (E.1) Rn. 92 f.; *Schack*, IZVR, Rn. 968.

[203] Statistisches Bundesamt (Destatis), Rechtspflege 2017: Zivilgerichte, Fachserie 10, Reihe 2.1, S. 18 und 22, https://www.statistischebibliothek.de/mir/servlets/MCRFileNodeServlet/DEHeft_derivate_00037883/2100210177004.pdf, abgerufen am 1.5.2020. Der Anteil der Anträge auf Vollstreckbarerklärung ausländischer Entscheidungen bezogen auf die insgesamt erledigten amtsgerichtlichen Verfahren ist seit einigen Jahren konstant. 2018 waren es 1209 von insgesamt 923.179 (≈ 0,1 %), vgl. Statistisches Bundesamt (Destatis), Rechtspflege 2018: Zivilgerichte, Fachserie 10, Reihe 2.1, S. 18 und 22, https://www.statistischebibliothek.de/mir/servlets/MCRFileNodeServlet/DEHeft_derivate_00054622/2100210187004.pdf, abgerufen am 1.5.2020.

[204] Statistisches Bundesamt (Destatis), Rechtspflege 2017: Zivilgerichte, Fachserie 10, Reihe 2.1, S. 48 und 52, https://www.statistischebibliothek.de/mir/servlets/MCRFileNodeServlet/DEHeft_derivate_00037883/2100210177004.pdf, abgerufen am 1.5.2020. Der Anteil der Anträge auf Vollstreckbarerklärung ausländischer Entscheidungen bezogen auf die insgesamt erledigten landgerichtlichen Verfahren ist seit einigen Jahren konstant. 2018 waren es 863 von insgesamt 303.993 (≈ 0,3 %), vgl. Statistisches Bundesamt (Destatis), Rechtspflege 2018: Zivilgerichte, Fachserie 10, Reihe 2.1, S. 48 und 52, https://www.statistischebibliothek.de/mir/servlets/MCRFileNodeServlet/DEHeft_derivate_00054622/2100210187004.pdf, abgerufen am 1.5.2020.

gerichtliche Exequaturverfahren und setzt man diese 2202 Fälle mit der Anzahl der rund 165 (außereuropäischen) Staaten dieser Welt ins Verhältnis, so ergibt dies sehr überschaubare 13,35 Verfahren pro Staat. Dieser rein rechnerische Wert berücksichtigt indes nicht die Bedeutung der jeweiligen Staaten im internationalen Rechtsverkehr. Es ist anzunehmen, dass für Entscheidungen aus drittstaatlichen Industrienationen – etwa der USA und Japan – sowie aus bedeutenden Schwellenländern – etwa China, Brasilien und Indien – häufiger eine Vollstreckbarerklärung verlangt wird, als beispielweise für Entscheidungen aus Nauru oder Togo. Ein berechtigtes Interesse der Parteien an einer Anerkennung und Vollstreckung auch solch „exotischer" Entscheidungen ist im Grundsatz gleichwohl gegeben. Der Aufwand, der nach derzeit geltendem Recht hierfür jedoch betrieben werden muss – wenn er angesichts fehlender ausländischer Entscheidungen überhaupt betrieben werden kann – ist allein in Deutschland schon enorm.

Geht man nun davon aus, dass in den – im Vergleich zur Bundesrepublik im Regelfall bevölkerungsschwächeren – Mitgliedstaaten jedenfalls für keine größere Zahl von drittstaatlichen Entscheidungen eine Vollstreckbarerklärung beantragt wird, und berücksichtigt man, dass praktisch jeder Mitgliedstaat ein anderes Regelungsset für jeden Staat bereithalten muss, ist das Gesamtbild in der Europäischen Union desaströs: Durch das Fehlen harmonisierter Regelungen im Bereich der Anerkennung und Vollstreckung drittstaatlicher Entscheidungen genießen Unionsbürger in Abhängigkeit von ihrem Wohnsitz unterschiedlichen Rechtschutz:[205] Ein und dieselbe drittstaatliche Entscheidung kann in dem einen Mitgliedstaat anerkannt und vollstreckt werden – in einem anderen Mitgliedstaat dagegen nicht. Dies betrifft nicht nur solche Unionsbürger, die bereit sind, in Drittstaaten zu klagen und ein Interesse an einer Anerkennung und Vollstreckung der jeweiligen Entscheidungen in der Union haben. Es betrifft auch in Drittstaaten verklagte Unionsbürger, die nicht ohne weiteres absehen können, ob die drittstaatlichen Entscheidungen in der Union anerkannt und vollstreckt werden können und deswegen nicht wissen, in wie weit sie sich im Ausland verteidigen sollten oder nicht.

All das streitet für eine Universalisierung der Vorschriften über die Anerkennung und Vollstreckung drittstaatlicher Entscheidungen (dazu III.).

---

[205] Vgl. bereits *Basedow*, in: FS Lorenz, S. 463 (470 ff.).

I. Anerkennung und Vollstreckung mitgliedstaatlicher Entscheidungen nach der Brüssel Ia-Verordnung

1. Überblick

Wie bereits das EuGVÜ[206] und die Brüssel I-Verordnung[207] regelt auch die Brüssel Ia-Verordnung ausschließlich die gegenseitige Anerkennung (Art. 36 ff. Brüssel Ia-VO) und Vollstreckung (Art. 39 ff. Brüssel Ia-VO) von Entscheidungen in Zivilsachen zwischen den Mitgliedstaaten, unabhängig von ihrer Bezeichnung als Urteil, Beschluss, einstweilige Maßnahme usw. (Art. 2 lit. a Brüssel Ia-VO).[208]

Weitere Anknüpfungspunkte werden nicht vorausgesetzt. Damit ist der räumlich-persönliche Anwendungsbereich der Anerkennungs- und Vollstreckungsvorschriften größer als der der Internationalen Zuständigkeit. Denn anerkannt und vollstreckt wird nach den Regelungen der Brüssel Ia-Verordnung jede mitgliedstaatliche Gerichtsentscheidung i. S. v. Art. 2 lit. a Brüssel Ia-VO. Dabei kommt es nicht darauf an, dass das Gericht nach der Zuständigkeitsordnung der Brüssel Ia-Verordnung zuständig war. Auch eine aufgrund einer nationalen Restzuständigkeit ergangene Entscheidung wird nach den Vorschriften der Brüssel Ia-Verordnung anerkannt und vollstreckt.[209] Es gilt also: Jede mitgliedstaatliche Entscheidung wird so behandelt, als handle es sich um eine nationale Entscheidung des Anerkennungs- bzw. Vollstreckungsstaats. Erwägungsgrund (26) der Brüssel Ia-VO fasst die Zusammenhänge anschaulich zusammen:

„Das gegenseitige Vertrauen in die Rechtspflege innerhalb der Union rechtfertigt den Grundsatz, dass eine in einem Mitgliedstaat ergangene Entscheidung in allen Mitgliedstaaten anerkannt wird, ohne dass es hierfür eines besonderen Verfahrens bedarf. Außerdem rechtfertigt die angestrebte Reduzierung des Zeit- und Kostenaufwands bei grenzüberschreitenden Rechtsstreitigkeiten die Abschaffung der Vollstreckbarerklärung, die der Vollstreckung im ersuchten Mitgliedstaat bisher vorausgehen musste. Eine von den Gerichten eines Mitgliedstaats erlassene Entscheidung sollte daher so behandelt werden, als sei sie im ersuchten Mitgliedstaat ergangen."

Bestimmt wird das System von Anerkennung und Vollstreckung in der Brüssel Ia-Verordnung vom Grundsatz des gegenseitigen Vertrauens.[210] Dieses ist denklogische Voraussetzung für die gegenseitige Anerkennung von Entscheidungen unter den Mitgliedstaaten:[211] Der Europäische Gesetzgeber geht davon aus, dass „die Mitgliedstaaten und ihre nationalen Rechtspflegeorgane wechselseitig darauf vertrauen, dass ihre Rechtsordnungen gleichwertig sind und von den mitgliedstaatlichen Gerichten sachgerecht und vor allem grundrechtsgemäß ange-

---

[206] *Grolimund*, DSP, Rn. 60, 93; *Coester-Waltjen*, in: FS Nakamura, S. 89 (97 f.).
[207] *Geimer*, in: Geimer/Schütze, EuZVR, Einl. EuGVVO Rn. 240.
[208] Vgl. *Junker*, IZPR, § 28 Rn. 6 ff.
[209] Vgl. EG (27) Brüssel Ia-VO; *Gottwald*, in: MüKo-ZPO, Art. 36 Brüssel Ia-VO, Rn. 2.
[210] Hierzu ausführlich *Kaufhold*, EuR 2012, S. 408 (408 ff.).
[211] Vgl. *Kaufhold*, EuR 2012, S. 408 (408).

wendet werden".[212] Das gegenseitige Vertrauen stellt damit gewissermaßen eine Kompensation für den Kontrollverzicht dar, den die Mitgliedstaaten dadurch erleiden, dass sie fremde Entscheidungen „unkontrolliert" in ihrem Hoheitsgebiet wirken lassen.[213]

2. Allgemeine Funktionsweise

Dementsprechend liberal ist das System der Anerkennung (dazu a)) und Vollstreckung (dazu b)) in der Brüssel Ia-VO. Es geht vom Grundsatz der automatischen Anerkennung einer mitgliedstaatlichen Entscheidung aus.[214] Nur ausnahmsweise – bei Vorliegen eines sogenannten Anerkennungsversagungsgrundes (dazu c)) – wird die Anerkennung und Vollstreckung einer ausländischen Entscheidung auf Antrag verweigert (vgl. Art. 45, Art. 46 Brüssel Ia-VO). Eine umfassende Überprüfung in der Sache – *révision au fond* – ist gem. Art. 52 Brüssel Ia-VO – wie schon bei Brüssel I-VO[215] und EuGVÜ[216] – ausgeschlossen[217]; eine solche sachliche Überprüfung der Entscheidung würde den „Wert des Rechtsinstituts der Anerkennung nahezu auf Null reduzieren, da gegenüber einem neuen Prozess kaum Vorteile bestünden"[218]. Ein Exequaturverfahren ist nicht mehr vorgesehen, Art. 39 Brüssel Ia-VO.

a) Anerkennung

aa) Automatische – „ipso-iure" – Anerkennung

Nach Art. 36 I Brüssel Ia-VO werden die in einem Mitgliedstaat ergangenen Entscheidungen eines mitgliedstaatlichen Gerichts (Art. 2 lit. a Brüssel Ia-VO) in den anderen Mitgliedstaaten anerkannt, ohne dass es hierfür eines besonderen (Delibations-) Verfahrens bedarf.[219] Die Anerkennung erfolgt mit anderen Worten automatisch kraft Gesetzes (*ipso iure*):[220] Eine Entscheidung wirkt ab ihrem Erlass nicht nur im Entscheidungsstaat, sondern auch in den anderen Mitgliedstaaten.[221]

---

[212] *Kaufhold*, EuR 2012, S. 408 (430).

[213] Siehe oben S. 33 f.

[214] *Junker*, IZPR, § 28 Rn. 3.

[215] Vgl. Art. 36 Brüssel I-VO.

[216] Vgl. Art. 29 EuGVÜ.

[217] Kropholler/*v. Hein*, Art. 36 Brüssel I-VO, Rn. 1; *Junker*, IZPR, § 28 Rn. 14.

[218] Kropholler/*v. Hein*, Art. 36 Brüssel I-VO, Rn. 1.

[219] *Adolphsen*, EuZVR, Kap. 5 Rn. 43; *Leible*, in: Rauscher, EuZPR/EuIPR, Art. 36 Brüssel Ia-VO Rn. 2.

[220] *Kodek*, in: Czernich/Kodek/Mayr, Art. 36 Rn. 25.

[221] *Gottwald*, in: MüKo-ZPO, Art. 36 Brüssel Ia-VO, Rn. 9; vgl. auch *Stadler*, in: Musielak/Voit, ZPO, Art. 36 EuGVVO Rn. 2; *Leible*, in: Rauscher, EuZPR/EuIPR, Art. 53 Brüssel Ia-VO Rn. 2.

So fortschrittlich diese sogenannte Inzidentanerkennung oder auch *ipso iure* – Anerkennung auch klingt:[222] Vorbild der Regelung war das deutsche Recht mit dem seit 1898 geltenden § 328 ZPO.[223]

bb) Selbständiges Anerkennungsfeststellungsverfahren

Das in Art. 36 II Brüssel Ia-VO normierte selbständige Anerkennungsfeststellungsverfahren stellt insofern nur ein fakultatives Verfahren dar: Da nach dem in Art. 36 I Brüssel Ia-VO festgelegten Grundsatz der automatischen Anerkennung jedes Gericht als Vorfrage selbst über die Anerkennungsfähigkeit einer mitgliedstaatlichen Entscheidung entscheidet (vgl. auch Art. 36 III Brüssel Ia-VO) und dabei insbesondere nicht durch die Anerkennungsentscheidung eines anderen Gerichts gebunden ist, besteht die Gefahr von sich widersprechenden Entscheidungen.[224] Das in Art. 36 II Brüssel Ia-VO kodifizierte und in den Art. 46 ff. Brüssel Ia-VO näher ausgestaltete Anerkennungsfeststellungsverfahren trägt diesem Problem Rechnung: Danach kann jeder Berechtigte die bindende Feststellung beantragen, dass die Anerkennungsversagungsgründe des Art. 45 Brüssel Ia-VO nicht vorliegen.[225] Die so geschaffene Möglichkeit, die Anerkennung einer mitgliedstaatlichen Entscheidung positiv feststellen zu lassen dient – vor allem bei nicht vollstreckungsfähigen Entscheidungen wie Gestaltungs- und Feststellungsurteilen[226] – folglich der Prozessökonomie.[227]

cc) Formelle Voraussetzungen für die Anerkennung

Formell setzt die Anerkennung nach Art. 36 Brüssel Ia-VO voraus, dass die in Art. 37 Brüssel Ia-VO genannten Unterlagen – ggf. mit Übersetzung oder Transliteration – vorgelegt werden. Dies gilt (jedenfalls im Behörden- und Gerichtsverkehr) auch für die automatische Anerkennung nach Art. 36 I Brüssel Ia-VO.[228] Denn ohne eine Vorlage der in Art. 37 Brüssel Ia-VO genannten Unterlagen gestaltet sich die Anerkennung der mitgliedstaatlichen Entscheidung aus schlichter Unkenntnis schwer.

---

[222] *Junker*, IZPR, § 27 Rn. 9; *Adolphsen*, EuZVR, Kap. 5 Rn. 43.

[223] *Junker*, IZPR, § 27 Rn. 5; siehe unten S. 146.

[224] *Leible*, in: Rauscher, EuZPR/EuIPR, Art. 36 Brüssel Ia-VO Rn. 15.

[225] *Domej*, RabelsZ 78 (2014), S. 508 (512); *Hess*, in: Schlosser/Hess, EuZPR, Art. 36 EuG-VVO Rn. 8; *Leible*, in: Rauscher, EuZPR/EuIPR, Art. 36 Brüssel Ia-VO Rn. 15.

[226] *Dörner*, in: Saenger, Art. 36 EuGVVO Rn. 12; *Kodek*, in: Czernich/Kodek/Mayr, Art. 36 Rn. 42.

[227] *Leible*, in: Rauscher, EuZPR/EuIPR, Art. 36 Brüssel Ia-VO Rn. 15.

[228] *Leible*, in: Rauscher, EuZPR/EuIPR, Art. 36 Brüssel Ia-VO Rn. 3; *Wautelet*, in: Magnus/Mankwoski, ECPIL, Art. 36 Rn. 14; a. A. *Hess*, in: Schlosser/Hess, EuZPR, Art. 37 EuGVVO Rn. 1.

Bei diesen Unterlagen handelt es sich um eine Ausfertigung der Entscheidung, die die für ihre Beweiskraft erforderlichen Voraussetzungen erfüllt und die Bescheinigung gem. Art. 53 i. V. m. Anhang I Brüssel Ia-VO. Bei letztgenannter Bescheinigung handelt es sich um ein europäisch standardisiertes,[229] vom Ursprungsgericht[230] auszufüllendes Formblatt, das dem Gericht im Anerkennungs- und Vollstreckungsstaat alle erforderlichen Informationen zur Verfügung stellt und dadurch von einer eigenen Prüfung befreit.[231]

b) Vollstreckung

Art. 39 Brüssel Ia-VO stellt klar, dass eine in einem Mitgliedstaat ergangene Entscheidung, die in diesem Mitgliedstaat vollstreckbar ist, in den anderen Mitgliedstaaten vollstreckbar ist, ohne dass es einer Vollstreckbarerklärung bedarf. Die Vorschrift beinhaltet das „Herzstück der Reform",[232] nämlich die Abschaffung der Exequaturverfahren zugunsten einer „unmittelbaren Vollstreckung"[233], bei der die erststaatliche Entscheidung selbst zum Titel im Zweitstaat wird.[234]

Die Einleitung der Vollstreckung hat denkbar niedrige Voraussetzungen: Wie bei einem Inlandssachverhalt muss die Vollstreckung bei dem zuständigen Vollstreckungsorgan beantragt werden. Die vom Antragsteller vorzulegenden Unterlagen sind gem. Art. 42 I Brüssel Ia-VO eine Ausfertigung der Entscheidung, die die für ihre Beweiskraft erforderlichen Voraussetzungen erfüllt und die in Art. 53 i. V. m. Anhang I Brüssel Ia-VO genannte Bescheinigung. Art. 42 Brüssel Ia-VO läuft insoweit mit Art. 37 Brüssel Ia-VO parallel.[235] Eine Übersetzung oder Transliteration der Entscheidung (Art. 42 III Brüssel Ia-VO) oder Bescheinigung (Art. 42 IV Brüssel Ia-VO) ist zwar möglich: Mit Blick auf die eine Vollstreckung ermöglichenden umfangreichen, formularmäßigen und damit unabhängig von der jeweiligen Sprache vergleichbaren Pflichtangaben in der Bescheinigung nach Art. 53 Brüssel Ia-VO, ist eine Übersetzung in aller Regel aber nicht erforderlich.[236]

Nach Art. 43 I 1 Brüssel Ia-VO ist dieses Formblatt dem Schuldner – ggf. zusammen mit der Entscheidung, vgl. Art. 43 I 2 Brüssel Ia-VO – in angemessener Frist[237] vor der ersten Vollstreckungsmaßnahme zuzustellen. Eine Zustellung anlässlich der ersten Vollstreckungsmaßnahme genügt nicht.[238]

---

[229] *Leible*, in: Rauscher, EuZPR/EuIPR, Art. 53 Brüssel Ia-VO Rn. 3.

[230] *Leible*, in: Rauscher, EuZPR/EuIPR, Art. 53 Brüssel Ia-VO Rn. 2.

[231] *Leible*, in: Rauscher, EuZPR/EuIPR, Art. 36 Brüssel Ia-VO Rn. 3.

[232] *Domej*, RabelsZ 78 (2014), S. 508 (510); *Junker*, IZPR, § 28 Rn. 1.

[233] Vgl. EG (29) Brüssel Ia-VO.

[234] *Mankowski*, in: Rauscher, EuZPR/EuIPR, Vorbem. Art. 39 ff. Brüssel Ia-VO Rn. 1, 2.

[235] *Stadler*, in: Musielak/Voit, ZPO, Art. 42 EuGVVO Rn. 1.

[236] *Stadler*, in: Musielak/Voit, ZPO, Art. 42 EuGVVO Rn. 5.

[237] Vgl. EG (32) Brüssel Ia-VO.

[238] *Hess*, in: Schlosser/Hess, EuZPR, Art. 43 EuGVVO Rn. 3. Dies verkennt *Junker*, IZPR, § 29 Rn. 10.

c) Anerkennungsversagungsgründe

Art. 45 I Brüssel Ia-VO normiert – in einem nicht abschließenden Katalog[239] – Hinderungsgründe, bei deren Vorliegen die Anerkennung einer Entscheidung versagt wird. Diese sogenannten Anerkennungsversagungsgründe sind grundsätzlich nicht von Amts wegen (*ex officio*), sondern nur auf Antrag zu prüfen (Art. 45 I Brüssel Ia-VO am Anfang).[240] Sie bestanden – abgesehen von kleineren, im Wesentlichen redaktionellen Änderungen – inhaltsgleich bereits in der Brüssel I-Verordnung (dazu aa) bis dd)).[241]

Nach Art. 46 Brüssel Ia-VO dienen die Anerkennungsversagungsgründe des Art. 45 Brüssel Ia-VO zugleich als Vollstreckungsversagungsgründe. Auch dies war bereits bei den Vorgängervorschriften der Fall; Unterschiede gab es lediglich bei Art und Zeitpunkt ihrer Berücksichtigung. Eine bemerkenswerte Änderung wurde jedoch durch die Reform eingefügt: *De lege lata* können nunmehr – neben den unionalen Versagungsgründen des Art. 45 I Brüssel Ia-VO – auch nationale Vollstreckungsversagungsgründe berücksichtigt werden (dazu ee)).

aa) Verstoß gegen den *ordre public*

Nach Art. 45 I lit a) Brüssel Ia-VO wird die Anerkennung einer Entscheidung versagt, wenn diese Anerkennung der öffentlichen Ordnung (*ordre public*) des ersuchten Mitgliedstaats offensichtlich widersprechen würde. Das Wort „offensichtlich" unterstreicht den Ausnahmecharakter der Vorschrift.[242]

Auch wenn Art. 45 I lit. a Brüssel Ia-VO ausweislich seines Wortlauts auf eine Verletzung der öffentlichen Ordnung des (Anerkennungs-) Mitgliedstaats abstellt, gilt im Anwendungsbereich der Verordnung nach herrschender Meinung ein gemeineuropäischer „*ordre public européen*".[243] Dieser kann aus verfahrensrechtlichen oder aus materiellen Gründen berührt werden;[244] man unterscheidet daher den verfahrensrechtlichen von dem materiell-rechtlichen *ordre public*.[245]

Ein Verstoß gegen den verfahrensrechtlichen *ordre public* liegt vor, wenn aus Sicht des Anerkennungsstaats das erststaatliche Verfahren rechtsstaatliche Grund-

---

[239] *Mankowski*, in: Rauscher, EuZPR/EuIPR, Art. 46 Brüssel Ia-VO Rn. 18 ff.

[240] *Leible*, in: Rauscher, EuZPR/EuIPR, Art. 45 Brüssel Ia-VO Rn. 3; *Gottwald*, in: MüKo-ZPO, Art. 45 Brüssel Ia-VO, Rn. 7; vgl. auch *Mankowski*, in: Rauscher, EuZPR/EuIPR, Art. 46 Brüssel Ia-VO Rn. 6 ff.

[241] *Stadler*, in: Musielak/Voit, ZPO, Art. 45 EuGVVO Rn. 2.

[242] *Junker*, IZPR, § 28 Rn. 16; *Gottwald*, in: MüKo-ZPO, Art. 45 Brüssel Ia-VO, Rn. 12, vgl. auch *Hess/Pfeiffer/Schlosser*, Heidelberg Report, S. 139 f. Rn. 478.

[243] *Adolphsen*, EuZVR, Kap. 5 Rn. 51; *Gottwald*, in: MüKo-ZPO, Art. 45 Brüssel Ia-VO, Rn. 12.

[244] *Junker*, IZPR, § 28 Rn. 15; *Stadler*, in: Musielak/Voit, ZPO, Art. 45 EuGVVO Rn. 3.

[245] *Junker*, IZPR, § 28 Rn. 19; *Adolphsen*, EuZVR, Kap. 5 Rn. 56.

sätze verletzt hat.[246] Maßstab für eine solche Rechtsverletzung sind neben den Grundrechten insbesondere Art. 6 I EMRK und Art. 47 II GRCh.[247] Allerdings stellt Art. 45 I lit. a Brüssel Ia-VO insoweit nur einen Auffangtatbestand dar: Er greift nur ein, wenn die spezielleren Regelungen der Art. 45 I lit. b bis e Brüssel Ia-VO nicht einschlägig sind.[248]

Ein Verstoß gegen den materiell-rechtlichen *ordre public* ist zu bejahen, wenn die Anwendung des materiellen Rechts im Urteilsstaat mit der öffentlichen Ordnung im Anerkennungsstaat unvereinbar ist.[249] Hierfür genügt nicht jede fehlerhafte Rechtsanwendung; keinesfalls darf die erststaatliche Entscheidung mit Blick auf das in Art. 52 Brüssel Ia-VO normierte Verbot der *révision au fond* in der Sache nachgeprüft werden.[250] Die Anerkennung müsste vielmehr in nicht hinnehmbarer Weise – offensichtlich – gegen ganz wesentliche Rechtsgrundsätze des Anerkennungsstaats verstoßen.[251]

Nicht zur öffentlichen Ordnung gehören gem. Art. 45 III Brüssel Ia-VO die Vorschriften über die internationale Entscheidungszuständigkeit des Urteilsstaats, unabhängig davon, ob das Gericht sich aufgrund von vergemeinschafteten oder autonomen Recht für zuständig erachtet hat.[252] Ausnahmen von diesem Grundsatz regelt Art. 45 I lit. e Brüssel Ia-VO.[253]

In einer stark integrierten Staaten- und Wertegemeinschaft[254] wie der Europäischen Union sind Fälle, in denen die Anerkennung einer mitgliedstaatlichen Entscheidung wegen eines Verstoßes gegen die öffentliche Ordnung verwehrt werden muss,[255] selten. Eine Befragung der Mitgliedstaaten über die Anwendung des *ordre-public*-Vorbehalts für den *Heidelberg-Report* hat ergeben, dass sich bei mitgliedstaatlichen Entscheidungen Verstöße gegen die öffentliche Ordnung – wenn

---

[246] *Gottwald*, in: MüKo-ZPO, Art. 45 Brüssel Ia-VO, Rn. 12.

[247] *Stadler*, in: Musielak/Voit, ZPO, Art. 45 EuGVVO Rn. 3; *Nagel/Gottwald*, IZPR, § 12 Rn. 38; *Junker*, IZPR, § 28 Rn. 17.

[248] *Junker*, IZPR, § 28 Rn. 19.

[249] *Junker*, IZPR, § 28 Rn. 22.

[250] *Stadler*, in: Musielak/Voit, ZPO, Art. 45 EuGVVO Rn. 3; *Junker*, IZPR, § 28 Rn. 22.

[251] Vgl. EuGH, Urteil vom 28.3.2000 – Rs. C-7/98 (*Krombach ./. Bamberski*) = ECLI:EU:C:2000:164 = NJW 2000, S. 1853 (1854 Rn. 37); *Nagel/Gottwald*, IZPR, § 12 Rn. 32 f.; *Junker*, IZPR, § 28 Rn. 18.

[252] *Junker*, IZPR, § 28 Rn. 35; *Stadler*, in: Musielak/Voit, ZPO, Art. 45 EuGVVO Rn. 16.

[253] Siehe unten S. 144.

[254] Präambel der Grundrechtecharta, ABl. EG 2000 C 364/1 (8).

[255] *Adolphsen*, EuZVR, Kap. 5 Rn. 55 beschreibt die Funktion des *ordre public* anschaulich wie folgt: „Die Vorschrift des Art. 45 Abs. 1 lit. [a] EuGVO ist eine *Notbremse* und keine normale Bremse gegen falsche oder dem Inhalt unbekannte oder unangemessene Entscheidungen. Die Integration in die internationale Staatengemeinschaft, besonders in die EU, verlangt eine zurückhaltende, die Lösungen nationalen Rechts nicht als einzigen Maßstab erachtende Anwendung des Vorbehalts. Dieser kann deshalb nur in extremen Fällen angewendet werden."

sie überhaupt vorgekommen sind – an einer Hand abzählen lassen.[256] Bereits bei der Überführung des EuGVÜ in die Brüssel I-Verordnung[257], aber auch bei der Neufassung eben dieser Verordnung wurde daher von der Kommission vorgeschlagen, ganz auf den *ordre public* – Vorbehalt zu verzichten.[258] In einigen anderen Sekundärrechtsakten – etwa der EuVTVO[259], der EuMahnVO[260], EuBagatellVO[261] und der EuUntVO[262] – wurde dieser Schritt mit der Abschaffung der Exequaturverfahren auch vollzogen und der *ordre public* – Vorbehalt abgeschafft.[263]

Völlig zu Recht hat sich der Gemeinschaftsrechtgeber allerdings bei der Reform der Brüssel I-Verordnung gegen eine Abschaffung ausgesprochen und den Vorbehalt in die Brüssel Ia-Verordnung übernommen. Denn auch wenn Verstöße gegen den *ordre public* – Vorbehalt selten sind, sollte man sich nicht der Möglichkeit begeben, rechtsstaatliche Mindestanforderungen kontrollieren zu können.[264] Dass dies auch innerhalb der Union im Einzelfall notwendig ist, zeigt eindrucksvoll die Entscheidung *Krombach ./. Bamberski*,[265] bei der es um die Anerkennung eines französischen Urteils ging.[266] Im konkreten Fall wurde der deutsche Dieter Krombach – nach vorangegangener Einstellung eines entsprechenden Ermittlungs-

---

[256] *Hess/Pfeiffer/Schlosser*, Heidelberg Report, S. 140 f. Rn. 480. In Frankreich soll es einen, in Griechenland zwei Fälle gegeben haben - in Deutschland immerhin fünf. Vgl. auch *Hess*, in: FS Gottwald, S. 273 (276).

[257] KOM (1997) 609 endg., S. 14 Rn. 19: „Insbesondere geht es um die Überprüfung des aus dem Begriff der öffentlichen Ordnung abgeleiteten Versagungsgrundes, der sich zur Zeit in einer Schieflage im Verhältnis zum Europäischen Integrationsprozeß und zu den behandelten Zivil- und Handelssachen befindet."; vgl. auch *Geimer*, in: Geimer/Schütze, Internationale Urteilsanerkennung I.1, S. 968 f.

[258] Vorschlag für eine Verordnung des Europäischen Parlaments und des Rates über die gerichtliche Zuständigkeit und die Anerkennung und Vollstreckung von Entscheidungen in Zivil und Handelssachen, KOM (2010) 748 endg., S. 4; sowie Art. 45 ff. des Entwurfs; *Hess*, in: FS Gottwald, S. 273 (275 ff.).

[259] Verordnung (EG) Nr. 805/2004 des Europäischen Parlaments und des Rates vom 21.4.2004 zur Einführung eines europäischen Vollstreckungstitels für unbestrittene Forderungen, ABl. EG 2004 L 143/15.

[260] Verordnung (EG) Nr. 1896/2006 des Europäischen Parlaments und des Rates vom 12.12.2006 zur Einführung eines europäischen Mahnverfahrens, ABl. EG 2006 L 399/1.

[261] Verordnung (EG) Nr. 861/2007 des Europäischen Parlaments und des Rates vom 11.7.2007 zur Einführung eines europäischen Verfahrens für geringfügige Forderungen, ABl. EG 2007 L 199/1.

[262] VO (EG) Nr. 861/2007 des EP und des Rates vom 11.7.2007 zur Einführung eines europäischen Verfahrens für geringfügige Forderungen, ABl. 2007 Nr. L 199, S. 1.

[263] *V. Hein*, in: MüKo-BGB, Art. 6 EGBGB, Rn. 92; kritisch hierzu *Stadler*, IPRax 2004, S. 2 (8).

[264] *Leible*, in: Rauscher, EuZPR/EuIPR, Art. 45 Brüssel Ia-VO Rn. 5; vgl. bereits *Stadler*, IPRax 2004, S. 2 (8).

[265] Vgl. EuGH, Urteil vom 28.3.2000 – Rs. C-7/98 (*Krombach ./. Bamberski*) = ECLI:EU: C:2000:164 = NJW 2000, S. 1853 = EuR 2000 S. 628; vgl. auch die ausführliche Darstellung bei *Netzer*, ZJS 2009, S. 752.

[266] *Netzer*, ZJS 2009, S. 752 (758); *Adolphsen*, EuZVR, Kap. 5 Rn. 50, Kap. 3 Rn. 121 (m. w. N.).

verfahrens durch die deutschen Behörden[267] – von einem französischen Strafgericht wegen Körperverletzung mit Todesfolge an seiner Stieftochter Kalinka Bamberski zu einer 15-jährigen Freiheitsstrafe und in einem Adhäsionsverfahren zur Zahlung von Schadensersatz in Höhe von 350.000 Franc an den leiblichen Vater des Opfers, André Bamberski, verurteilt.

Dieses Urteil begegnet mindestens aus zwei Gründen Bedenken:

(1.) Obwohl sich die ihm vorgeworfene Tat in Deutschland ereignete, bejahte das französische Gericht seine Zuständigkeit allein aufgrund der Staatsangehörigkeit des französischen Opfers.[268] (2.) Krombach, der an dem Verfahren in Frankreich nicht persönlich teilnehmen, sich aber durch einen Anwalt vertreten lassen wollte, wurden seine Verteidigungsrechte verwehrt: Sämtliche anwaltlichen Einwände blieben ungehört, da nach französischem Recht die Vertretung eines Abwesenden unzulässig ist.[269]

Nachdem der Vater des Opfers vor deutschen Gerichten erster und zweiter Instanz zunächst erfolgreich die Vollstreckbarerklärung der französischen Adhäsionsentscheidung über die Zahlung des Schadensersatzanspruchs – damals noch nach den Regelungen des EuGVÜ – beantragt hatte, legte der BGH die Angelegenheit schließlich dem EuGH in einem Vorabentscheidungsverfahren gem. Art. 267 AEUV (ehemals Art. 234 EGV) zur Entscheidung vor.[270] Der EuGH sollte klären, inwieweit die oben unter (1.) und (2.) genannten Aspekte den *ordre public* – Vorbehalt berühren.

Der Gerichtshof entschied, (1.) dass eine Verletzung des *ordre public* jedenfalls nicht allein darauf gestützt werden darf, „daß das Gericht des Ursprungsstaats seine Zuständigkeit auf die Staatsangehörigkeit des Opfers einer Straftat gegründet hat."[271] (2.) Die öffentliche Ordnung könne aber – mit Blick auf das Recht auf ein faires Verfahren – berührt sein, wenn das Gericht des Ursprungsstaats dem Angeklagten in einem Strafverfahren „das Recht versagt hat, sich verteidigen zu lassen, ohne persönlich zu erscheinen."[272]

So günstig die Entscheidung des EuGH für Herrn Krombach auch hinsichtlich des zivilrechtlichen Schadensersatzanspruchs gewesen ist: Auf Veranlassung von Herrn Bamberski zwischenzeitlich in einer „Nacht- und Nebelaktion" nach Frank-

---

[267] Eine anschauliche Darstellung der Abläufe findet sich in der Tatbestandsdarstellung des EGMR, Urteil vom 13.2.2001 – Az. 29731/96 (*Krombach ./. Frankreich*) = NJW 2001, S. 2387.

[268] Vgl. EuGH, Urteil vom 28.3.2000 – Rs. C-7/98 (*Krombach ./. Bamberski*) = ECLI:EU: C:2000:164 = NJW 2000, S. 1853 = EuR 2000 S. 628 (629 f. Rn. 13).

[269] Vgl. EuGH, Urteil vom 28.3.2000 – Rs. C-7/98 (*Krombach ./. Bamberski*) = ECLI:EU: C:2000:164 = NJW 2000, S. 1853 = EuR 2000 S. 628 (629 f., Rn. 14).

[270] Vgl. *Netzer*, ZJS 2009, S. 752 (753).

[271] Vgl. EuGH, Urteil vom 28.3.2000 – Rs. C-7/98 (*Krombach ./. Bamberski*) = ECLI:EU: C:2000:164 = NJW 2000, S. 1853 = EuR 2000 S. 628 (631 f. Rn. 29 ff., insbes. 34).

[272] Vgl. EuGH, Urteil vom 28.3.2000 – Rs. C-7/98 (*Krombach ./. Bamberski*) = ECLI:EU: C:2000:164 = NJW 2000, S. 1853 = EuR 2000 S. 628 (632 ff. Rn. 35 ff., insbes. 45).

reich entführt,[273] verbüßte Herr Krombach bis vor kurzem seine Haftstrafe in einer französischen Vollzugsanstalt.[274] Erst im Februar 2020 wurde er aus gesundheitlichen Gründen aus der Haft entlassen.[275] Der Fall zeigt aber letztlich anschaulich: Sogar in Frankreich – einem kulturell und weltanschaulich eng verwandtem Mitgliedstaat Deutschlands – können auch heute noch Entscheidungen ergehen, die gegen den *ordre public* verstoßen.

bb) Fehlendes rechtliches Gehör

Bei Art. 45 I lit. b Brüssel Ia-VO handelt es sich um einen spezialgesetzlich geregelten Unterfall des verfahrensrechtlichen *ordre public*.[276] Nach dem Versagungsgrund kann eine Anerkennung abgelehnt werden, wenn dem Beklagten bei der Verfahrenseinleitung kein rechtliches Gehör gewährt wurde. Der Anerkennungsversagungsgrund setzt im Grundsatz ein kontradiktorisches Verfahren aus:[277] Voraussetzung ist, dass dem Beklagte, der sich auf das Verfahren nicht eingelassen hat, das verfahrenseinleitende – oder ein vergleichbares – Schriftstück nicht so rechtzeitig und in einer Weise zugestellt worden ist, dass er sich verteidigen konnte, es sei denn, der Beklagte hat gegen die Entscheidung keinen Rechtsbehelf eingelegt, obwohl er die Möglichkeit dazu hatte (Art. 45 lit. b Brüssel Ia-VO).

cc) Unvereinbare Entscheidungen

Nach Art. 45 I lit. c Brüssel Ia-VO kann die Anerkennung einer mitgliedstaatlichen Entscheidung versagt werden, wenn diese mit einer Entscheidung unvereinbar ist, die zwischen denselben Parteien im ersuchten Mitgliedstaat ergangen ist. Damit normiert der Versagungsgrund eine Situation, die eigentlich durch die

---

[273] *Netzer*, ZJS 2009, S. 752 (752).

[274] Krombach ging zwar auch gegen das französische Strafurteil vor. Nach Ausschöpfung des französischen Instanzenzugs legte er Individualbeschwerde nach Art. 34 EMRK beim Europäischen Gerichtshof für Menschenrechte ein. Der EGMR rügte tatsächlich unter anderem die Verletzung des Anspruchs auf ein faires Verfahren aus Art. 6 EMRK (vgl. EGMR, Urteil vom 13.2.2001 – Az. 29731/96 (*Krombach ./. Frankreich*) = NJW 2001, S. 2387, siehe auch *Netzer*, ZJS 2009, S. 752 (755 f.)). Nach Entführung und Inhaftierung des Herrn Krombach wurde aber das Urteil nicht etwa aufgehoben. Es erfolgte vielmehr eine Wiederaufnahme des Verfahrens, in dem er – erneut – zu einer 15-jährigen Freiheitsstrafe verurteilt wurde. Eine neuerliche Individualbeschwerde vor dem EGMR wegen eines Verstoßes gegen den Grundsatz *ne bis in idem* wurde jüngst abschlägig beschieden (EGMR, Urteil vom 20.2.2018 – Az. 67521/14 = ECLI:CE:ECHR:2018:0220DEC006752114 = http://hudoc.echr.coe.int/eng?i=001-182045, abgerufen am 1.5.2020).

[275] https://www.stuttgarter-nachrichten.de/inhalt.nach-tod-von-kalinka-in-frankreich-inhaftierter-deutscher-ist-wieder-frei.1cd6ba1f-f672-4b63-a07c-9a9c598b1060.html, abgerufen am 1.5.2020.

[276] *Nagel/Gottwald*, IZPR, § 12 Rn. 45; *Junker*, IZPR, § 28 Rn. 19.

[277] *Stadler*, in: Musielak/Voit, ZPO, Art. 45 EuGVVO Rn. 2.

Regelungen zur Verfahrenskoordination verhindert werden soll, nämlich das Vorliegen zweier unvereinbarer Entscheidungen in der gleichen Sache.[278] Unvereinbarkeit setzt dabei nicht zwei Entscheidungen mit dem gleichen Streitgegenstand voraus; es genügt vielmehr, dass sich die Rechtsfolgen der beiden Entscheidungen ausschließen.[279] Insoweit entspricht das der Rechtshängigkeit.

dd) (Keine) Nachprüfung der Zuständigkeit

Art. 45 I lit. e Brüssel Ia-VO normiert schließlich einen Anerkennungsversagungsgrund für den Fall, dass ein aus Sicht des Verordnungsgebers international unzuständiges Gericht entschieden hat. Allerdings beschränkt sich der Versagungsgrund auf die Nachprüfung einiger konkret benannter Zuständigkeiten: Die Anerkennung einer mitgliedstaatlichen Entscheidung wird nur versagt, wenn sie mit den Zuständigkeiten in Versicherungs- (Art. 10 ff. Brüssel Ia-VO), Verbraucher- (Art. 17 ff. Brüssel Ia-VO) und Arbeitsvertragssachen (Art. 20 ff. Brüssel Ia-VO) unvereinbar ist und „die schwächere Partei auf Beklagtenseite steht"[280] oder aber ein mitgliedstaatliches Gericht entgegen einer ausschließlichen Zuständigkeit (Art. 24 Brüssel Ia-VO) entschieden hat. Art. 45 i lit. e Brüssel Ia-VO greift also nur zum Schutz der schwächeren Vertragspartei oder zum Schutz staatlicher Ordnungsinteressen ein.

In allen anderen Fällen darf die Zuständigkeit des Ursprungsgerichts nicht nachgeprüft werden. Dies ergibt sich ausdrücklich aus Art. 45 III Brüssel Ia-VO, der überdies klarstellt, dass die Anerkennungszuständigkeit keine Frage des *ordre public* ist und daher nicht über Art. 45 I lit. a Brüssel Ia-VO nachgeprüft werden darf.[281]

ee) Nationale Vollstreckungsversagungsgründe

Der Katalog der Anerkennungsversagungsgründe in Art. 45 Brüssel Ia-VO ist nicht abschließend.[282] Dies stellt wörtlich EG (30) klar. Satz 1 des Erwägungsgrundes lautet:

> „Eine Partei, die die Vollstreckung einer in einem anderen Mitgliedstaat ergangenen Entscheidung anficht, sollte so weit wie möglich im Einklang mit dem Rechtssystem des ersuchten Mitgliedstaats in der Lage sein, im selben Verfahren außer den in dieser Ver-

---

[278] *Leible*, in: Rauscher, EuZPR/EuIPR, Art. 45 Brüssel Ia-VO Rn. 61.

[279] EuGH, Urteil vom 4.2.1988 – Rs. C-145/86 (*Hoffmann ./. Krieg*) = ECLI:EU:C:1988:61 = NJW 1989, S. 663 (664 Rn. 22); vgl. auch *Stadler*, in: Musielak/Voit, ZPO, Art. 45 EuGVVO Rn. 14; *Leible*, in: Rauscher, EuZPR/EuIPR, Art. 45 Brüssel Ia-VO Rn. 61.

[280] *Junker*, IZPR, § 28 Rn. 36; *Gottwald*, in: MüKo-ZPO, Art. 45 Brüssel Ia-VO, Rn. 61, 64 ff.

[281] *Junker*, IZPR, § 28 Rn. 35.

[282] *Mankowski*, in: Rauscher, EuZPR/EuIPR, Art. 46 Brüssel Ia-VO Rn. 18 ff.

ordnung genannten Versagungsgründen auch die im einzelstaatlichen Recht vorgesehenen Versagungsgründe innerhalb der nach diesem Recht vorgeschriebenen Fristen geltend zu machen."

Die Rechtslage ist insoweit heute anders als unter Art. 45 I Brüssel I-VO. Nach dieser Vorschrift konnte eine Vollstreckbarerklärung *nur* aus einem vergemeinschafteten Versagungs- oder Aufhebungsgrund verweigert werden.[283] Mit Blick auf den offeneren Wortlaut kommen heute grundsätzlich auch nationale Vollstreckungsversagungsgründe zur Anwendung.[284]

Der Hintergrund für diese (vermeintliche) Ausweitung der Vollstreckungsversagungsgründe erschließt sich mit Blick auf die Abschaffung des Exequaturverfahrens: Unter Geltung der Brüssel I-Verordnung dienten die Anerkennungsversagungsgründe lediglich als „Gegengründe im Exequaturverfahren".[285] Die eigentliche Zwangsvollstreckung erfolgte in einem zweiten Schritt nach autonomem Recht – inklusive der jeweiligen nationalen Vollstreckungsrechtsbehelfe. Nach der Abschaffung der Exequaturverfahren und der sofortigen Zulassung der mitgliedstaatlichen Entscheidung zum nationalen Zwangsvollstreckungsverfahren sind die nationalen Vollstreckungsrechtsbehelfe natürlich weiterhin anwendbar: Sie haben sich allerdings von nationalen Vollstreck*barerklärungs*versagungsgründen zu unionalen Vollstreckungsversagungsgründen gewandelt. Sie treten – in ihren jeweiligen nationalen (Zwangsvollstreckungs-) Verfahren neben die unionalen Vollstreckungsversagungsgründe.

II. Anerkennung und Vollstreckung drittstaatlicher Entscheidungen nach autonomen deutschem Recht

1. Überblick

Wie bereits festgestellt, regelt die Brüssel Ia-Verordnung nicht die Anerkennung und Vollstreckung drittstaatlicher Entscheidungen. Ob und unter welchen Voraussetzungen eine solche Entscheidung anerkannt und vollstreckt werden kann, bestimmt sich – vorbehaltlich vorrangiger staatsvertraglicher Regelungen – nach dem autonomen Internationalen Zivilverfahrensrecht der Mitgliedstaaten, in Deutschland nach § 328 ZPO (Anerkennung)[286] (dazu 1.) sowie nach §§ 722, 723 ZPO (Vollstreckung)[287] (dazu 2.).[288]

---

[283] Vgl. auch *Mankowski*, in: Rauscher, EuZPR/EuIPR, Art. 46 Brüssel Ia-VO Rn. 21.

[284] *Mankowski*, in: Rauscher, EuZPR/EuIPR, Art. 46 Brüssel Ia-VO Rn. 18 ff.

[285] *Mankowski*, in: Rauscher, EuZPR/EuIPR, Art. 46 Brüssel Ia-VO Rn. 21.

[286] Hierzu ausführlich *Adolphsen*, EuZVR, Kap. 3 Rn. 70 ff.; *Dörner*, in: Saenger, Art. 36 EuGVVO Rn. 1.

[287] Hierzu ausführlich *Adolphsen*, EuZVR, Kap. 3 Rn. 106 ff., 114 ff.

[288] *Gottwald*, in: MüKo-ZPO, Art. 36 Brüssel Ia-VO, Rn. 3.

2. Allgemeine Funktionsweise

a) Anerkennung nach deutschem Recht

Zentrale Vorschrift für die Anerkennung drittstaatlicher Entscheidungen ist in Deutschland § 328 ZPO. Für den Rechtsverkehr zwischen den EU-Mitgliedstaaten hat die Regelung keine Bedeutung mehr; sie wird vom Gemeinschaftsrecht verdrängt.[289] Wie das Gemeinschaftsrecht geht auch § 328 ZPO vom Grundsatz der automatischen Anerkennung aus.[290] Und auch sonst finden sich viele Parallelen. Dies ist kein Zufall: Die deutsche Norm war Vorbild für die europäische Regelung.[291]

Anders als Art. 36 Brüssel Ia-VO normiert § 328 ZPO den Grundsatz der *ipso iure* – Anerkennung allerdings nicht ausdrücklich, sondern setzt ihn lediglich voraus.[292] Er zählt in Absatz 1 – und insoweit mit Art. 45 I Brüssel Ia-VO vergleichbar – eine Reihe von Versagungsgründen auf. So wird eine drittstaatliche Entscheidung nicht anerkannt, wenn die Internationale Entscheidungszuständigkeit des drittstaatlichen Gerichts aus deutscher Sicht nicht gegeben war (dazu a)), das rechtliche Gehör des Beklagten verletzt wurde (dazu b)), Rechtskraft oder Rechtshängigkeitseinwände entgegenstehen (dazu c)), die drittstaatliche Entscheidung gegen den *ordre public*-Vorbehalt verstößt (dazu d)) oder Gegenseitigkeit nicht verbürgt ist (dazu e)).

Der wohl wichtigste Unterschied zu der gemeinschaftsrechtlichen Regelung des Art. 36 Brüssel Ia-VO besteht indes darin, dass die Anerkennungsversagungsgründe des § 328 I ZPO ganz grundsätzlich von Amts wegen geprüft werden.[293] Eine Ausnahme gilt lediglich für den Versagungsgrund der Verletzung rechtlichen Gehörs gem. § 328 I Nr. 2 ZPO.[294]

aa) Internationale Anerkennungszuständigkeit und Spiegelbildprinzip

Eine drittstaatliche Entscheidung wird nach § 328 I Nr. 1 ZPO nicht anerkannt, wenn die Internationale Entscheidungszuständigkeit des drittstaatlichen Gerichts

---

[289] *Bach*, in: BeckOK-ZPO, § 328 Vorbem.
[290] *Bach*, in: BeckOK-ZPO, § 328 Vorbem.; *Gottwald*, in: MüKo-ZPO, § 328 ZPO Rn. 7.
[291] *Adolphsen*, EuZVR, Kap. 5 Rn. 78.
[292] Vgl. *Stadler*, in: Musielak/Voit, ZPO, § 328 Rn. 1.
[293] *Bach*, in: BeckOK-ZPO, § 328 Rn. 49 f.; *Gottwald*, in: MüKo-ZPO, § 328 Rn. 10, 76.
[294] *Gottwald*, in: MüKo-ZPO, § 328 Rn. 76; *Bach*, in: BeckOK-ZPO, § 328 Rn. 49 f. meint, alle Versagungsgründe, die dem Beklagtenschutz dienen, sollten nur auf Rüge hin geprüft werden. Neben Nr. 2 seien dies (potentiell) auch Nr. 1 und Nr. 4. Nur wenn zugleich Staatsinteressen betroffen seien, sei eine amtswegige Prüfung angezeigt. Die Auffassung überzeugt nicht: Abgesehen von Nr. 2 enthält der Wortlaut der Anerkennungsversagungsgründe keine Hinweise, für ihre „Privatisierung". Überdies erscheint es wenig prozessökonomisch, ein- und denselben Anerkennungsversagungsgrund im einen Fall amtswegig – im anderen nur auf Antrag zu prüfen: Es muss schließlich stets geprüft werden, ob Staatsinteressen berührt werden.

aus deutscher Sicht nicht gegeben war. Positiv ausgedrückt ist die Anerkennungs-zuständigkeit zu bejahen, wenn der Urteilsstaat nach Maßgabe deutschen Rechts international entscheidungszuständig gewesen ist.[295] Ob das drittstaatliche Gericht nach seinen eigenen Regelungen über die Entscheidungszuständigkeit tatsächlich zuständig war, ist irrelevant.[296]

Anders als in vielen bilateralen und multilateralen[297] Abkommen praktiziert, hat die Bundesrepublik weder eine Positivliste von akzeptierten, noch eine Nega-tivliste mit verpönten Anerkennungszuständigkeiten formuliert.[298] Herangezogen wird vielmehr das weit verbreitete[299] *Spiegelbildprinzip*.[300] Danach überträgt der Anerkennungsstaat seine Regelungen über die Internationale Entscheidungszu-ständigkeit spiegelbildlich auf den Urteilsstaat.[301] Die ausländische Zuständigkeit wird also hypothetisch an heimischen Gerechtigkeitserwägungen gemessen.[302] Auf die Internationale Entscheidungszuständigkeit des Urteilsstaats, die dieser als Ausdruck der eigenen Souveränität selbst festlegt, hat eine Abweichung indes keine Auswirkung.

Da das Spiegelbildprinzip die ausländische Zuständigkeit an heimischen Ge-rechtigkeitserwägungen misst, können über den Wortlaut von § 328 I Nr. 1 ZPO hinaus nicht nur deutsche, sondern auch gemeinschaftsrechtliche Zuständigkeiten berücksichtigt werden:[303] Zum einen sind die vergemeinschafteten Zuständigkeits-vorschriften in aller Regel enger als die autonomen Zuständigkeitsregelungen; eine unbillige Ausweitung der Anerkennungszuständigkeit mithin nicht zu erwarten. Zum anderen wäre es weder zeitgemäß noch gerecht, einer Entscheidung, die ent-sprechend einer nach objektiven Maßstäben für sinnvoll erachteten europäischen Zuständigkeit ergangen ist, die Anerkennung und Vollstreckung zu verweigern.[304]

bb) Verletzung des rechtlichen Gehörs

Nach § 328 I Nr. 2 ZPO ist die Anerkennung einer ausländischen Entscheidung ausgeschlossen, wenn das rechtliche Gehör des Beklagten bei der Verfahrens-

---

[295] Siehe S. 33.

[296] *Junker*, IZPR, § 32 Rn. 28.

[297] Vgl. auch das Haager Übereinkommen vom 2.7.2019 über die Anerkennung und Vollstre-ckung ausländischer Urteile in Zivil- und Handelssachen, https://assets.hcch.net/docs/806e290e-bbd8-413d-b15e-8e3e1bf1496d.pdf, abgerufen am 1.1.2020, siehe auch oben S. 63 f.

[298] *Schack*, IZVR, Rn. 921; *ders.* ZEuP 2014, S. 824 (834 ff.).

[299] Es gilt außerhalb von Staatsverträgen jedenfalls in Deutschland, Österreich, Italien und Spanien, vgl. *Schack*, IZVR, Rn. 922.

[300] *Schack*, IZVR, Rn. 922.

[301] *Schack*, IZVR, Rn. 922.

[302] *Dörner*, in: Saenger, § 328 ZPO Rn. 47.

[303] *Junker*, IZPR, § 32 Rn. 29; *Bach*, in: BeckOK-ZPO, § 328 Rn. 15.2 (m. w. N.); a.A: *Gott-wald*, in: MüKo-ZPO, § 328 Rn. 88; *Dörner*, in: Saenger, § 328 ZPO Rn. 22.

[304] Vgl. *Bach*, in: BeckOK-ZPO, § 328 Rn. 15.2; *Stadler*, in: Musielak/Voit, ZPO, § 328 Rn. 10.

einleitung verletzt wurde. Inhaltlich entspricht der Versagungsgrund im Wesentlichen Art. 45 I lit. b Brüssel Ia-VO.[305] Während der vergemeinschaftete Anerkennungsversagungsgrund aber nur die rechtzeitige Zustellung des verfahrenseinleitenden Schriftstücks erfordert, verlangt § 328 I Nr. 2 ZPO zusätzlich die ordnungsgemäße Zustellung. Ob die Zustellung ordnungsgemäß erfolgte, richtet sich nach den Zustellungsregelungen des Ursprungsstaates.[306] Dieser Versagungsgrund trägt dem hohen Stellenwert des Justizgrundrechts aus Art. 103 I GG, Art. 47 II GRCh und Art. 6 I EMRK Rechnung.

cc) Entgegenstehende Rechtskraft oder Rechtshängigkeitseinwände

§ 328 I Nr. 3 ZPO regelt einen Anerkennungsversagungsgrund wegen entgegenstehender Rechtskraft oder Rechtshängigkeit.[307] Nach der Vorschrift ist die Anerkennung eines ausländischen Urteils ausgeschlossen, wenn das Urteil mit einem hier erlassenen oder einem anzuerkennenden früheren ausländischen Urteil unvereinbar ist oder die anzuerkennende Entscheidung in einem Verfahren ergangen ist, dem inländische Rechtshängigkeit entgegengestanden hat. Der Anerkennungsversagungsgrund hält mit anderen Worten unterschiedliche Regelungen für die Kollision inländischer und ausländischer Entscheidungen bereit:

Wenn ausschließlich ausländische Entscheidungen kollidieren, gilt das Prioritätsprinzip: Eine ausländische Entscheidung kann danach nicht anerkannt werden, wenn eine andere – frühere – ausländische Entscheidung existiert, die anzuerkennen wäre.[308]

Kollidieren dagegen inländische und ausländische Entscheidungen, genießt die inländische Entscheidung stets den Vorrang.[309] Das gilt ausweislich des ausdrücklichen Wortlauts des Versagungsgrundes – systemwidrig – auch dann, wenn die deutsche Entscheidung nach der ausländischen Entscheidung ergangen ist (vgl. § 328 I Nr. 3 Var. 1 ZPO) und die ausländische Rechtshängigkeit an sich zu beachten gewesen wäre.[310]

Die Anerkennung einer ausländischen Entscheidung wird überdies versagt, wenn dem ausländischen Verfahren frühere inländische Rechtshängigkeit entgegenstand.[311]

---

[305] *Stadler*, in: Musielak/Voit, ZPO, § 328 Rn. 14.
[306] *Bach*, in: BeckOK-ZPO, § 328 Rn. 21; *Stadler*, in: Musielak/Voit, ZPO, § 328 Rn. 15.
[307] *Stadler*, in: Musielak/Voit, ZPO, § 328 Rn. 20.
[308] *Gottwald*, in: MüKo-ZPO, § 328, Rn. 112; *Stadler*, in: Musielak/Voit, ZPO, § 328 Rn. 22.
[309] *Gottwald*, in: MüKo-ZPO, § 328, Rn. 113; *Stadler*, in: Musielak/Voit, ZPO, § 328 Rn. 22.
[310] *Gottwald*, in: MüKo-ZPO, § 328, Rn. 113; *Stadler*, in: Musielak/Voit, ZPO, § 328 Rn. 22.
[311] *Gottwald*, in: MüKo-ZPO, § 328, Rn. 114.

dd) Verstoß gegen den *ordre-public*-Vorbehalt

Nach § 328 I Nr. 4 ZPO ist eine Anerkennung ausgeschlossen, wenn die ausländische Entscheidung gegen den deutschen *ordre public* verstößt. Das ist dann der Fall, wenn die Entscheidung mit den wesentlichen Grundsätzen des deutschen Rechts offensichtlich unvereinbar ist. Das Ergebnis der Anwendung des ausländischen Rechts muss mit anderen Worten „zu den Grundgedanken der deutschen Regelungen und den in ihnen enthaltenen Gerechtigkeitsvorstellungen in so starkem Widerspruch steh[en], daß es nach inländischer Vorstellung untragbar erscheint."[312] § 325 I Nr. 4 ZPO stellt klar, dass den Grundrechten – aus Grundgesetz, Länderverfassungen und EMRK[313] – als besonders prominenten Grundsätzen des deutschen Rechts eine herausgehobene Bedeutung zukommt.

ee) Keine Verbürgung der Gegenseitigkeit

Eine drittstaatliche Entscheidung wird überdies nicht anerkannt und vollstreckt, wenn Gegenseitigkeit nicht verbürgt ist, § 328 I Nr. 5 ZPO. Das Prinzip der Gegenseitigkeit – auch Reziprozitätsprinzip – entstammt dem klassischen Völkerrecht und basiert auf dem Gedanken *do ut des* – „ich gebe, damit du gibst".[314] Aus deutscher Sicht folgt aus diesem Prinzip: Ein Drittstaatenangehöriger wird in Deutschland (nur) so gut behandelt, wie ein Deutscher in dem Heimatstaat des Drittstaatenangehörigen.[315]

Anders als im autonomen Internationalen Zivilverfahrensrecht, spielt die Verbürgung der Gegenseitigkeit im Europäischen Zivilverfahrensrecht keine Rolle mehr: Die Verbürgung der Gegenseitigkeit wird hier durch das gegenseitige Vertrauen ersetzt,[316] das letztlich Grundvoraussetzung für die Sekundärrechtsakte des Europäischen Zivilverfahrensrechts ist.

3. Vollstreckung – genauer Vollstreckbarerklärung – nach deutschem Recht

Anders als die Anerkennung erfolgt die Vollstreckbarerklärung von drittstaatlichen Urteilen nicht automatisch, sie muss vielmehr durch ein Vollstreckungsurteil ausgesprochen werden.[317] Dieses Vollstreckungsurteil verhilft dem ausländischen Urteil im Inland zur Wirksamkeit: Dabei stellt es nicht einfach fest, dass die aus-

---

[312] BGH, Beschluss vom 16.9.1993 – Az. IX ZB 82/90 = NJW 1993, S. 3269 (3270 m. w. N.).
[313] Vgl. *Dörner*, in: Saenger, § 328 ZPO Rn. 48.
[314] Linke/*Hau*, IZVR, Rn. 2.4; siehe auch oben S. 41 ff.
[315] *Schack*, IZVR, Rn. 43; Linke/*Hau*, IZVR, Rn. 2.4.
[316] Linke/*Hau*, IZVR, Rn. 2.4.
[317] *Bach*, in: BeckOK-ZPO, § 722 Rn. 1.

ländische Entscheidung vollstreckbar ist. Das deutsche Vollstreckungsurteil – auch Exequatur – ist vielmehr ein echtes Gestaltungsurteil, das dem ausländischen Titel die Vollstreckbarkeit im Inland erst verleiht (vgl. § 722 ZPO).[318] Grundlage der – sodann nach deutschem Recht wie bei jedem anderen inländischen Titel[319] – durchzuführenden Zwangsvollstreckung, ist folglich das deutsche Exequatur[320], nicht der ausländische Titel.[321]

Das Vollstreckungsurteil ergeht in einem kontradiktorischen Verfahren.[322] Dieses Verfahren ist in der ZPO – abgesehen von §§ 722 f. ZPO – nicht besonders geregelt und erfolgt daher als „normales Erkenntnisverfahren" nach den §§ 253 ff. ZPO.[323] Soweit die deutschen Gerichte für die anzuerkennende Entscheidung auch international entscheidungszuständig sind, erachtet der BGH sogar eine neue Leistungsklage vor deutschen Gerichten für zulässig:[324] Da ein „Vollstreckungsurteil weder einfacher noch schneller" erstritten werden könne als ein Leistungsurteil, könne der Kläger auch nochmal auf Leistung klagen.[325] In diesem Fall ist das deutsche Gericht freilich an die ausländische Sachentscheidung gebunden, sofern das ausländische Urteil anzuerkennen ist.[326]

In den §§ 722 f. ZPO finden sich lediglich einige besondere (Zulässigkeits-) Voraussetzungen für das Exequaturverfahren:

§ 722 II ZPO regelt die örtliche Zuständigkeit. Danach sind zunächst die Gerichte am allgemeinen Gerichtstand des Schuldners zuständig (§§ 13–19 ZPO); hilfsweise kann die Vollstreckbarerklärung am Ort der Belegenheit von Schuldnervermögen erfolgen (§ 23 ZPO).[327] Die sachliche Zuständigkeit folgt den allgemeinen Regelungen der §§ 23 I Nr. 1, 71 I GVG und ist mithin streitwertabhängig.[328] Sachliche und örtliche Zuständigkeit sind gem. § 802 ZPO ausschließlich.[329]

Gem. § 723 I ZPO darf im Vollstreckbarerklärungsverfahren die Gesetzmäßigkeit der Entscheidung nicht überprüft werden. Die Vorschrift normiert folglich das Verbot der *révision au fond*.[330]

---

[318] *Bach*, in: BeckOK-ZPO, § 722 Rn. 1; *Junker*, IZPR, § 32 Rn. 37; *Schack*, IZVR, Rn. 1034.

[319] *Schack*, IZVR, Rn. 1034; *Gottwald*, in: MüKo-ZPO, § 722, Rn. 60.

[320] Gestaltungsurteile sind grundsätzlich weder vollstreckungsfähig noch vollstreckungsbedürftig, da sie die materielle Rechtslage selbst umgestalten, vgl. *Adolphsen*, ZPR, § 8 Rn. 50. Vor diesem Hintergrund stellt das Vollstreckungsurteil eine Besonderheit dar, vgl. *Bach*, in: BeckOK-ZPO, § 722 Rn. 15.

[321] *Gottwald*, in: MüKo-ZPO, § 722, Rn. 60.

[322] *Junker*, IZPR, § 32 Rn. 37.

[323] *Bach*, in: BeckOK-ZPO, § 722 Rn. 12; *Schack*, IZVR, Rn. 1036.

[324] BGH, Urteil vom 26.11.1986 – Az. IV b ZR 90/85 = NJW 1987 S. 1146 (1146).

[325] BGH, Urteil vom 26.11.1986 – Az. IV b ZR 90/85 = NJW 1987 S. 1146 (1146).

[326] BGH, Urteil vom 26.11.1986 – Az. IV b ZR 90/85 = NJW 1987 S. 1146 (1146); vgl. auch *Bach*, in: BeckOK-ZPO, § 722 Rn. 1.2 und den Rechtsgedanken von § 723 I ZPO.

[327] *Gottwald*, in: MüKo-ZPO, § 722, Rn. 35; *Schack*, IZVR, Rn. 1036.

[328] *Bach*, in: BeckOK-ZPO, § 722 Rn. 18; *Gottwald*, in: MüKo-ZPO, § 722, Rn. 36.

[329] Vgl. *Wolfsteiner*, in: MüKo-ZPO, § 802, Rn. 2.

[330] *Gottwald*, in: MüKo-ZPO, § 723, Rn. 2; *Bach*, in: BeckOK-ZPO, § 723 Rn. 3.

Als einzige normierte positive Vollstreckbarerklärungsvoraussetzung legt § 723 II 1 ZPO fest, dass das zu vollstreckende ausländische Urteil im Ursprungsstaat formell rechtskräftig – oder mit einer vergleichbaren Wirkung des ausländischen Rechts ausgestattet – sein muss. Es darf also mit ordentlichen Rechtsbehelfen nicht mehr anfechtbar sein.[331] Hierdurch soll sichergestellt werden, dass ein deutsches Vollstreckungsurteil nur für eine im Rechtsverkehr „beständige" ausländische Entscheidung ergeht.[332]

§ 723 II 2 ZPO benennt als negative Vollstreckbarerklärungsvoraussetzungen schließlich die Anerkennungsversagungsgründe des § 328 ZPO. Diese Anerkennungsversagungsgründe sind als Vollstreckbarerklärungsversagungsgründe durch das angerufene Gericht vom Amts wegen zu prüfen.[333] Eine Ausnahme gilt nur für den Versagungsgrund in § 328 I Nr. 2 ZPO.[334]

III. Universalisierung durch Vergemeinschaftung der Regelungen über Anerkennung und Vollstreckung drittstaatlicher Entscheidungen

Während bereits sehr früh hinsichtlich des Zuständigkeitsregimes des staatsvertraglichen EuGVÜ über eine Erstreckung auf Drittstaatensachverhalte diskutiert wurde[335] und – wie oben gezeigt – diese Diskussion bis heute anhält, ist die Vergemeinschaftung der Regelungen über die Anerkennung und Vollstreckung drittstaatlicher Entscheidungen erst sehr viel später – und weitaus weniger erschöpfend – Gegenstand einer wissenschaftlichen Auseinandersetzung gewesen. Im Folgenden soll nach einem kurzen historischen Abriss (dazu 1.) zunächst auf den richtungsweisenden Vorschlag der European Group of Private International Law (EGPIL) eigegangen werden (dazu 2.). Im Anschluss werden hieraus Schlußfolgerungen für einen Regelungsvorschlag gezogen und dieser letztlich auch für die Regelungsbereiche der Anerkennung (dazu 3.) und der Vollstreckung (dazu 4.) getrennt dargestellt. Es folgt ein knappes Fazit (dazu 5.).

1. Historie der Universalisierungsbestrebungen

Vereinzelt finden sich Stimmen, die eine Erstreckung der Anerkennungs- und Vollstreckungsregelungen bereits für das EuGVÜ begrüßten: So sprach sich insbesondere Grolimund für eine Erweiterung des räumlich-persönlichen Anwen-

---

[331] *Gottwald*, in: MüKo-ZPO, § 723, Rn. 3.
[332] *Gottwald*, in: MüKo-ZPO, § 723, Rn. 3.
[333] *Netzer*, in: Nomos Zwangsvollstreckung, § 723 ZPO Rn. 10; *Gottwald*, in: MüKo-ZPO, § 723, Rn. 5; *Lackmann*, in: Musielak/Voit, ZPO, § 723 Rn. 1.
[334] *Netzer*, in: Nomos Zwangsvollstreckung, § 723 ZPO Rn. 11.
[335] Siehe oben S. 22 ff.

dungsbereichs der Anerkennungs- und Vollstreckungsvorschriften des Übereinkommens aus.[336]

Für das Europäische Gemeinschaftsrecht unternahm die Kommission einen –
eher halbherzigen – Vorstoß im Grünbuch zur Überprüfung der Brüssel I-Verordnung.[337] Dort formulierte sie die nachfolgende Frage:

> Unter welchen Bedingungen sollten in einem Drittstaat ergangene gerichtliche Entschei-
> dungen in der Gemeinschaft anerkannt und vollstreckt werden dürfen, wenn diese zwingen-
> des Gemeinschaftsrecht berühren oder wenn die ausschließliche Zuständigkeit bei einem
> Gericht eines Mitgliedstaats liegt?[338]

Während der Vorschlag, die Zuständigkeitsordnung auf Drittstaatensachverhalte
zu erstrecken sich großer Beliebtheit erfreute[339], wurde die Schaffung von vergemeinschafteten Regelungen über die Anerkennung und Vollstreckung drittstaatlicher Entscheidungen kaum diskutiert.[340] Der – soweit erkennbar – einzige detaillierte Entwurf für entsprechende Regelungen aus dieser Zeit stammt von der
European Group of Private International Law (EGPIL), die jedoch betonte, mit
ihrem Vorschlag keine Aussage über die politische Attraktivität einer solchen Lösung treffen zu wollen.[341]

Dementsprechend war eine Vergemeinschaftung der Vorschriften über die Anerkennung und Vollstreckung drittstaatlicher Entscheidungen auch nicht Gegenstand des Kommissionsvorschlags zur Reform der Brüssel I-Verordnung.[342] Hintergrund für die Zurückhaltung in diesem Bereich dürfte auch die geplante
Abschaffung der Exequaturverfahren gewesen sein:[343] Diese war als vermutlich
prominenteste Veränderung der Brüssel Ia-VO – wie in den Programmen von Tam-

---

[336] *Grolimund*, DSP, Rn. 743.
[337] Grünbuch zur Überprüfung der Verordnung (EG) Nr. 44/2001 des Rates über die gerichtliche Zuständigkeit und die Anerkennung und Vollstreckung von Entscheidungen in Zivil- und
Handelssachen, KOM (2009), S. 175 endg.
[338] KOM (2009), S. 175 endg. S. 3 ff.
[339] *Hess*, Stellungnahme zum Grünbuch KOM (2009) 175 endg., S. 5, http://www.europarl.
europa.eu/document/activities/cont/200910/20091009ATT62257/20091009ATT62257DE.pdf,
abgerufen am 1.5.2020.
[340] Vgl. *Bonomi*, IPRax 2017, S. 184 (190 ff.); für eine Erstreckung sprachen sich beispielsweise aus: *Hess*, Stellungnahme zum Grünbuch KOM (2009) 175 endg., S. 5, http://www.
europarl.europa.eu/document/activities/cont/200910/20091009ATT62257/20091009ATT622
57DE.pdf, abgerufen am 1.5.2020; Stellungnahme des Europäischen Wirtschafts- und Sozialausschusses zu dem „Grünbuch zur Überprüfung der Verordnung (EG) Nr. 44/2001 des
Rates über die gerichtliche Zuständigkeit und die Anerkennung und Vollstreckung von Entscheidungen in Zivil- und Handelssachen", ABl. EU 2010 C 255/48 (51).
[341] https://www.gedip-egpil.eu/documents/gedip-documents-19ge.htm, abgerufen am 1.5.2020.
[342] Vorschlag für eine Verordnung des Europäischen Parlaments und des Rates über die gerichtliche Zuständigkeit und die Anerkennung und Vollstreckung von Entscheidungen in Zivil
und Handelssachen, KOM (2010) 748 endg.
[343] So auch *Borrás*, Yearbook of Private International Law Volume 12 (2010), S. 333 (345
Rn. 16).

pere (1999), Den Haag (2004) und Stockholm (2010) forciert[344] – vorgesehen.[345] Vor diesem Hintergrund wäre eine einfache Einbeziehung von Drittstaatensachverhalten in das neue Regelungsregime nicht möglich gewesen: Eine vollständige Urteilsfreizügigkeit auch drittstaatlicher Entscheidungen wäre angesichts der international doch sehr divergierenden Rechtsschutzniveaus kein erstrebenswertes Ziel. Der Europäische Gesetzgeber hätte vielmehr ein paralleles Anerkennungs- und Vollstreckungssystem für drittstaatliche Entscheidungen konzipieren und in die Brüssel Ia-Verordnung implementieren müssen. Dies ist – trotz aller Vorteile eines solchen Vorgehens – jedoch nicht geschehen.

Es verwundert daher nicht, dass in der heute geltenden Brüssel Ia-Verordnung keine entsprechenden Regelungen zu finden sind: Wenn der Europäische Gesetzgeber schon einer Universalisierung des Zuständigkeitssystems eine Absage erteilt und eine völkervertragliche Regelung befürwortet[346],so gilt dies wohl erst recht für den Bereich der Anerkennung und Vollstreckung drittstaatlicher Entscheidungen.[347]

In jüngerer Zeit hat Laugwitz sich mit diesem Befund befasst und eine durchaus bemerkenswerte Arbeit vorgelegt, in der sie das deutsche, englische und französische Anerkennungsrecht vergleicht und ebenfalls nach einer gemeinschaftsrechtlichen Regelung für die Anerkennung und Vollstreckung drittstaatlicher Entscheidungen sucht.[348]

2. Der Vorschlag der EGPIL

Im Jahr 2010 hat die European Group für Private International Law (EGPIL) einen Regelungsvorschlag für die Anerkennung und Vollstreckung drittstaatlicher Entscheidungen veröffentlicht, der als neues Kapitel in die Brüssel Ia-Verordnung eingefügt werden könnte.[349] Die Expertengruppe wollte mit diesem Vorschlag

---

[344] Vgl. Bericht der Kommission an das Europäische Parlament, den Rat und den Europäischen Wirtschafts- und Sozialausschuss über die Anwendung der Verordnung (EG) Nr. 44/2001 des Rates über die gerichtliche Zuständigkeit und die Anerkennung und Vollstreckung von Entscheidungen in Zivil- und Handelssachen, KOM (2009) 174 end. S. 4.

[345] So auch *Borrás*, Yearbook of Private International Law Volume 12 (2010), S. 333 (345 Rn. 16).

[346] Entschließung des Europäischen Parlaments vom 7.9.2010 zu der Umsetzung und Überprüfung der Verordnung (EG) Nr. 44/2001 des Rates über die gerichtliche Zuständigkeit und die Anerkennung und Vollstreckung von Entscheidungen in Zivil- und Handelssachen (2009/2140(INI)), P7_TA(2010)0304, http://www.europarl.europa.eu/sides/getDoc.do?pubRef=-//EP//TEXT+TA+P7-TA-2010-0304+0+DOC+XML+V0//DE, Rn. 15, abgerufen am 1.4.2020.

[347] So auch *Fallon/Kruger*, Yearbook of Private International Law, Volume 14 (2012/2013), S. 1 (22 f.).

[348] *Laugwitz*, Anerkennung und Vollstreckung, *passim*.

[349] Proposed amendment of Chapter II of Regulation 44/2001 in order to apply it to external situations, Bergen 2008, Art. 24bis, https://www.gedip-egpil.eu/documents/gedip-documents-18pe.htm, abgerufen am 1.4.2020.

zwar selbst keine Stellung zur Attraktivität einer solchen „europäischen Lösung" beziehen.[350] Die Attraktivität – oder besser Sinnhaftigkeit – einer solchen Maßnahme kann nach dem bisherigen Ergebnis dieser Untersuchung aber wohl als belegt gelten.

Der Vorschlag der EGPIL sieht einen separaten Abschnitt für die Anerkennung und Vollstreckung drittstaatlicher Entscheidungen vor, der der Brüssel I-VO angefügt werden sollte:

Im Bereich der Anerkennung normiert der Vorschlag zunächst – wie das europäische und das deutsche Recht – eine *ipso-iure*-Anerkennung. Vorgesehen ist ferner ein fakultatives Anerkennungsfeststellungsverfahren (Art. 56.2). Die Situation entspricht insofern im Grundsatz dem europäischen Recht. Art. 56.7 stellt klar, dass es zu keiner Überprüfung in der Sache kommen darf (Verbot einer *révision au fond*).

Art. 56–3 des Vorschlags enthält einen Anerkennungsversagungsgrund, nach dem Urteile, die auf Grundlage exorbitanter Zuständigkeiten ergangen sind, nicht anerkannt werden können. Der Artikel zählt sodann eine wohl nicht abschließende („*in particular*") Aufzählung exorbitanter Gerichtsstände auf, darunter solche, die an die Nationalität der Partei oder an Inlandsvermögen anknüpfen. Art. 56–4 enthält Anerkennungsversagungsgründe nach dem Vorbild von Art. 45 Brüssel Ia-VO: Danach soll eine Anerkennung versagt werden, wenn dem Beklagten rechtliches Gehör nicht gewährt wurde oder Unvereinbarkeit mit einer mitgliedstaatlichen Rechtshängigkeit oder mit einem mitgliedstaatlichem Urteil in der gleichen Sache vorliegt.

Nach Art. 56–5 werden ferner solche Entscheidungen nicht anerkannt, die widerrechtlich ergangen sind, etwa weil sie gegen zwingendes Recht des Anerkennungsstaats oder zwingendes Unionsrecht verstoßen. Eng damit zusammenhängend enthält Art. 56.6 als weiteren Anerkennungsversagungsgrund einen *ordre public*-Vorbehalt.

Für die Anerkennung und Vollstreckung drittstaatlicher Entscheidungen bedient sich die EGPIL des Systems der Art. 31 ff. EuGVÜ:

An Art. 31 I EuGVÜ angelehnt legt Art. 56–8 I fest, dass eine vollstreckbare drittstaatliche Urteil in einem Mitgliedstaat vollstreckt werden kann, wenn sie dort auf Antrag des Betroffenen für vollstreckbar erklärt worden ist.

Art. 56–9 verweist – wie Art. 33 EuGVÜ – für die Antragstellung auf das Recht des Vollstreckungsstaats. In Art. 56.12 werden die im Vollstreckbarerklärungsverfahren vorzulegenden Dokumente definiert. Hierbei handelt es sich um eine Abschrift des Urteils, bei einem Versäumnisurteil ferner um ein Dokument, das die

---

[350] Extension of the „Brussels I" Regulation an judgments given in a State which is not a member of the European Union – Position of the Group, Twentieth Meeting, Copenhagen 2010, https://www.gedip-egpil.eu/documents/gedip-documents-20poe.htm, abgerufen am 1.4.2020.

Zustellung des verfahrenseinleitenden Schriftstücks an den Schulder belegt und ansonsten alle Unterlagen, die erforderlich sind nachzuweisen, dass gegen das Urteil im Drittstaat kein ordentliches Rechtsmittel eingelegt werden kann, dass es dem Vollstreckungsschulder zugestellt wurde und überdies vollstreckbar ist. Die Vorschrift entspricht im Wesentlichen den Art. 46, 47 EuGVÜ, auf die in Art. 33 EuGVÜ verwiesen wird. Eine Art. 43 EuGVÜ entsprechende Regelung über die Vollstreckung von Zwangsgeldentscheidungen enthält schließlich Art. 56.10.

3. Schlussfolgerungen für einen Regelungsvorschlag – Anerkennung

Geht man nach hier vertretener Auffassung davon aus, dass Europäisches Gemeinschaftsrecht zukünftig bei Drittstaatensachverhalten zur Anwendung kommen soll, stellt sich die Frage, wie entsprechende Regelungen gefasst werden sollten.

Fest steht: Zukünftige vergemeinschaftete Regelungen über die Anerkennung und Vollstreckung drittstaatlicher Entscheidungen haben keinen Integrationscharakter, wie es entsprechende Regelungen zwischen den Mitgliedstaaten haben. Es geht bei der Konzeption solcher Regelungen vielmehr darum, ein dem Völkervertragsrecht angenähertes System zur internationalen Verfahrenskoordination unilateral nachzubilden. Der europäische Normsetzer muss – nach dem Vorbild der nationalen Gesetzgeber – mit anderen Worten einseitig Voraussetzungen benennen, die eine drittstaatliche Entscheidung erfüllen muss, um im europäischen Binnenmarkt anerkannt und vollstreckt werden zu können.

Will man die nähere Ausgestaltung entsprechender Vorschriften in den Blick nehmen, liegt es nah, zunächst eine umfassende rechtsvergleichende Studie zu fordern, die die autonomen Regelungen über die Anerkennung und Vollstreckung ausländischer Entscheidungen untersucht – vergleichbar mit der von Nyuts vorgelegten Studie über die nationalen Restzuständigkeiten.[351] Die Evaluation einer solchen Studie würde nationale Unterschiede herausstellen und könnte Grundlage für eine Diskussion über mögliche gemeinsame Voraussetzungen für die Anerkennung und Vollstreckung drittstaatlicher Entscheidungen sein. Eine solche umfassende Studie existiert – soweit erkennbar – bisher nicht.[352]

Die vorliegende Arbeit verfolgt keinen umfassenden rechtsvergleichenden Ansatz und kann in diesem Zusammenhang daher keinen entsprechenden Beitrag leisten. Sie ist gleichwohl im Stande, einen belastbaren Regelungsvorschlag zu unterbreiten.

---

[351] *Nuyts*, Study on Residual Jurisdiction – General Report, http://ec.europa.eu/civiljustice/news/docs/study_residual_jurisdiction_en.pdf, zuletzt abgerufen am 1.7.2018.

[352] Vgl. aber *Laugwitz*, Anerkennung und Vollstreckung, *passim*, die jedenfalls das deutsche, englische und französische Anerkennungsrecht vergleicht.

Denn vergleicht man beispielsweise die Ansätze der EGPIL einerseits mit dem bereits bestehenden Gemeinschaftsrecht und andererseits mit dem deutschen Internationalen Zivilverfahrensrecht – dies stellvertretend für die übrigen autonomen Rechte – fällt auf, dass sich einige – jedenfalls in den Mitgliedstaaten anerkannte – Grundsätze herausdestillieren lassen, die Grundlage für gemeinschaftsrechtliche Regelungen im Bereich der Anerkennung und Vollstreckung drittstaatlicher Entscheidungen sein können.

a) Grundsätze

Im Bereich der Anerkennung haben sich die nachstehenden Grundsätze herauskristallisiert. Sie können Grundlage auch für Regelungen mit Drittstaatenbezug sein.

aa) ipso iure – Anerkennung

Wie oben gezeigt, gehen die angesprochenen Regelsysteme von einer automatischen Anerkennung aus. Gründe, die einer Übernahme dieses Grundsatzes auch im Verhältnis zu Drittstaaten entgegenstehen, sind nicht ersichtlich (siehe unten Art. 36a I des Vorschlags). Die Möglichkeit eines fakultativen Anerkennungsfeststellungsverfahrens wird nur vom deutschen Recht nicht angeboten; sie erscheint sinnvoll und sollte daher ebenfalls übernommen werden (siehe unten Art. 36a II des Vorschlags).

bb) Verbot der révision au fond

Das Verbot der révision au fond findet sich in Art. 52 Brüssel Ia-VO wie auch in § 723 I ZPO, sowie in Art. 56.7 des EGPIL -Vorschlags. Dies kann kaum erstaunen, da eine erneute Prüfung in der Sache das Anerkennungsverfahren konterkarieren würde.[353] Die Regelung sollte daher auch gegenüber drittstaatlichen Urteilen beibehalten werden (siehe unten Art. 36a III des Vorschlags).

cc) Katalog von Anerkennungsversagungsgründen

Mit Blick auf die automatische – ipso iure – Anerkennung müssen Anerkennungsversagungsgründe formuliert werden, die eine „unkontrollierte" Geltung drittstaatlicher Entscheidungen im Binnenmarkt verhindern.

---

[353] Siehe oben S. 136.

Auch hier gibt es zwischen Brüssel Ia-Verordnung, ZPO und dem Vorschlag der EGPIL breite Überschneidungen: Anerkannte Ankerkennungsversagungsgründe sind (1.) die Verletzung rechtlichen Gehörs, (2.) das Entgegenstehen ausländischer Rechtskraft oder Rechtshängigkeit und (3.) der Verstoß gegen den *ordre public*. Diese Anerkennungsversagungsgründe sollten daher für die Regelung von Drittstaatensachverhalten genutzt und vergemeinschaftet werden (siehe unten Art. 45a lit. b)–e) des Vorschlags).

Allerdings erscheinen diese Voraussetzungen als „kleinster gemeinsamer Nenner" bei Drittstaatensachverhalten nicht ausreichend. Während ein liberales Anerkennungsrecht zwischen den Mitgliedstaaten mit Blick auf das gegenseitige Vertrauen angemessen ist, müssen im vorliegenden Fall europäische Wertevorstellungen anderweitig berücksichtigt werden.

Hierfür ungeeignet ist jedenfalls ein Anerkennungsversagungsgrund nach dem Muster von § 328 I Nr. 5 ZPO: Als „machtpolitisches Instrument" dient die Verbürgung der Gegenseitigkeit nicht europäischen Gerechtigkeitsvorstellungen.[354]

Sinnvoller erscheint dagegen die Anerkennungszuständigkeit nach dem Spiegelbildprinzip[355], wie sie § 328 I Nr. 1 ZPO normiert.[356] Das Spiegelbildprinzip überträgt europäische Gerechtigkeitsüberlegungen auf Drittstaaten: Wenn beispielsweise der deliktische Erfolgsort eine besondere Zuständigkeit begründen soll, so kann es im Grundsatz nicht darauf ankommen, ob sich dieser im In- oder Ausland befindet. Wenn der Gesetzgeber in dieser Situation schon nicht die Zuständigkeit des ausländischen Gerichts positiv festlegen kann, so kann – bzw. muss – doch zumindest eine Entscheidung, die unter Wahrung dieser für richtig befundenen Zuständigkeit ergangen ist, im Inland anerkannt und vollstreckt werden können.

Das Spiegelbildprinzip entschärft damit auch ein im Vorschlag der EGPIL angelegtes Problem: Die dort in Art. 56.3. genannten verpönten Zuständigkeiten können mit Blick auf die Verschiedenartigkeit der Rechtssysteme in der Welt – gewissermaßen nur als Kategorie – angerissen werden. Wird dagegen das Spiegelbildprinzip angewendet, werden solche Kataloge unnötig. Denn dieses Prinzip beschreibt die ausländische Zuständigkeit hinreichend präzise und schließt exorbitante Gerichtsstände aus. Erfolgt – wie hier in dieser Untersuchung vorgeschlagen – auch noch eine Universalisierung des Zuständigkeitssystems, ist die spiegelbildliche Anwendung der vergemeinschafteten Zuständigkeitsvorschriften leicht möglich (siehe unten Art. 45a lit. a) des Vorschlags).

---

[354] Siehe oben S. 41 ff.
[355] *Thole*, in: Anerkennung im IZPR, S. 25 (41).
[356] Siehe oben S. 76 f.; 108 f.

b) Vorschlag

Dies vorausgeschickt, empfiehlt sich die Einführung der nachfolgenden Vorschriften:[357]

Art. 36a [Anerkennung drittstaatlicher Entscheidungen]

(1) Ausländische Entscheidungen, die weder in einem Mitgliedstaat der Europäischen Union noch in einem Vertragsstaat des Luganer Übereinkommens ergangen sind, werden anerkannt, ohne dass es hierfür eines besonderen Verfahrens bedarf.

(2) Jeder Berechtigte kann Feststellung beantragen, dass keiner der in Artikel 45a genannten Gründe für eine Versagung der Anerkennung gegeben ist.

(3) Eine in einem Drittstaat ergangene Entscheidung darf im ersuchten Mitgliedstaat keinesfalls in der Sache selbst nachgeprüft werden.

Art. 45a [Versagung der Anerkennung drittstaatlicher Etnscheidungen]

Eine Entscheidung im Sinne von Art. 36a Abs. 1 wird nicht anerkannt, wenn

a) die Gerichte des Staates, dem das ausländische Gericht angehört, nach den Vorschriften dieser Verordnung nicht zuständig sind;

b) die Anerkennung der Entscheidung der öffentlichen Ordnung (ordre public) des ersuchten Mitgliedstaats offensichtlich widersprechen würde;

c) dem Beklagten, der sich auf das Verfahren nicht eingelassen hat, das verfahrenseinleitende Schriftstück oder ein gleichwertiges Schriftstück nicht ordnungsgemäß oder nicht so rechtzeitig zugestellt worden ist, dass er sich verteidigen konnte;

d) die Entscheidung mit einer Entscheidung unvereinbar ist, die zwischen denselben Parteien in dem Mitgliedstaat, in dem um Anerkennung ersucht wird, ergangen ist;

e) sie mit einer Entscheidung unvereinbar ist, die zwischen denselben Parteien in einem anderen Staat in einem Rechtsstreit wegen desselben Anspruchs ergangen ist, sofern die frühere Entscheidung die notwendigen Voraussetzungen für ihre Anerkennung im ersuchten Staat erfüllt.

4. Schlussfolgerungen für einen Regelungsvorschlag –
Vollstreckung

Für den Regelungsbereich der Vollstreckung sollten die nachstehenden Grundsätze berücksichtigt werden.

---

[357] Ähnlich *Laugwitz*, Anerkennung und Vollstreckung, S. 403.

a) Grundsätze

Der Verzicht auf ein Vollstreckbarerklärungsverfahren, wie er in der Brüssel Ia-Verordnung zu finden ist, kommt bei Drittstaatensachverhalten natürlich nicht in Betracht.[358]

Angezeigt ist hier im Gegenteil ein originäres Vollstreckbarerklärungsverfahren, wie es beispielsweise im EuGVÜ zu finden war.[359] Dieses Verfahren sollte als Antragsverfahren ausgestaltet sein und nach dem nationalen Recht des Vollstreckungsstaats durchgeführt werden. Wie beim EuGVÜ sollte die Vollstreckbarerklärung nur versagt werden dürfen, wenn ihr die spezifischen Anerkennungsversagungsgründe des soeben bezeichneten Art. 45a Brüssel Ib-VO als Vollstreckbarerklärungsversagungsgründe entgegenstehen (siehe unten Art. 39a des Vorschlags).

b) Vorschlag

Als neue Regelung in Abschnitt 2 von Kapitel III der Brüssel Ia-VO könnten die nachfolgende Vorschrift eingefügt werden:

Art. 39a [Vollstreckung drittstaatlicher Entscheidungen]

(1) Die in einem Drittstaat ergangenen Entscheidungen, die in diesem Staat vollstreckbar sind, werden in einem Mitgliedstaat vollstreckt, wenn sie dort auf Antrag eines Berechtigten für vollstreckbar erklärt worden sind.

(2) Für die Stellung des Antrags ist das Recht des Vollstreckungsstaats maßgebend.

(3) Das mit dem Antrag befasste Gericht erlässt seine Entscheidung unverzüglich, ohne dass der Schuldner in diesem Abschnitt des Verfahrens Gelegenheit erhält, eine Erklärung abzugeben. Der Antrag kann nur aus einem der in Artikel 45a angeführten Gründe abgelehnt werden. Die ausländische Entscheidung darf keinesfalls in der Sache selbst nachgeprüft werden.

5. Fazit

Der Europäische Gesetzgeber verkennt die Vorteile vergemeinschafteter Regelungen im Bereich der Anerkennung und Vollstreckung drittstaatlicher Entscheidungen. Wenn er sich dafür einsetzt, „auf der Haager Konferenz alle Anstrengungen zu unternehmen, um das Projekt eines internationalen Gerichtsstandsübereinkommens wiederzubeleben" und meint, „dass es eine verfrühte undurchdachte Über-

---

[358] Siehe hierzu oben S. 153.
[359] Siehe oben S. 154.

legung wäre, den Bestimmungen dieser Verordnung eine reflexive Wirkung einzuräumen"[360], übersieht er eins: Nie werden alle Staaten an dem Übereinkommen
teilnehmen. Die autonomen Verfahrensrechte werden weiter einen mehr oder weniger großen Anwendungsbereich behalten – mit den bereits benannten Folgen.[361]

Aus Perspektive eines gemeinsamen Binnenmarkts ist das schwer zu ertragen:
Wenn eine drittstaatliche Entscheidung in einem Mitgliedstaat anerkannt und vollstreckt wird – im anderen aber nicht – ist es mit einer Freizügigkeit des Unions-
bürgers nicht weit her.

D. Partielle Universalisierung der Brüssel Ia-Verordnung: Die Einfügung der Art. 71a–71d Brüssel Ia-VO

Die Absage an eine Universalisierung des Zuständigkeitsregimes der Brüssel Ia-Verordnung verwundert auch aus einem anderen Grund: Bei der Integration
„gemeinsamer Gerichte" in das System der Brüssel Ia-Verordnung durch Einfügung der Art. 71a–71d Brüssel Ia-VO, erstreckte der Europäische Gesetzgeber
den räumlich-persönlichen Anwendungsbereich der Verordnung – jedenfalls par-
tiell – auf Drittstaatensachverhalte.[362] Diese Teil-Universalisierung der internationalen Zuständigkeit der gemeinsamen Gerichte i. S. v. Art. 71a Brüssel Ia-VO gem.
Art. 71b Brüssel Ia-VO steht in deutlichem Widerspruch zu der Position, die der
Europäische Gesetzgeber bei der Revision der Brüssel Ia-Verordnung eingenom-
men hatte.[363] Im Ergebnis enthält das Gesamtsystem der Verordnung nun eine un-
nötige Friktion[364], die leicht hätte vermieden werden können.

I. Die Reform der Reform: VO (EU) Nr. 542/2014

Noch vor ihrem vollen Wirksamwerden am 10.1.2015 (Art. 81 Brüssel Ia-VO),
wurde die gerade erst revidierte Brüssel Ia-Verordnung bereits ein erstes Mal
überarbeitet. Anlass für die „im Rekordtempo"[365] durch das ordentliche Gesetz-

---

[360] Zivil-, handels- und familienrechtliche Aspekte sowie Aspekte des internationalen Privatrechts im Aktionsplan zur Umsetzung des Stockholmer Programms – Entschließung des
Europäischen Parlaments vom 23.11.2010 (2010/2080(INI)), Rn. 35, https://eur-lex.europa.eu/
legal-content/DE/TXT/PDF/?uri=CELEX:52010IP0426&qid=1531691795416&from=EN, abgerufen am 1.7.2018.

[361] Siehe oben S. 145 ff.; vgl. auch *Bonomi*, IPRax 2017, S. 184 (190).

[362] *Hess*, in: Schlosser/Hess, EuZPR, Art. 71b EuGVVO Rn. 2.

[363] Siehe oben S. 27 f.

[364] *Mankowski*, GPR 2014, S. 330 (336); *Mankowski*, in: Rauscher, EuZPR/EuIPR, Art. 71b
Brüssel Ia-VO Rn. 13.

[365] *Luginbühl/Stauder*, GRURInt 2014, S. 885 (886).

gebungsverfahren geführte Änderungsverordnung[366] war der Abschluss des völkerrechtlichen[367] EPG-Übereinkommens (EPGÜ)[368] und die Institutionalisierung des Europäischen Patentgerichts (EPG). Da das EPG grundsätzlich ausschließliche sachliche Zuständigkeit[369] für sich beansprucht (vgl. Art. 32 EPGÜ), war es aus Gründen der Rechtssicherheit und Vorhersehbarkeit notwendig, das Gericht in das System der Brüssel Ia-Verordnung einzupassen.[370] Gleichzeitig – gewissermaßen „huckepack"[371] – wurde zwecks „Arrondierung und Klarstellung"[372] auch der seit Jahrzehnten etablierte Benelux-Gerichtshof als zweites Gemeinsames Gericht in die Brüssel Ia-Verordnung integriert.

Die Integration der Gemeinsamen Gerichte erfolgte durch Einfügung von vier Vorschriften: Art. 71a Brüssel Ia-VO legaldefiniert den Begriff „Gemeinsames Gericht". Art. 71b Brüssel Ia-VO regelt die internationale Zuständigkeit, Art. 71c Brüssel Ia-VO die Rechtshängigkeit und Art. 71d Brüssel Ia-VO Anerkennung und Vollstreckung.

II. Gemeinsame Gerichte gem. Art. 71a Brüssel Ia-VO

Gemeinsames Gericht i. S. v. Art. 71a I Brüssel Ia-VO ist ein Gericht mehrerer Mitgliedstaaten, das gemäß der zu seiner Errichtung geschlossenen Übereinkunft eine gerichtliche Zuständigkeit in Angelegenheiten ausübt, die in den sachlichen Anwendungsbereich der Brüssel Ia-Verordnung fällt. Es gilt als Gericht eines Mitgliedstaats. In Art. 71a II Brüssel Ia-VO werden das Europäische Patentgericht und der Benelux-Gerichtshof explizit als gemeinsame Gerichte benannt.

---

[366] Verordnung (EU) Nr. 542/2014 des Europäischen Parlaments und des Rates vom 15.5.2014 zur Änderung der Verordnung (EU) Nr. 1215/2012 bezüglich der hinsichtlich des Einheitlichen Patentgerichts und des Benelux-Gerichtshofs anzuwendenden Vorschriften, ABl. EU 2014 L 163/1.

[367] Das einheitliche Patent ist Ergebnis einer verstärkten Zusammenarbeit (Beschluss des Rates vom 10.3.2011 über die Ermächtigung zu einer Verstärkten Zusammenarbeit im Bereich der Schaffung eines einheitlichen Patentschutzes, ABl. EU 2011 L 76/53), an der die meisten, aber nicht alle Mitgliedstaaten (Spanien, Italien und Kroatien) teilnehmen. Die Etablierung des Europäischen Patentgerichts konnte daher nicht durch eine Verordnung erfolgen; es musste vielmehr ein völkerrechtlicher Vertrag abgeschlossen werden, vgl. *Mankowski*, in: Rauscher, EuZPR/EuIPR, Art. 71a Brüssel Ia-VO Rn. 5; siehe auch oben S. 56 ff.

[368] Übereinkommen über ein Einheitliches Patentgericht, ABl. EU 2013 L 175/1.

[369] Genau genommen konzentriert der Gesetzgeber hier sachliche Zuständigkeiten auf ein Gericht.

[370] Vgl. *Mankowski*, in: Rauscher, EuZPR/EuIPR, Art. 71a Brüssel Ia-VO Rn. 5; vgl. auch EG (4) der VO (EU) Nr. 542/2014, ABl. EU 2014 L 163/1.

[371] *Mankowski*, GPR 2014, S. 330 (333); *Mankowski*, in: Rauscher, EuZPR/EuIPR, Art. 71a Brüssel Ia-VO Rn. 12.

[372] *Mankowski*, GPR 2014, S. 330 (332 f.); *Mankowski*, in: Rauscher, EuZPR/EuIPR, Art. 71a Brüssel Ia-VO Rn. 12.

III. Internationale Zuständigkeit der gemeinsamen Gerichte, Art. 71b Brüssel Ia-VO

Art. 71b Brüssel Ia-VO regelt die internationale[373] Zuständigkeit der gemeinsamen Gerichte. Die Vorschrift unterscheidet dabei zwei Konstellationen:

1. Grundsatz: Klagen gegen Beklagte mit mitgliedstaatlichem Wohnsitz

Nach Art. 71b Nr. 1 Brüssel Ia-VO ist das Gemeinsame Gericht immer dann international zuständig, wenn die Gerichte irgendeines Mitgliedstaats, der zugleich Partei der Übereinkunft zur Errichtung des gemeinsamen Gerichts ist, nach den Vorschriften der Brüssel Ia-Verordnung international zuständig wären. Das gemeinsame Gericht substituiert demzufolge das nach der Zuständigkeitsordnung der Brüssel Ia-Verordnung an sich zuständige mitgliedstaatliche Gericht.[374] Dies hat mitunter den Effekt, dass der Beklagte entgegen seiner Erwartungen an einem anderen, als dem eigentlich nach den Art. 4 ff. Brüssel Ia-VO zuständigen Gericht erfolgreich verklagt werden kann.[375] Ist etwa die Zentralkammer des EPG gem. Art. 33 IV EPGÜ ausschließlich zuständig – beispielsweise für eine negative Feststellungsklage (Art. 32 I lit. b EPGÜ) oder eine Nichtigkeitsklage (Art. 32 I lit. d EPGÜ) – so „hebelt" diese sachliche Zuständigkeit die internationale Zuständigkeit nach Maßgabe der Brüssel Ia-Verordnung aus.[376] Statt eines originären mitgliedstaatlichen Gerichts entscheidet dann die Zentralkammer mit Sitz in Paris und Abteilungen in London oder München (vgl. Art. 7 II EPGÜ) als mitgliedstaatliches Gericht gem. Art. 71a I Brüssel Ia-VO. Die Verteilung auf den jeweiligen Standort der Kammer ist keine Frage der internationalen Zuständigkeit, sondern ergibt sich aus den gerichtsorganisatorischen Festlegungen des EPGÜ.[377]

2. Sonderfall: Klagen gegen Beklagte mit drittstaatlichem Wohnsitz

Hat der Beklagte dagegen keinen Wohnsitz in einem Mitgliedstaat der Brüssel Ia-Verordnung und begründet die Verordnung auch sonst keine Zuständigkeit, so ordnet Art. 71b Nr. 2 S. 1 Brüssel Ia-VO die Zuständigkeit des gemeinsamen

---

[373] Vgl. *Mankowski*, GPR 2014, S. 330 (334) sowie EG (5) der VO (EU) Nr. 542/2014, ABl. EU 2014 L 163/1: „Die Änderungen […] dienen dazu, die internationale Zuständigkeit dieses Gerichts zu begründen, […]."; vgl. auch Art. 31 EPGÜ.

[374] *Hess*, in: Schlosser/Hess, EuZPR, Art. 71b EuGVVO Rn. 2.

[375] Vgl. *Luginbühl/Stauder*, GRURInt 2014, S. 885 (886).

[376] Vgl. *Luginbühl/Stauder*, GRURInt 2014, S. 885 (886).

[377] Vgl. EG (5) der VO (EU) Nr. 542/2014, ABl. EU 2014 L 163/1.

Gerichts „ungeachtet des Wohnsitzes des Beklagten" an. Diesen Ansatz verfolgte auch der letztlich nicht umgesetzte Kommissionsvorschlag vom 14.12.2010.[378]

Art. 71b Nr. 3 Brüssel Ia-VO geht noch weiter.[379] Ist das Gemeinsame Gericht nach Art. 71b Nr. 2 Brüssel Ia-VO für einen Rechtsstreit über die Verletzung eines Einheitlichen Patents international zuständig, kann das Gericht seine Zuständigkeit nicht nur hinsichtlich des Schadens innerhalb der Union ausüben, sondern auch hinsichtlich eines außerhalb eingetretenen Schadens.[380] Zusatzvoraussetzung hierfür ist jedoch, dass der Beklagte über ausreichendes, d. h. zumindest eine teilweise Vollstreckung ermöglichendes Vermögen in einem Mitgliedstaat[381], der Partei der Übereinkunft zur Errichtung des gemeinsamen Gerichts ist, verfügt und der Rechtsstreit einen ausreichenden Bezug zu einem solchen Mitgliedstaat aufweist, etwa weil der Beklagte dort seinen Wohnsitz hat oder dort Beweismittel für den Rechtsstreit vorliegen.[382]

Auch hier findet sich eine vergleichbare Regelung in Art. 25 des nicht umgesetzten Kommissionsvorschlag vom 14.12.2010.[383] Die Vorschrift enthielt als subsidiäre Zuständigkeit einen Vermögensgerichtstand mit vergleichbaren Voraussetzungen.

Dass sich der Europäische Gesetzgeber bei der Reform der Zuständigkeitsordnung gegen eine Ausweitung auf Drittstaatensachverhalte entschieden hat, entsprechende Regelungen aber bei der Integration der gemeinsamen Gerichte zur Anwendung kommen, irritiert. Die gesetzgeberische „Wankelmütigkeit" könnte auf den ersten Blick damit begründet werden, dass gemeinschaftliche Gerichte – anders als originär mitgliedstaatliche Gerichte – nicht auf eine autonome Restzuständigkeit zurückgreifen können und daher konkreter Zuständigkeitsvorschriften für Fälle mit Drittstaatenbezug benötigen.[384] Es stellt sich jedoch die Frage, warum genau die Regelungen, die im Bereich der Zuständigkeitsvorschriften ungeeignet waren, hier nun als angemessene Lösung betrachtet werden.

---

[378] Vorschlag für eine Verordnung des Europäischen Parlaments und des Rates über die gerichtliche Zuständigkeit und die Anerkennung und Vollstreckung von Entscheidungen in Zivil und Handelssachen, KOM (2010) 748 endg., S. 8 ff; siehe auch oben S. 124 ff. sowie S. 109 f.

[379] *Luginbühl/Stauder*, GRURInt 2014, S. 885 (887 f.); *Wallner-Friedl*, in: Czernich/Kodek/Mayr, Art. 71d Rn. 6.

[380] *Mankowski*, in: Rauscher, EuZPR/EuIPR, Art. 71b Brüssel Ia-VO Rn. 21.

[381] Vgl. auch EG (7) der VO (EU) Nr. 542/2014, ABl. EU 2014 L 163/1: „Das gemeinsame Gericht sollte der Begründung seiner Zuständigkeit dem Wert des betreffenden Vermögens Rechnung tragen, der nicht geringfügig und der so hoch sein sollte, dass eine zumindest teilweise Vollstreckung der Entscheidung in den Mitgliedstaaten, die Vertragsparteien der Übereinkunft zur Errichtung des gemeinsamen Gerichts sind, möglich ist."

[382] Vgl. auch EG (7) der VO (EU) Nr. 542/2014, ABl. EU 2014 L 163/1.

[383] Vorschlag für eine Verordnung des Europäischen Parlaments und des Rates über die gerichtliche Zuständigkeit und die Anerkennung und Vollstreckung von Entscheidungen in Zivil und Handelssachen, KOM (2010) 748 endg.; siehe auch oben S. 126 ff.

[384] Vgl. auch EG (6) der VO (EU) Nr. 542/2014, ABl. EU 2014 L 163/1.

E. Die Regelungen zur Verfahrenskoordination in der Brüssel Ia-Verordnung

Im Bereich der Verfahrenskoordination weist die reformierte Brüssel Ia-Verordnung in Bezug auf Drittstaatensachverhalte wohl die größten Unterschiede zu ihren Vorgängervorschriften auf. Wie bei der Anerkennung und Vollstreckung ausländischer Entscheidungen enthielten weder EuGVÜ noch Brüssel I-Verordnung Vorschriften in Bezug auf parallele Verfahren vor Drittstaatengerichten:[385] Ihrer Integrationsfunktion entsprechend, fanden sich lediglich Regelungen über die Verfahrenskoordination zwischen den Mitgliedstaaten.

Ob und wie weit drittstaatliche Verfahren vor mitgliedstaatlichen Gerichten Beachtung finden sollten, war umstritten:[386] Die wohl herrschende Meinung meinte, dass die Verfahrenskoordination in diesen Fällen – vorbehaltlich staatsvertraglicher Regelungen – eine Angelegenheit des autonomen Internationalen Zivilverfahrensrechts der Mitgliedstaaten sei.[387] Dagegen wurde vereinzelt vorgebracht, dass mit Blick auf den zwingenden Charakter der vergemeinschafteten Zuständigkeitsvorschriften ein mitgliedstaatliches Gericht sein Verfahren – zumindest nicht auf Grundlage nationalen Rechts – zugunsten eines drittstaatlichen Verfahrens aussetzen dürfe[388]. In Betracht gekommen wäre allenfalls eine analoge Anwendung der vergemeinschafteten Regelungen.[389]

Die vorstehend angedeutete Diskussion ist heute jedoch obsolet. Sie wurde vom Europäischen Gesetzgeber überholt, der in der Brüssel Ia-Verordnung ein abschließendes – das autonome Recht verdrängende[390] – Regelungsregime für die Verfahrenskoordination mitgliedstaatlicher (dazu I.) und eines für die Verfahrenskoordination drittstaatlicher Verfahren (dazu II.) geschaffen hat.

---

[385] Vgl. *Grohmann*, ZIP 2015, S. 16 (19), *Heckel*, GPR 2012, S. 272 (276); *Coester-Waltjen*, in: FS Nakamura, S. 89 (101, 111), *Marongiu Buonaiuti*, Yearbook of Private International Law Volume 15 (2013/2014), S. 87 (88 f.).

[386] Zum Streitstand und den verschiedenen Positionen ausführlich *Weber*, RIW 2009, S. 620 (621 ff.).

[387] *V. Hein*, RIW 2013, S. 97 (106); *Heckel*, GPR 2012, S. 272 (276); *Coester-Waltjen*, in: FS Nakamura, S. 89 (101); *Heinze/Dutta*, IPRax 2005, S. 224 (228).

[388] *Kruger*, Civil Jurisdiction Rules, Rn. 5.26.

[389] Vgl. *Kohler*, in: FS Matscher, S. 251 (260).

[390] *Junker*, IZPR, § 23 Rn. 6; *Marongiu Buonaiuti*, Yearbook of Private International Law Volume 15 (2013/2014), S. 87 (92); vgl. auch EG (23) und EG (24) Brüssel Ia-VO.

I. Verfahrenskoordination mitgliedstaatlicher Verfahren

Die Vorschriften über die Verfahrenskoordination mitgliedstaatlicher Verfahren finden sich in den Art. 29 ff. Brüssel Ia-VO. Die Verordnung beinhaltet hierzu Rechtshängigkeitsregelungen (dazu 1.) sowie die Vorschriften über die Aussetzung des Verfahrens wegen Konnexität (dazu 2.).

1. Verfahrenskoordination durch Rechtshängigkeitsregelungen, Art. 29, 32 Brüssel Ia-VO

a) Allgemeine Funktionsweise: Prioritätsprinzip

Werden bei Gerichten verschiedener Mitgliedstaaten Klagen wegen desselben Anspruchs zwischen denselben Parteien anhängig gemacht (sogenannte „doppelte Rechtshängigkeit"[391]), muss das später angerufene Gericht sein Verfahren grundsätzlich von Amts wegen aussetzen, bis die Zuständigkeit des zuerst angerufenen Gerichts feststeht (Art. 29 I Brüssel Ia-VO). Ist die Zuständigkeit des zuerst angerufenen Gerichts zu bejahen, muss sich das später angerufene Gericht für unzuständig erklären (Art. 29 III Brüssel Ia-VO). In dieser Grundkonstellation folgt die Brüssel Ia-Verordnung folglich dem Prioritätsprinzip.[392]

Eine Ausnahme – und damit Durchbrechung des Prioritätsprinzips – regelt der durch die letzte Reform neugefasste[393] Art. 31 II Brüssel Ia-VO.[394] Danach muss (auch) das zuerst angerufene Gericht sein Verfahren aussetzen, wenn das (möglicherweise) später angerufene Gericht aufgrund einer Gerichtsstandsvereinbarung nach Art. 25 Brüssel Ia-VO ausschließlich zuständig ist. Die Aussetzung dauert solange an, bis das (vermeintlich) prorogierte Gericht seine ausschließliche Zuständigkeit verneint hat.[395] Stellt das Gericht dagegen seine ausschließliche Zuständigkeit fest, muss sich das zuerst angerufene Gericht für unzuständig erklären (Art. 31 III Brüssel Ia-VO).

b) Identität des Streitgegenstands

Art. 29 I Brüssel Ia-VO verlangt Identität des Anspruchs und Identität der Parteien. Beide Voraussetzungen sind verordnungsautonom auszulegen:[396]

---

[391] *Junker*, IZPR, § 23 Rn. 11.

[392] *Gottwald*, in: MüKo-ZPO, Art. 29 Brüssel Ia-VO, Rn. 6; vgl. auch *Stadler*, in: Musielak/Voit, ZPO, Art. 29 Brüssel Ia-VO Rn. 1.

[393] *Junker*, IZPR, § 23 Rn. 25; *Stadler*, in: Musielak/Voit, ZPO, Art. 31 EuGVVO Rn. 1.

[394] *Gottwald*, in: MüKo-ZPO, Art. 31 Brüssel Ia-VO, Rn. 3.

[395] Vgl. *Adolphsen*, EuZVR, Kap. 4 Rn. 23.

[396] *Junker*, IZPR, § 23 Rn. 11; *Adolphsen*, EuZVR, Kap. 4 Rn. 25.

Identität der Parteien ist nicht gleichbedeutend mit der Identität der Parteirollen. So lässt es der EuGH genügen, wenn der Beklagte einer Leistungsklage in einem Mitgliedstaat gleichzeitig Kläger einer negativen Feststellungsklage in einem anderen Mitgliedstaat ist.[397] Hinsichtlich der Identität des Anspruchs hat der EuGH die sogenannte *Kernpunkttheorie* entwickelt: Anders als im deutschen Recht[398] kommt es danach nicht auf die Identität der Klageanträge an. Entscheidend ist vielmehr, dass bei natürlicher Betrachtungsweise beide Klagen dieselbe Grundlage und denselben Gegenstand aufweisen:[399] Der Kernpunkt beider Rechtsstreitigkeiten muss identisch sein.[400] Bejaht hat der EuGH diese Voraussetzung bei einer Klage auf Kaufpreiszahlung auf der einen Seite und einer Klage auf Feststellung der Unwirksamkeit des Kaufvertrags auf der anderen Seite:[401] Beide Klagen beruhen auf derselben – vertraglichen – Grundlage und teilen denselben rechtlichen Kernpunkt – namentlich die Wirksamkeit des Kaufvertrages.

c) Zeitpunkt der Rechtshängigkeit

Da die nationalen Verfahrensrechte die Frage nach dem genauen Zeitpunkt der Rechtshängigkeit unterschiedlich beantworten,[402] bestimmt Art. 32 Brüssel Ia-VO – wie vorher Art. 30 Brüssel I-VO – den Zeitpunkt der Rechtshängigkeit verordnungsautonom.[403] Nach der Vorschrift gilt ein Gericht als angerufen, wenn das verfahrenseinleitende Schriftstück bei Gericht eingereicht wird (Art. 32 I lit. a Brüssel Ia-VO) oder bei der für die Zustellung verantwortlichen Stelle, wenn das verfahrenseinleitenden Schriftstücks – zeitlich vor dem Gericht – zunächst dem Beklagten zuzustellen ist (Art. 32 I lit. b Brüssel Ia-VO).

---

[397] EuGH, Urteil vom 6.12.1994 – Rs. C 406/92 (*Tatry ./. Maciej Rataj*) = ECLI:EU:C:1994:400 = BeckRS 2004, 77078 (Rn. 43).

[398] Vgl. *Adolphsen*, EuZVR, Kap. 4 Rn. 27.

[399] *Adolphsen*, EuZVR, Kap. 4 Rn. 27.

[400] Vgl. EuGH, Urteil vom 8.12.1987 – Rs. 144/86 (*Gubisch Maschinenfabrik ./. Giulio Palumbo*) = ECLI:EU:C:1987:528 = NJW 1989, S. 665 (666, insbes. Rn. 16).

[401] EuGH, Urteil vom 9.12.2003 – Rs. C 116/02 (*Gasser GmbH ./. MISAT Srl*) = ECLI:EU:C:2003:657 = EuZW 2004, S. 188 (188).

[402] Vgl. *Martiny*, Handwörterbuch des Europäischen Privatrechts, Stichwort: Rechtshängigkeit, http://hwb-eup2009.mpipriv.de/index.php/Rechtsh%C3%A4ngigkeit, abgerufen am 1.4.2020, der die Modelle verschiedener Staaten darstellt.

[403] Vgl. auch EG (21) Brüssel Ia-VO: „Im Interesse einer abgestimmten Rechtspflege müssen Parallelverfahren so weit wie möglich vermieden werden, damit nicht in verschiedenen Mitgliedstaaten miteinander unvereinbare Entscheidungen ergehen. *Es sollte eine klare und wirksame Regelung zur Klärung von Fragen der Rechtshängigkeit und der im Zusammenhang stehenden Verfahren sowie zur Verhinderung von Problemen vorgesehen werden, die sich aus der einzelstaatlich unterschiedlichen Festlegung des Zeitpunkts ergeben, von dem an ein Verfahren als rechtshängig gilt. Für die Zwecke dieser Verordnung sollte dieser Zeitpunkt autonom festgelegt werden*" (Hervorhebung nicht im Original).

Durch diese gemeinschaftsrechtliche Festlegung wird der Missbrauch von technischen Verfahrensunterschieden in den Mitgliedstaaten verhindert:[404] Unter Geltung des EuGVÜ fehlte eine entsprechende Regelung – mit der Folge, dass in einigen Staaten die Rechtshängigkeit erst mit Zustellung der Klage beim Beklagten erfolgte – so etwa in Deutschland gem. §§ 253 I, 261 I ZPO – in anderen Staaten bereits bei Eingang der Klage bei Gericht oder der Eintragung in ein Klageregister.[405] Diese Rechtslage förderte den sogenannten „Italienischen Torpedo"[406]: Erfuhr eine Partei von einer in Deutschland bei Gericht eingereichten, aber ihr noch nicht zugestellten Klage, konnte sie diese Klage durch Erhebung einer negativen Feststellungsklage vor italienischen Gerichten blockieren, da dort bereits die Einreichung der Klage ihre Rechtshängigkeit bewirkte.[407]

2. Verfahrenskoordination bei konnexen Verfahren, Art. 30 Brüssel Ia-VO

Art. 30 Brüssel Ia-VO koordiniert Gerichtsverfahren in verschiedenen Mitgliedstaaten, die zwar im Zusammenhang stehen, aber nicht den gleichen Streitgegenstand aufweisen. Wie Art. 29 Brüssel Ia-VO dient die Vorschrift der Prozessökonomie, und einer geordneten Rechtspflege; dabei schützt sie allerdings nur vor inkohärenten, nicht sich widersprechenden Entscheidungen.[408]

Wann ein Zusammenhang zwischen zwei Verfahren i. S. v. Art. 30 I Brüssel Ia-VO gegeben ist, definiert Art. 30 III Brüssel Ia-VO. Danach stehen Verfahren im Zusammenhang, wenn zwischen ihnen eine so enge Beziehung gegeben ist, dass eine gemeinsame Verhandlung und Entscheidung geboten erscheint, um zu vermeiden, dass in getrennten Verfahren widersprechende Entscheidungen ergehen.

Während die Rechtshängigkeitssperre des Art. 29 Brüssel Ia-VO ohne jede inhaltliche Wertung – „mechanisch"[409] – dem Prioritätsprinzip folgt, räumt Art. 30 Brüssel Ia-VO den Gerichten zur Vermeidung von Parallelverfahren und einander widersprechenden Entscheidungen Ermessen ein:[410] Nach Art. 30 I Brüssel Ia-VO *kann* jedes später angerufene Gericht – unabhängig von der Instanz[411] – bei im

---

[404] *Gottwald*, in: MüKo-ZPO, Art. 32 Brüssel Ia-VO, Rn. 2; *Adolphsen*, EuZVR, Kap. 4 Rn. 15.
[405] Zu diesem Problemkreis ausführlich: *Gottwald*, in: MüKo-ZPO, Art. 32 Brüssel Ia-VO, Rn. 1 f.; *Adolphsen*, EuZVR, Kap. 4 Rn. 14.
[406] Zum Begriff: *Adolphsen*, EuZVR, Kap. 4 Rn. 26; *Junker*, IZPR, § 23 Rn. 24.
[407] *Martiny*, Handwörterbuch des Europäischen Privatrechts, Stichwort: Rechtshängigkeit, http://hwb-eup2009.mpipriv.de/index.php/Rechtsh%C3%A4ngigkeit, abgerufen am 1.4.2020; *Adolphsen*, EuZVR, Kap. 4 Rn. 14.
[408] *Leible*, in: Rauscher, EuZPR/EuIPR, Art. 30 Brüssel Ia-VO Rn. 1.
[409] *McGuire*, in: Jahrbuch ZVR 10, S. 133 (137).
[410] *Leible*, in: Rauscher, EuZPR/EuIPR, Art. 30 Brüssel Ia-VO Rn. 12 ff.; *Stadler*, in: Musielak/Voit, ZPO, Art. 30 EuGVVO Rn. 3.
[411] *Adolphsen*, EuZVR, Kap. 4 Rn. 32.

Zusammenhang stehenden Verfahren sein Verfahren aussetzen; nach Art. 30 II Brüssel Ia-VO *kann* das später angerufene Gericht sich – zur Vermeidung negativer Kompetenzkonflikte auf Antrag[412] – sogar für unzuständig erklären; vorausgesetzt beide Verfahren sind noch in erster Instanz anhängig und das Recht des Erststaats lässt eine Verfahrensverbindung zu.[413]

II. Verfahrenskoordination drittstaatlicher Verfahren

Durch die Reform der Brüssel I-Verordnung neu eingeführt, wurden Regelungen über die Verfahrenskoordination in Bezug auf Drittstaaten.[414] Der Reformgesetzgeber hat in den Art. 33 f. Brüssel Ia-VO ein Regelungsregime geschaffen, dass – wie die Art. 29 ff. Brüssel Ia-VO – zwischen Rechtshängigkeitsregelungen (dazu 1.) und Regelungen über die Koordination konnexer Verfahren (dazu 2.) unterscheidet. Diese Vorschriften sind „Überbleibsel" der deutlich ambitionierten Vorstellungen der Kommission[415] und regeln daher – mit Blick auf die übrigen Vorschriften der Verordnung – in ungewohnt breiter Weise – unter vollständiger Verdrängung nationalen Rechtshängigkeitsrechts[416] – Drittstaatensachverhalte.

1. Verfahrenskoordination durch Rechtshängigkeitsregelungen, Art. 33 Brüssel Ia-VO

Art. 33 Brüssel Ia-VO legt fest, unter welchen Voraussetzungen eine in einem Drittstaat anhängige Klage berücksichtigt werden *kann*. Es handelt sich folglich um eine Ermessensvorschrift, die nach der *lex fori* des Mitgliedstaats amtswegig oder auf Antrag zu prüfen ist (Vgl. Art. 34 IV Brüssel Ia-VO).[417] Wie Art. 29 Brüssel Ia-VO setzt Art. 33 Brüssel Ia-VO zwei Verfahren wegen demselben Anspruch zwischen denselben Parteien voraus; es gilt auch hier die Kernpunkttheorie.[418] Im Vergleich zur Parallelvorschrift für mitgliedstaatliche Rechtshängigkeit, sind hier die Voraussetzungen für eine Aussetzung aber strenger.

---

[412] *Stadler*, in: Musielak/Voit, ZPO, Art. 30 EuGVVO Rn. 4; *Adolphsen*, EuZVR, Kap. 4 Rn. 33

[413] *Stadler*, in: Musielak/Voit, ZPO, Art. 30 EuGVVO Rn. 4; *Adolphsen*, EuZVR, Kap. 4 Rn. 33.

[414] *Leible*, in: Rauscher, EuZPR/EuIPR, Art. 33 Brüssel Ia-VO Rn. 1.

[415] *Leible*, in: Rauscher, EuZPR/EuIPR, Art. 33 Brüssel Ia-VO Rn. 1; *Heckel*, GPR 2012, S. 272 (278 ff.).

[416] *Leible*, in: Rauscher, EuZPR/EuIPR, Art. 33 Brüssel Ia-VO Rn. 6; vgl. auch *Stadler*, in: Musielak/Voit, ZPO, Art. 34 EuGVVO Rn. 1; *Marongiu Buonaiuti*, Yearbook of Private International Law Volume 15 (2013/2014), S. 87 (94).

[417] Vgl. *Marongiu Buonaiuti*, Yearbook of Private International Law Volume 15 (2013/2014), S. 87 (92)

[418] *Stadler*, in: Musielak/Voit, ZPO, Art. 34 EuGVVO Rn. 5.

a) Allgemeine Voraussetzungen

Zum einen ist ihr sachlicher Anwendungsbereich eingeschränkt: Drittstaatliche Verfahren können – bei Vorliegen der übrigen Voraussetzungen des Art. 33 Brüssel Ia-VO – nur berücksichtigt werden, wenn das mitgliedstaatliche Gericht nach Art. 4 oder Art. 7 ff. Brüssel Ia-VO zuständig ist. In allen anderen Fällen ist eine Aussetzung nicht möglich: Wenn die mitgliedstaatlichen Gerichte also aufgrund der Schutzgerichtsstände der Art. 10 ff. (in Versicherungssachen), Art. 17 ff. (in Verbrauchersachen) oder Art. 20 ff. Brüssel Ia-VO (in Arbeitsvertragssachen) zuständig sind – oder aber aufgrund der ausschließlichen Zuständigkeiten in den Art. 24 f. Brüssel Ia-VO – werden drittstaatliche Verfahren nicht berücksichtigt. Dies dient letztlich dazu, einerseits den harmonisierten Schutzvorschriften zugunsten typischerweise schwächerer Parteien zur Geltung zu verhelfen, andererseits die mit der Schaffung ausschließlicher Zuständigkeiten bezweckten staatlichen Ordnungsinteressen zu wahren.[419]

Die Vorschrift kommt – sinnlogisch – nur zur Anwendung, wenn das drittstaatliche vor dem mitgliedstaatlichen Gericht angerufen wird.[420] Eine Aussetzung des drittstaatlichen Verfahrens durch Europäisches Gemeinschaftsrecht ist nicht möglich.

Für den Zeitpunkt der Anrufung gilt nach herrschender Meinung der systematisch etwas unglücklich zwischen Art. 29 und Art. 33 Brüssel Ia-VO gesetzte Art. 32 Brüssel Ia-VO.[421]

b) Besondere Voraussetzungen

Es müssen außerdem kumulativ zwei weitere Voraussetzungen erfüllt sein:

(1.) Nach Art. 33 I lit. a Brüssel Ia-VO ist eine Anerkennungs- und Vollstreckungsprognose durchzuführen. Nur wenn zu erwarten ist, dass im drittstaatlichen Verfahren eine Entscheidung ergeht, die im betreffenden Mitgliedstaat anerkannt und vollstreckt werden kann, kommt eine Aussetzung des mitgliedstaatlichen Verfahrens überhaupt in Betracht. Nach derzeit geltendem Recht richtet sich die Anerkennungsprognose folglich nach autonomem Recht (in Deutschland §§ 328, 722 ZPO); die Brüssel Ia-Verordnung enthält *de lege lata* schließlich keine Vorschriften über die Anerkennung und Vollstreckung drittstaatlicher Verfahren.[422] Gerade dieser

---

[419] *Leible*, in: Rauscher, EuZPR/EuIPR, Art. 33 Brüssel Ia-VO Rn. 6.

[420] *Leible*, in: Rauscher, EuZPR/EuIPR, Art. 33 Brüssel Ia-VO Rn. 7; *Dörner*, in: Saenger, Art. 33 EuGVVO Rn. 3.

[421] *v. Hein*, RIW 2013, S. 97 (100); *Leible*, in: Rauscher, EuZPR/EuIPR, Art. 33 Brüssel Ia-VO Rn. 7 (m. w. N.); siehe oben S. 166 ff.

[422] Vgl. auch *Stadler*, in: Musielak/Voit, ZPO, Art. 34 EuGVVO Rn. 4; *Leible*, in: Rauscher, EuZPR/EuIPR, Art. 33 Brüssel Ia-VO Rn. 9; *Marongiu Buonaiuti*, Yearbook of Private International Law Volume 15 (2013/2014), S. 87 (90, 97).

Umstand wird von Teilen der Literatur mit Recht kritisiert: Da die Anerkennungs- und Vollstreckungsprognose eines Rückgriffs auf die autonomen Regelungen der Mitgliedstaaten bedarf und diese Regelungen wie bereits gezeigt sehr unterschiedlich ausgestaltet sind, unterscheiden sich auch das „ob" und das „wie" der Berücksichtigung drittstaatlicher Verfahren von Mitgliedstaat zu Mitgliedstaat.[423]

(2.) Außerdem muss nach Art. 33 I lit. b Brüssel Ia-VO die mitgliedstaatliche Aussetzung des Verfahrens „im Interesse einer geordneten Rechtspflege erforderlich" sein. Hinweise über den Inhalt dieser sehr weitgefassten unbestimmten Rechtsbegriffe enthält Erwägungsgrund (24) Brüssel Ia-VO:

> „Bei der Berücksichtigung der geordneten Rechtspflege sollte das Gericht des betreffenden Mitgliedstaats alle Umstände des bei ihm anhängigen Falles prüfen. Hierzu können Verbindungen des Streitgegenstands und der Parteien zu dem betreffenden Drittstaat zählen wie auch die Frage, wie weit das Verfahren im Drittstaat zu dem Zeitpunkt, an dem ein Verfahren vor dem Gericht des Mitgliedstaats eingeleitet wird, bereits fortgeschritten ist, sowie die Frage, ob zu erwarten ist, dass das Gericht des Drittstaats innerhalb einer angemessenen Frist eine Entscheidung erlassen wird.

> Dabei kann auch die Frage geprüft werden, ob das Gericht des Drittstaats unter Umständen, unter denen ein Gericht eines Mitgliedstaats ausschließlich zuständig wäre, im betreffenden Fall ausschließlich zuständig ist."[424]

Die Aufzählung in diesem Erwägungsgrund ist nicht abschließend zu verstehen. Sie zeigt aber, wie weit der Europäische Gesetzgeber das Tatbestandsmerkmal des Art. 33 I lit. b Brüssel Ia-VO verstanden wissen möchte. Diesem Ansatz seine mangelnde Bestimmtheit vorzuwerfen[425], ginge gleichwohl fehl. Denn gerade in Bezug auf die in den Staaten dieser Welt sehr ungleich entwickelten Rechtspflege erscheint es nicht möglich, präzisere Voraussetzungen zu formulieren. Auch wenn man von einer Gleichwertigkeit und Ebenbürtigkeit der Rechtssysteme ausgeht, und ausländische Verfahren im Grundsatz berücksichtigen will, ist es doch notwendig, sich eine Sicherung vorzubehalten um etwa faktischer Justizverweigerung vorzubeugen. Da die Fälle einer solchen Justizverweigerung nicht vollends zu antizipieren sind, sind entsprechend weite Voraussetzungen notwendig.

c) Fortsetzung des Verfahrens, Art. 33 II Brüssel Ia-VO

Art. 33 II Brüssel Ia-VO erlaubt es dem mitgliedstaatlichen Gericht sein Verfahren jederzeit fortzusetzen, wenn das drittstaatliche Verfahren ausgesetzt oder eingestellt wurde (Art. 33 II lit.a Brüssel Ia-VO), das mitgliedstaatliche Gericht eine Entscheidung des drittstaatlichen Gerichts in angemessener Frist für unwahr-

---

[423] Vgl. *Heckel*, GPR 2012, S. 272 (281); *Marongiu Buonaiuti*, Yearbook of Private International Law Volume 15 (2013/2014), S. 87 (96 f.).

[424] Hervorhebungen durch den Verfasser.

[425] *Leible*, in: Rauscher, EuZPR/EuIPR, Art. 33 Brüssel Ia-VO Rn. 16.

scheinlich hält (Art. 33 II lit. b Brüssel Ia-VO) oder die Fortsetzung des mitglied-staatlichen Verfahrens im Interesse einer geordneten Rechtspflege erforderlich ist (Art. 33 II lit c Brüssel Ia-VO). Die Fortsetzungsgründe korrespondieren mit den Aussetzungsgründen in Art. 33 I Brüssel Ia-VO: Sind diese nicht mehr gegeben, so kann das mitgliedstaatliche Gericht von dem ihm eingeräumten Ermessen Ge-brauch machen und das Verfahren fortführen.[426]

d) Einstellung des Verfahrens, Art. 33 III Brüssel Ia-VO

Nach Art. 33 III Brüssel Ia-VO muss das mitgliedstaatliche Gericht sein Ver-fahren einstellen, wenn das drittstaatliche Gericht das bei ihm anhängige Ver-fahren abgeschlossen und eine im Inland anerkennungsfähige und vollstreckbare Entscheidung hervorgebracht hat. Die Vorschrift ist also strenger als Art. 29 III Brüssel Ia-VO, nach der sich das später angerufene Gericht für unzuständig er-klärt, sobald die Zuständigkeit des zuerst angerufenen Gerichts feststeht.[427] Der Grund hierfür ist offensichtlich: Während zwischen den Mitgliedstaaten Justiz-verweigerung in diesem Verfahrensstadium in aller Regel nicht mehr droht, muss bei Drittstaatensachverhalten eine Sicherung eingebaut werden: Das mitgliedstaat-liche Gericht soll sein Verfahren nur dann einstellen müssen, wenn es eine dritt-staatliche Entscheidung gibt, die im Inland potentiell anerkannt und vollstreckt werden kann.[428]

2. Verfahrenskoordination bei konnexen Verfahren, Art. 34 Brüssel Ia-VO

Die in Art. 34 Brüssel Ia-VO getroffene Ermessensvorschrift zur Regelung konnexer Verfahren sattelt inhaltlich auf ihre Parallelvorschrift in Art. 30 Brüs-sel Ia-VO auf, indem sie ebenfalls zwei „im Zusammenhang" stehende Verfahren voraussetzt. In Ihrer Ausgestaltung entspricht sie allerdings den strengeren Voraus-setzungen des Art. 33 Brüssel Ia-VO. Dies gilt für die allgemeinen und besonderen Voraussetzungen, ebenso wie für die parallel zu Art. 33 II Brüssel Ia-VO geregelte Verfahrensfortsetzung und die parallel zu Art. 33 III Brüssel Ia-VO geregelte Ver-fahrenseinstellung. Wie bei Art. 33 Brüssel Ia-VO entscheidet auch hier das mit-gliedstaatliche Gericht nach seiner *lex fori* über das Vorliegen der Voraussetzungen von Art. 34 Brüssel Ia-VO amtswegig oder auf Antrag (Art. 33 IV Brüssel Ia-VO). Für Einzelheiten sei daher nach oben verwiesen.[429]

---

[426] Vgl. auch *Leible*, in: Rauscher, EuZPR/EuIPR, Art. 33 Brüssel Ia-VO Rn. 17 ff.
[427] Siehe oben S. 165.
[428] Vgl. *Leible*, in: Rauscher, EuZPR/EuIPR, Art. 33 Brüssel Ia-VO Rn. 22 ff.
[429] Siehe oben S. 168 ff.

3. Reformüberlegungen

Die vorstehende Rechtslage ist das – erfreuliche – Ergebnis der letzten Verordnungsreform. Obwohl die ursprünglich geplante, viel weitergehende Ausweitung der Verordnung auf Drittstaatensacherhalte ausgebeblieben ist, konnten sich die innerhalb des Novellierungsprozesses herausgebildeten Vorschriften in die Brüssel Ia-Verordnung retten. Nach hier vertretener Auffassung sollte der in diesem Regelungsgebiet bereits verwirklichte Universalisierungsansatz beibehalten werden. Derzeit noch bestehende Friktionen, die sich aus dem Rückgriff auf die unterschiedlich ausgestalteten autonomen Verfahrensrechte im Rahmen der Anerkennungs- und Vollstreckungsprognose ergeben würden[430], erübrigen sich, wenn das Gemeinschaftsrecht – wie hier vorgeschlagen – abschließende Regelungen über die Anerkennung und Vollstreckung drittstaatlicher Urteile bereit hält.

F. Fazit

Die vorstehende Untersuchung zeigt, dass eine Universalisierung der Brüssel Ia-Verordnung möglich, wünschenswert und teilweise sogar notwendig ist:

Sie ist möglich, da der Europäische Gesetzgeber über eine entsprechende Kompetenz verfügt.[431] Sie ist wünschenswert und notwendig, weil die derzeit bestehende Rechtslage Unionsbürgern bei Drittstaatensachverhalten gleichmäßig effektiven Zugang zum Recht nicht ermöglicht. Besonders augenfällig ist dies im Bereich der Anerkennung und Vollstreckung drittstaatlicher Entscheidungen.[432]

Lediglich im Bereich der Rechtshängigkeit besteht *de lege lata* kein unmittelbarer Reformbedarf.[433]

---

[430] Siehe oben S. 169 f.
[431] Siehe oben S. 78 ff.
[432] Siehe oben S. 131 ff.
[433] Siehe oben S. 168 ff.

Kapitel 4

Exkurs: Das Vereinigte Königreich nach dem Brexit

A. Vorbemerkung

Bis vor kurzem sah es tatsächlich so aus, als würde das Vereinigte Königreich die Europäische Union ohne Austrittsabkommen verlassen.[1] Die Angst vor einem solchen ungeregelten Brexit war groß:[2] Er hätte Großbritannien zum Stichtag des Austritts von einem besonders privilegierten Unionsmitglied zu einem Drittstaat werden lassen. Die Folge wäre eine chaotische Rechtslage gewesen – auch im Bereich des Internationalen Zivilverfahrensrechts. Denn das Vereinigte Königreich hätte „über Nacht" weite Teile seines derzeit geltenden Internationalen Privat- und Verfahrensrechts verloren: Die Anerkennung und Vollstreckung britischer Entscheidungen in den Mitgliedstaaten beispielsweise hätte dann nach dem autonomen Recht der Mitgliedstaaten erfolgen müssen – mit den oben benannten Folgen.[3] Im Bereich der Internationalen Zuständigkeit hätten britischen Bürger ab diesem Tag nur noch als Drittstaatenangehörige Zugang zu mitgliedstaatlichen Gerichten gehabt – mit allen oben beschriebenen Nachteilen.[4]

Auch wenn der Austritt des Vereinigten Königreichs durch das am 1.2.2020 in Kraft getretene „Brexit-Abkommen"[5] nunmehr vollzogen und das Königreich jetzt Drittstaat ist, sind die oben beschriebenen Gefahren eines „No-Deal-Brexits" allerdings noch nicht gebannt. Denn das Austrittsabkommen beinhaltet im Wesentlichen ein – lediglich befristetes – komplexes Übergangsregime, das die meisten Austrittsfolgen suspendiert. Es regelt nicht die langfristigen Beziehungen der Union zum Vereinigten Königreich.[6]

Nach Ende der vertraglich vereinbarten Übergangsfrist – derzeit mit Ablauf des 31.12.2020 – endet die Suspendierung der Austrittsfolgen: Sofern sich die EU und der ehemalige Mitgliedstaat nicht auf ein *future relationship agreement* einigen,

---

[1] https://www.zeit.de/politik/ausland/2019-08/ungeregelter-brexit-no-deal-grossbritannien-deutschland, abgerufen am 12.1.2020.

[2] Vgl. *Terhechte*, NJW 2020, S. 425 (425).

[3] Siehe oben S. 145 ff.

[4] Siehe oben S. 113 ff.

[5] Abkommen über den Austritt des Vereinigten Königreichs Großbritannien und Nordirland aus der Europäischen Union und der Europäischen Atomgemeinschaft, ABl. EU 2019 C 66I/1, https://eur-lex.europa.eu/legal-content/DE/TXT/PDF/?uri=CELEX:12019W/TXT&qid=1591648171992&from=DE, abgerufen am 1.5.2020.

[6] Vgl. auch *Terhechte*, NJW 2020, S. 425 (425).

wird erstmals richtig spürbar, welche Folgen der Brexit wirklich hat. Dass ein solcher Vertrag vereinbart werden kann, ist nach den Erfahrungen der letzten Monate nicht selbstverständlich.

Ein universalisiertes Europäisches Zivilverfahrensrecht könnte die Austrittsfolgen im Falle eines „No-deals" jedenfalls abmildern.

B. Der Brexit und seine Folgen

Am 23.6.2016 stimmte eine Mehrheit der britischen Bevölkerung im „Brexit-Referendum" (*Referendum on the UK's membership of the European Union*) für einen Austritt aus der EU.[7] Dieses „*worst case*-Szenario"[8] traf die Union recht unvorbereitet: Mit Art. 50 EUV enthält der EU-Vertrag seit den Änderungen durch den Vertrag von Lissabon zwar erstmals[9] eine – umstrittene[10] – Regelung über den einseitigen Austritt aus der Union.[11] Die wirtschaftliche, aber vor allem auch rechtliche Tragweite des britischen Votums wird angesichts der knappen und unvollständigen[12] Regelung des Art. 50 EUV aber erst bei einer genaueren Untersuchung klar (dazu I.). Vorweggenommen werden kann aber bereits jetzt, dass Großbritannien durch den Brexit wesentliche Teile seines aktuellen IZVR verliert (dazu II.) und ein Rückgriff auf alte staatsvertragliche Regelungen mitunter schwierig ist (dazu III.). Es stellt sich die Frage, welche Möglichkeiten das Vereinigte Königreich in dieser Situation hat (dazu IV.). Der Exkurs endet mit einem kurzen Fazit (dazu V.).

I. Das Austrittsrecht nach Art. 50 EUV in Theorie und Praxis

Strukturell ist Art. 50 EUV leicht zu verstehen: Aus Art. 50 I EUV folgt, dass jeder Mitgliedstaat im Einklang mit seinen verfassungsrechtlichen Vorschriften beschließen kann, aus der Union auszutreten. Grundlage des britischen Austritts-

---

[7] *Ungerer*, in: Brexit und die juristischen Folgen, S. 297 (297); *Dickinson*, Back to Future, S. 1, https://papers.ssrn.com/sol3/papers.cfm?abstract_id= 2786888, abgerufen am 1.5.2020.

[8] *Hess*, IPRax 2016, S. 409 (409).

[9] Eine fast wortgleiche Regelung fand sich aber bereits in Art. I-60 des gescheiterten „Vertrag über eine Verfassung für Europa", vgl. *Calliess*, in: Calliess/Ruffert, Art. 50 EUV Rn. 1 m.w.N. Einzelheiten zum gescheiterten Verfassungsvertrag finden sich bei *Hölscheidt*, in: Recht der EU, Art. 14 EUV, Rn. 12 ff.

[10] *Hanschel*, NVwZ 2012, S. 995 (998) ist der Auffassung, der Beitritt zum (europäischen) Werteverbund verliere durch das – völkerrechtlich zwar nicht zu beanstandende – voraussetzungslose Austrittsrecht an Ernsthaftigkeit. Das Austrittsrecht schwäche den Integrationscharakter der Union und stelle ihren Charakter als supranationalen Staatenverbund in Frage. Vgl. auch *Terhechte*, EuR 2008, S. 143 (152 f.).

[11] *Calliess*, in: Calliess/Ruffert, Art. 50 EUV Rn. 1; *Becker*, in: EU-Kommentar, Art. 50 EUV Rn. 1, 7.

[12] *Calliess*, in: Calliess/Ruffert, Art. 50 EUV Rn. 7; *Terhechte*, EuR 2008, S. 143 (152).

beschlusses war das oben genannte Referendum. Europa- bzw. völkerrechtlich hatte das Referendum dagegen keine Auswirkungen: Das Vereinigte Königreich war zunächst weiter Mitgliedstaat der Union – mit allen dazu gehörenden Rechten und Pflichten.

Für den Austritt aus der EU musste Großbritannien das in Art. 50 II-IV EUV geregelte Austrittsverfahren einleiten. Hierfür musste es dem Europäischen Rat zunächst seine Austrittsabsicht mitteilen (Art. 50 II 1 EUV). Dies ist durch schriftliche Erklärung vom 29.3.2017 geschehen.[13] Von diesem Zeitpunkt an war es an dem Vereinigten Königreich und der EU innerhalb von 2 Jahren ein bilaterales Austrittsabkommen aushandeln und ratifizieren (Art. 50 II EUV)[14]. Am 29.3.2019 um 23 Uhr britischer Zeit hätte Großbritannien die Europäische Union damit an sich verlassen[15] und in diesem Augenblick zum Drittstaat werden müssen – soweit jedenfalls die Theorie.

In der Praxis gestaltete sich der gesamte Austrittsprozess sehr schwierig:

Vor allem die Aushandlung des Brexit-Abkommens entwickelte sich zu einem Krimi. Über den genauen Inhalt dieses Abkommens lässt sich Art. 50 II EUV nicht aus. Es soll jedenfalls die „Einzelheiten des Austritts" und den „Rahmen für die künftigen Beziehungen" des austrittswilligen Mitgliedstaats zur EU regeln. Teilweise wird aus Gründen fehlender Rechtsklarheit die generalklauselartige Umschreibung des Inhalts kritisiert.[16] Obwohl diese Kritik im Grundsatz berechtigt ist, zeigte insbesondere das Jahr 2019, dass die Entflechtung der weitreichenden politischen, rechtlichen und tatsächlichen Verbindungen zwischen der Union und einem Mitgliedstaat eine äußerst komplexe Angelegenheit darstellt. Eine konkretere gesetzliche Festlegung über den Inhalt eines Austrittsabkommens ist kaum denkbar.

Von Anfang an stand fest, dass der von Art. 50 III EUV bestimmte Zeitrahmen von zwei Jahren kaum genügen würde, alle Beziehungen neu zu sortieren. Und tatsächlich erwiesen sich die Verhandlungen als äußerst zäh. Der Europäische Rat hat die Zweijahresfrist daher im Einvernehmen mit dem austrittswilligen Mitgliedstaat gem. Art. 50 III EUV mit Blick auf das Loyalitätsgebot aus Art. 4 III EUV 2019 insgesamt dreimal[17] verlängert, zuletzt bis zum 31.1.2020.[18]

---

[13] http://www.consilium.europa.eu/de/press/press-releases/2017/03/29/euco-50-statement-uk-notification/, abgerufen am 1.5.2020.

[14] *Hess*, IPRax 2016, S. 409 (409); *Calliess*, in: Calliess/Ruffert, Art. 50 EUV Rn. 7.

[15] https://www.telegraph.co.uk/news/2017/11/09/determined-give-country-best-possible-brexit/, abgerufen am 12.1.2020.

[16] *Calliess*, in: Calliess/Ruffert, Art. 50 EUV Rn. 7.

[17] *Zacharakis*, „Verlängerung, die dritte?", Zeit vom 22.10.2019: https://www.zeit.de/politik/ausland/2019-10/grossbritannien-brexit-eu-austritt-verlaengerung-faq, abgerufen am 14.1.2020).

[18] *Priebe*, EuZW 2019, S. 923.

Das auf Grundlage der durch den Europäischen Rat – einseitig und unter Ausschluss des austrittswilligen Mitgliedstaats[19] – festgelegten Leitlinien (Art. 50 II 2 EUV) in dieser Zeit mit Großbritannien ausgehandelte „Abkommen über den Austritt des Vereinigten Königreichs Großbritannien und Nordirland aus der Europäischen Union und der Europäischen Atomgemeinschaft"[20] (BrexitAbk) wurde vom britischen Unterhaus insgesamt dreimal abgelehnt, bevor es nach einem Wechsel des britischen Premierministers, einer – von allen Beteiligten unerwünschten – britischen Teilnahme an der Europawahl, Neuwahlen und Nachverhandlungen am Abkommen in der Nordirland-Frage[21] schließlich am 20.12.2019 angenommen wurde.[22] Eine Ratifikation des Abkommens erfolgte schließlich am 31.1.2020.

Mit Abschluss (und Ratifikation) des Austrittsabkommens finden „die Verträge" – gemeint sind nach der Legaldefinition des Art. 1 III EUV der EU-Vertrag und der Vertrag über die Arbeitsweise der Europäischen Union – nach Art. 50 III 1 EUV zwar grundsätzlich keine Anwendung mehr im Verhältnis zwischen der EU und dem ehemaligen Mitgliedstaat.[23] Statt die Verhältnisse zwischen der Union und dem Vereinigten Königreich neu zu regeln, enthält das Austrittsabkommen aber im Wesentlichen ein Übergangsregime, in dem weite Teile des europäischen Rechts weiter gelten. Terhechte spricht daher treffend von einem „Weitergeltungsabkommen".[24]

Nach Art. 126 BrexitAbk endet der Übergangszeitraum am 31.12.2020. Gemäß Art. 132 I BrexitAbk kann die Frist durch Beschluss vor dem 1.7.2020 einmalig um ein bis zwei Jahre verlängert werden. Hieran besteht aber jedenfalls auf britischer Seite kein Interesse; ausweislich Ziffer 33 des *European Union (Withdrawal Agreement) Act 2020*[25] ist eine Verlängerung des Übergangszeitraums britischen Regierungsmitgliedern sogar einfachgesetzlich verboten.[26] Sofern das Vereinigte Königreich und die Union sich in dieser Zeit nicht auf ein Abkommen über ihre zukünftigen Beziehungen – ein echtes *future relationship agreement* – verständigen, werden die rechtlichen Auswirkungen des Brexits i. S. v. Art. 50 III EUV –

---

[19] *Calliess*, in: Calliess/Ruffert, Art. 50 EUV Rn. 5; *Becker*, in: EU-Kommentar, Art. 50 EUV Rn. 4.

[20] ABl. EU 2019 C66I/1 = https://eur-lex.europa.eu/legal-content/DE/TXT/PDF/?uri=CELEX: 12019W/TXT&qid=1591648171992&from=DE, abgerufen am 1.5.2020. Zur Unionsrechtskonformität des Abkommens vgl. *Frau*, EuR 2019, S. 502.

[21] Vgl. https://www.auswaertiges-amt.de/de/aussenpolitik/europa/Brexit/brexit-verhandlungen/ 2166240, abgerufen am 14.1.2020.

[22] https://www.zeit.de/politik/ausland/2019-12/britisches-parlament-stimmt-fuer-brexit-ab kommen, abgerufen am 14.1.2020.

[23] Die Beendigungswirkung des Art. 50 III EUV tritt im Grundsatz auch unabhängig vom erfolgreichen Abschluss eines Austrittsabkommens zwei Jahre nach Zugang der Austrittsmitteilung i. S. v. Art. 50 I EUV ein (sogenannte „*sunset-clause*", vgl. *Meng*, in: Europäisches Unionsrecht, Art. 50 EUV Rn. 6).

[24] *Terhechte*, NJW 2020, S. 425 (426).

[25] http://www.legislation.gov.uk/ukpga/2020/1/enacted/data.htm, abgerufen am 1.6.2020.

[26] *Terhechte*, NJW 2020, S. 425 (428 m. w. N.).

zeitlich verzögert – Bürger des ehemaligen Mitgliedstaats ebenso wie Unionsbürger treffen.

II. Die Auswirkungen des Brexits
auf das europäische IZVR und IPR

Art. 50 III EUV spricht ausdrücklich nur von einer Beendigung der primärrechtlichen Verträge mit Wirkung für den ehemaligen Mitgliedstaat. Der Austritt aus
der EU hat aber natürlich auch auf das Sekundärrecht Auswirkung: Während trans-
formiertes Richtlinienrecht nach dem EU-Austritt als (dann disponibles) nationales
Recht im Austrittsstaat weiter gilt,[27] verlieren Verordnungen automatisch ihre Wirkung:[28] Sie gelten gem. Art. 288 II AEUV „unmittelbar in jedem Mitgliedstaat";
der ausgetretene Staat ist aber nach seinem Austritt unionsrechtlich ein Drittstaat.[29]
Da sowohl das Europäische IZPR als auch das IPR ganz überwiegend auf dieser
Handlungsform beruhen[30], verliert das Vereinigte Königreich weite Teile seines –
im Übergangszeitraum noch – geltenden Internationalen Privat- und Verfahrensrechts. Betroffen sind die Brüssel Ia-Verordnung, die EuEheVO, die EuInsVO, die
EuMahnVO, die EuBagatellVO, die EuVTVO, die EuZustellVO, die EuBeweisVO,
das Kollisionsrecht der Rom I- und II-Verordnungen sowie die Regelungen über
die europäische Patentgerichtsbarkeit.[31] Um den Umfang dieses Exkurses nicht zu
sprengen, beschränkt sich die folgende Darstellung im Wesentlichen auf die Vorschriften über das europäische internationale Zivilverfahrensrecht in Zivil- und
Handelssachen. Für Darstellung der teilweise drastischen Auswirkungen[32] auf andere Bereiche des europäischen IPR und IZPR muss auf andere Untersuchungen
verwiesen werden.[33]

Die Beendigung der britischen EU-Mitgliedschaft wirkt sich überdies auch auf
einige völkerrechtliche Verträge mit Drittstaaten aus. Gemeint sind Verträge, die

---

[27] *Ungerer*, in: Brexit und die juristischen Folgen, S. 297 (307); *Hess*, IPRax 2016, S. 409
(410 bei Fn. 8); Dörr, in: Recht der EU, Art. 50 EUV Rn. 41; zu den Ausnahmen siehe *Sonnentag*, S. 29 f., 34.

[28] *Sonnentag*, S. 31 f., 34; *Hess*, IPRax 2016, S. 409 (410); *Becker*, in: EU-Kommentar, Art. 50
EUV Rn. 7.

[29] *Hess*, IPRax 2016, S. 409 (410); *Meng*, in: Europäisches Unionsrecht, Art. 50 EUV Rn. 10.

[30] *Hess*, IPRax 2016, S. 409 (410).

[31] *Rühl*, NJW 2020, S. 443 (444); *Hess*, IPRax 2016, S. 409 (410); *Dickinson*, Back to Future,
S. 2 f., https://papers.ssrn.com/sol3/papers.cfm?abstract_id=2786888, abgerufen am 1.5.2020.

[32] Exemplarisch sei hier nur das grenzüberschreitende Insolvenzrecht genannt. Nach dem
Wegfall der EuInsVO muss das Vereinigte Königreich mangels internationalem Übereinkom-
men in diesem Bereich autonomes Recht anwenden, vgl. *Ungerer*, in: Brexit und die juristischen
Folgen, S. 297 (315 ff.). Dies wird sich auf die Attraktivität des englischen Gesellschafts- und
Restrukturierungsrechts auswirken, vgl. *Hess*, IPRax 2016, S. 409 (416).

[33] Hierzu ausführlich *Sonnentag*, Die Konsequenzen des Brexits für das Internationale Pri-
vat- und Zivilverfahrensrecht (*passim*); *Ungerer*, in: Brexit und die juristischen Folgen, S. 297
(307–318); *Hess*, IPRax 2016, S. 409 (416 ff.).

die EU aufgrund ihrer ausschließlichen Außenkompetenz im internationalen Privat- und Verfahrensrecht[34] geschlossen hat, insbesondere das Lugano II-Übereinkommen und das Haager Übereinkommen vom 30. Juni 2005 über Gerichtsstandsvereinbarungen[35]. Vertragspartner ist beiden Fällen die Europäische Union – im Fall des Haager Gerichtsstandsübereinkommens als „Organisation der regionalen Wirtschaftsintegration".[36] Die EU-Mitgliedstaaten werden nur indirekt, nämlich über das Primärrecht, an die Übereinkommen gebunden.[37] Fällt diese Bindung nach einem EU-Austritt weg (Art. 50 III EUV), so gelten diese Übereinkommen auch nicht mehr für den ehemaligen Mitgliedstaat.

III. Ein Wiederaufleben des EuGVÜ?

Vertreter der deutschen[38] und britischen[39] Rechtswissenschaft sind der Auffassung, dass nach dem Brexit das EuGVÜ[40] „wiederauflebe". Beim EuGVÜ handle es sich um einen noch heute geltenden völkerrechtlichen Vertrag, der zwar ein entstehungsgeschichtliches Näheverhältnis zur Europäischen Wirtschaftsgemeinschaft aufweise, der aber rechtlich selbständig sei. Dies zeige sich insbesondere daran, dass das Vereinigte Königreich ihn als souveräner Staat nach dem Beitritt zur EWG geschlossen habe. Der Brexit habe daher keinen Einfluss auf die Wirksamkeit dieses Übereinkommens.

Dem ist nicht zuzustimmen.[41] Zwar handelt es sich bei dem EuGVÜ unstreitig um einen völkerrechtlichen Vertrag, der nie aufgehoben wurde.[42] Dies ergibt sich aus Art. 68 I Brüssel Ia-VO/Brüssel I-VO. Danach tritt das Verordnungsrecht „an die Stelle" des EuGVÜ, ersetzt es aber nicht vollständig. Regelungstechnisch wird die Verordnung dem Übereinkommen „übergestülpt": Dort wo der räumlich-geographische Geltungsbereich des EuGVÜ größer ist, als der des Brüssel Ia-VO, bleibt die EuGVÜ *de lege lata* tatsächlich anwendbar.[43] Das ergibt sich auch aus Erwägungsgrund (9) der Brüssel Ia-Verordnung. Dieser Rest-Geltungsbereich ist

---

[34] EuGH, Gutachten 1/2003 (*Lugano-Übereinkommen*) vom 7.2.2006 = ECLI:EU:C:2006:81 Rn. 139 ff., 173; EuGH, Gutachten 1/2013 (*HKÜ*) = ECLI:EU:C:2014:2303 Rn. 65 ff., 90.

[35] https://www.hcch.net/de/instruments/conventions/full-text/?cid=98, abgerufen am 1.5.2020.

[36] Vgl. Art. 3 der Satzung der Haager Konferenz für Internationales Privatrecht, https://www.hcch.net/de/instruments/conventions/full-text, abgerufen am 1.5.2020; vgl. auch *Bischoff*, ZEuP 2008, S. 334 (343 f.).

[37] *Dickinson*, Back to Future, S. 3, https://papers.ssrn.com/sol3/papers.cfm?abstract_id=2786888, abgerufen am 1.5.2020.

[38] *Ungerer*, in: Brexit und die juristischen Folgen, S. 297 (298 ff.).

[39] *Dickinson*, Back to Future, S. 3 ff., https://papers.ssrn.com/sol3/papers.cfm?abstract_id=2786888, abgerufen am 1.5.2020.

[40] In der Fassung des 1. Beitrittsübereinkommens vom 9.10.1978, ABl. EG 1972 C 304/1.

[41] So auch *Sonnentag*, S. 80 ff.

[42] *Hess*, IPRax 2016, S. 409 (413).

[43] *Sonnentag*, S. 81; dies übersieht *Junker*, IZPR, § 2 Rn. 32.

freilich sehr klein.[44] Richtig ist auch, dass das Übereinkommen zu einem Zeitpunkt geschlossen wurde, in dem die Kompetenz hierfür ausschließlich bei dem Vereinigten Königreich lag. Die Kompetenzverlagerung auf die EU fand erst im Vertrag von Amsterdam statt.[45]

Eine „Wiederbelebung" des EuGVÜ durch den Brexit kommt gleichwohl nicht in Betracht. Denn zwischen dem EuGVÜ und der EWG bestand nicht nur ein bloßes „Näheverhältnis". Das EuGVÜ war als justizielle Infrastruktur[46] Vorrausetzung für den Gemeinsamen Markt der EWG (Art. 220 EWGV)[47]; die Vertragsparteien und die Ziele des Vertrages wurden durch den EWGV festgelegt.[48] Das Abkommen musste als „Gemeinschaftlicher Besitzstand" von allen beitretenden Vertragsstaaten ratifiziert werden.[49] Die Bedeutung des Übereinkommens zeigt besonders deutlich Art. 63 EuGVÜ[50]:

> „Die Vertragsstaaten bekräftigen, daß jeder Staat, der Mitglied der Europäischen Wirtschaftsgemeinschaft wird, verpflichtet ist, sein Einverständnis damit zu erklären, daß dieses Übereinkommen den Verhandlungen zwischen den Vertragsstaaten und diesem Staat zugrunde gelegt wird, die erforderlich werden, um die Ausführung des Artikels 220 letzter Absatz des Vertrages zur Gründung der Europäischen Wirtschaftsgemeinschaft sicherzustellen."

Im Ergebnis sind das EuGVÜ und die EWG so eng miteinander verknüpft, dass ein Austritt aus der Rechtsnachfolgerin – der EU – eine Rückkehr zum EuGVÜ hindern muss.

Wegen seiner Rechtsnatur als völkerrechtlicher Vertrag richtet sich dessen Beendigung nach den Regelungen der Wiener Vertragsrechtskonvention (WVRK)[51]. Hess geht davon aus, dass im Erlöschen aller Rechtsakte des Unionsrechts gem. Art. 50 III EUV eine einvernehmliche Vertragsbeendigung i. S. v. Art. 54 lit. b WVRK zu erblicken ist.[52] Nach hier vertretener Ansicht erfüllt der Austritt aus der EU aber vor dem soeben dargestellten Hintergrund vielmehr den in Art. 62 I WVRK festgelegten Beendigungstatbestand:

---

[44] Der aktuelle Restanwendungsbereich beschränkt sich im Wesentlichen auf Aruba, vgl. *Geimer*, in: Geimer/Schütze, EuZVR, Art. 2 EuGVVO Rn. 207 ff. und 227; *Mankowski*, in: Magnus/Mankowski, ECPIL, Art. 68 Rn. 3.

[45] Siehe oben S. 78 ff.

[46] *Hess*, EuZPR, § 1 Rn. 1 ff.

[47] Siehe oben S. 46.

[48] Vgl. hierzu schon *Bülow*, RabelsZ 29 (1965), S. 473 (474); *Geimer*, in: Geimer/Schütze, Internationale Urteilsanerkennung I.1, S. 106.

[49] *Hess*, IPRax 2016, S. 409 (413); *Hess*, EuZPR, § 2 Rn. 4.

[50] http://eur-lex.europa.eu/legal-content/DE/TXT/PDF/?uri=CELEX:41968A0927(01)&from=DE, abgerufen am 1.5.2020.

[51] Wiener Übereinkommen über das Recht der Verträge vom 23.5.1969, BGBl. 1985 II S. 926.

[52] *Hess*, IPRax 2016, S. 409 (413).

„Eine grundlegende Änderung der beim Vertragsabschluß gegebenen Umstände, die von den Vertragsparteien nicht vorausgesehen wurde, kann nicht als Grund für die Beendigung des Vertrags oder den Rücktritt von ihm geltend gemacht werden, es sei denn

a) das Vorhandensein jener Umstände bildete eine wesentliche Grundlage für die Zustimmung der Vertragsparteien, durch den Vertrag gebunden zu sein, und

b) die Änderung der Umstände würde das Ausmaß der auf Grund des Vertrags noch zu erfüllenden Verpflichtungen tiefgreifend umgestalten."

Sollte es zwischen der Union und dem Vereinigten Königreich tatsächlich zum Streit über die hier diskutierte Frage kommen, wären jedenfalls auch aus britischer Sicht nicht die eigenen Gerichte zur Entscheidung berufen, sondern der EuGH. Dickinson stellt insoweit völlig zutreffend fest, dass sich die Auslegungskompetenz des EuGH hier sowohl aus Europäischem Primärrecht ergeben würde (wohl über Art. 267 AEUV[53]) als auch aus dem Luxemburger Protokoll[54] zur Auslegung des Übereinkommens.[55]

Bei all dem stellt sich aber ohnehin die Frage, ob das Vereinigte Königreich durch die Rückkehr zum EuGVÜ wirklich viel gewinnen würde. Im Vergleich zur reformierten Brüssel Ia-Verordnung ist das Übereinkommen nicht nur veraltet[56], sondern hat auch einen deutlich kleineren räumlich-geographischen Geltungsbereich: Es würde jedenfalls nicht für die nach 2004 beigetreten 13 EU-Mitgliedstaaten gelten, da diese das EuGVÜ nie ratifiziert hatten.[57] Durch das hieraus resultierende Nebeneinander der unterschiedlich weit entwickelten Rechtsquellen (EuGVÜ und Brüssel Ia-Verordnung) würde die Rechtsklarheit sicher nicht gefördert, die Rechtsanwendung aber jedenfalls erschwert werden.[58]

Auf der anderen Seite wäre das Vereinigte Königreich sonst auf einige wenige, tatsächlich „wiederauflebende", aber rechtlich überholte, bilaterale Übereinkommen angewiesen[59], die sein autonomes IZVR ergänzen. Zu diesen gehört aber

---

[53] *Karpenstein*, in: Recht der EU, Art. 267 AEUV, Rn. 20 m. w. N.

[54] Protokoll betreffend die Auslegung des Übereinkommens vom 27. September 1968 über die gerichtliche Zuständigkeit und die Vollstreckung gerichtlicher Entscheidungen in Zivil- und Handelssachen durch den Gerichtshof, unterzeichnet zu Luxemburg am 3.6.1971, ABl. EG 1975 L 204/28.

[55] *Dickinson*, Back to Future, S. 8, https://papers.ssrn.com/sol3/papers.cfm?abstract_id=278 6888, abgerufen am 1.5.2020.

[56] Exemplarisch sei hier nur der Verzicht auf ein Exequaturverfahren genannt, vgl. *Ungerer*, in: Brexit und die juristischen Folgen, S. 297 (299 f.).

[57] Hierzu ausführlich *Ungerer*, in: Brexit und die juristischen Folgen, S. 297 (299 ff.); *Dickinson*, Back to Future, S. 6, insbesondere Fn. 44, https://papers.ssrn.com/sol3/papers.cfm?abstract_id=2786888, abgerufen am 1.5.2020.

[58] Den Versuch einer Darstellung unternimmt *Ungerer*, in: Brexit und die juristischen Folgen, S. 297 (300 ff.); vgl. auch *Sonnentag*, S. 83 f.

[59] *Hess*, IPRax 2016, S. 409 (413 f.) listet diese Übereinkommen auf. Seiner Auffassung nach sind sie Anachronismen (S. 414), ihre Wiederanwendung bedeute einen „noch weiteren Rückschritt [...] als der unmittelbare Rückgriff auf das autonome [britische] Prozessrecht", vgl. S. 413.

jedenfalls nicht das Lugano I-Übereinkommen. Denn anders als nach Art. 68 Brüssel I-VO/Brüssel Ia-VO ersetzt das reformierte Lugano II-Übereinkommen sein Vorgängerübereinkommen vollständig (Art. 69 II LuGÜ II).[60] Im Bereich der Rechtshilfe fällt Großbritannien immerhin auf die recht erfolgreichen[61], aber im Vergleich zu den entsprechenden europäischen Sekundärrechtsakten rückschrittlichen Haager Übereinkommen – das Haager Zustellungsübereinkommen[62] und das Haager Beweisübereinkommen[63] – zurück.[64]

IV. Die Perspektiven des Vereinigten Königreichs

Rühl stellt angesichts dieser wenig „rosigen Zeiten" die Frage, „wie ein Rückfall in die Steinzeit der justiziellen Zusammenarbeit verhindert und das Verhältnis zum Vereinigten Königreich langfristig neu geregelt werden kann".[65] Diese Frage ist nicht leicht zu beantworten.

Im Interesse Großbritanniens wäre es jedenfalls, sich für eine irgendwie geartete staatsvertragliche Fortgeltung des Unionsrechts auszusprechen.

Unwahrscheinlich ist in diesem Zusammenhang die Vereinbarung eines völkerrechtlichen Vertrages, nach dem Vorbild der Verträge, die mit Dänemark im Bereich der justiziellen Zusammenarbeit abgeschlossen wurden:[66] Einem ehemaligen Mitgliedstaat eine solche Rechtsposition einzuräumen, wäre aus politischen Gründen unklug, denn es könnte international als britische „Rosinenpickerei" aufgefasst werden.[67]

Aus ähnlichen Gründen dürfte sich auch der Abschluss eines völlig neuen „maßgeschneiderten"[68] völkerrechtlichen Vertrages schwierig gestalten: Die Europäische Union kann kein Interesse daran haben, gegenüber einem Drittstaat europäisches Recht eins-zu-eins nachzuvollziehen. Jede bilaterale Vereinbarung mit Großbritannien wird deswegen wohl hinter dem gemeinschaftsrechtlichen Regelungsstand zurückbleiben. Welche Qualität ein hier zu erreichender Kompromiss haben kann, steht in den Sternen. Überdies würde – aus Perspektive der Mitgliedstaaten – das Internationale Zivilverfahrensrecht der EU verkompliziert.[69] Ob ein

---

[60] *Ungerer*, in: Brexit und die juristischen Folgen, S. 297 (302).
[61] *Hess*, in: Schlosser/Hess, EuZPR, Einl. Rn. 19 ff.
[62] Haager Übereinkommen über die Zustellung gerichtlicher und außergerichtlicher Schriftstücke im Ausland in Zivil- und Handelssachen vom 15.11.1965, BGBl. 1977 II S. 1453.
[63] Haager Übereinkommen über die Beweisaufnahme im Ausland in Zivil- und Handelssachen vom 18.3.1970, BGBl. 1977 II S. 1472.
[64] Ausführlich *Sonnentag*, S. 130 ff.; *Hess*, IPRax 2016, S. 409 (415).
[65] *Rühl*, NJW 2020, S. 443 (444).
[66] Siehe oben S. 52.
[67] *Rühl*, NJW 2020, S. 443 (444 f. – Option 1); *Sonnentag*, S. 94 ff.
[68] *Rühl*, NJW 2020, S. 443 (446).
[69] *Rühl*, NJW 2020, S. 443 (446 – Option 2).

solches Abkommen daher von der Union vorbehaltlos unterstützt wird, darf mit Recht bezweifelt werden. Auch wenn die Union angesichts der wirtschaftlichen und rechtlichen Vorteile eines gemeinsamen Internationalen Privat- und Zivilverfahrensrecht kein Interesse daran haben wird das Vereinigte Königreich zu isolieren, bestehen kaum Zweifel daran, dass sich die EU bei den Verhandlungen auch von politischen Erwägungen leiten lassen wird. In Betracht kommt hier beispielsweise die Schwächung des Justizstandorts London zugunsten mitgliedstaatlicher Justizstandorte. Fest steht, dass es einen Austritt aus der EU unter Beibehaltung aller Rechte – eine „Rosinenpickerei" – sicher nicht geben wird.[70]

Ohne jedes Zutun der Union könnte das Vereinigte Königreich das bereits bestehende Gemeinschaftsrecht einseitig in Kraft setzen. Da die justizielle Zusammenarbeit zwischen den Mitgliedstaaten auf dem Prinzip der Gegenseitigkeit beruht, würde ein solcher Ansatz dem Vereinigten Königreich allerdings wenig nützen: Die Mitgliedstaaten müssten es trotzdem als Drittstaat behandeln.[71]

Nach Beendigung der EU-Mitgliedschaft steht es Großbritannien dagegen wieder frei, neuen internationalen Übereinkommen beizutreten, etwa solchen der Haager Konferenz[72]. Unabhängig von den daraus resultierenden Problemen, könnte das Vereinigte Königreich aber auch einen Beitritt zum Lugano II-Übereinkommen erwägen.[73] Allerdings müsste es hierfür entweder Mitglied der EFTA werden (Art. 70 I lit. a i. V. m. Art. 71 LuGÜ II). Ob dies angesichts der Reaktionen einiger EFTA-Staaten eine Option ist, ist fraglich.[74] Alternativ könnte Großbritannien gegenüber der Schweizer Regierung ein Beitrittsersuchen gem. Art. 70 lit. c i. V. m. Art. 72 LuGÜ II stellen. In diesem Fall müssten gem. Art. 70 III LuGÜ II dem Beitritt alle anderen Vertragsstaaten – und damit auch die Union – zustimmen. Auch hier könnte die EU vermutlich politisch motiviert agieren.[75]

---

[70] Insbesondere die britische Politik scheint hiervon teilweise überrascht, vgl. „EU has no legal duty to give UK trade privileges, documents says", https://www.theguardian.com/politics/2020/jun/01/eu-has-no-legal-duty-to-give-uk-trade-privileges-document-says, The Guardian vom 1.6.2020, abgerufen am 1.6.2020.

[71] *Rühl*, NJW 2020, S. 443 (446 f. – Option 3).

[72] Hierzu *Rühl*, NJW 2020, S. 443 (447 m. w. N. – Option 4); *Hess*, IPRax 2016, S. 409 (415 f.); *Ungerer*, in: Brexit und die juristischen Folgen, S. 297 (304 f.).

[73] *Hess*, IPRax 2016, S. 409 (414 f.); *Ungerer*, in: Brexit und die juristischen Folgen, S. 297 (302 ff.).

[74] *Bigalke*, „Briten sind nicht willkommen", Süddeutsche Zeitung vom 21.8.2016: http://www.sueddeutsche.de/politik/brexit-briten-sind-nicht-willkommen-1.3130430, abgerufen am 1.5.2020).

[75] *Rühl*, NJW 2020, S. 443 (447 m. w. N.); *Hess*, IPRax 2016, S. 409 (415).

V. Fazit

Dass am Ende der Übergangsfrist gem. Art. 126 BrexitAbk eine geordnete wirtschaftliche und rechtliche Entflechtung von Union und Großbritannien durch ein rechtlich gehaltvolles *future relationship agreement* steht, ist angesichts der Irrungen und Wirrungen der letzten Monate nicht selbstverständlich. In diesem Fall verliert das Vereinigte Königreich durch den Brexit den größten, vor allem aber den effektivsten und fortschrittlichsten Teil seines Internationalen Privat- und Zivilverfahrensrechts. Damit erweist sich der Brexit letztlich vermutlich als „Schildbürgerstreich": Großbritannien tauscht seinen Sonderstatus in Europa gegen eine Zukunft, in der es für den Zugang zum Binnenmarkt kämpfen muss. Leidtragende sind Briten und Unionsbürger gleichermaßen. Die unilaterale Universalisierung des Europäischen Zivilverfahrensrecht könnte in diesem Fall die schlimmsten Härten mildern.

Kapitel 5

Fazit

Autonomes Internationales Zivilverfahrensrecht ist bei Sachverhalten mit Drittstaatenbezug auch heute noch die maßgebliche Rechtsquelle. Hierdurch wird Unionsbürgern in nicht unerheblichem Umfang ein effektiver Zugang zum Recht vorenthalten.

Einen Ausweg bietet nach hier vertretener Auffassung die einseitige Universalisierung des Europäischen Zivilverfahrensrechts durch den Europäischen Gesetzgeber. Durch die Erstreckung von vergemeinschaftetem Internationalem Zivilverfahrensrecht auf Drittstaatensachverhalte werden die autonomen Internationalen Zivilverfahrensrechte verdrängt. Hierdurch werden Hemmnisse für das Funktionieren des Binnenmarkts beseitigt, die sich aus eben diesen Unterschieden der mitgliedstaatlichen Regelungen ergeben.

Eine Vergemeinschaftung der Regelungen über die Internationale Zuständigkeit, die Anerkennung und Vollstreckung ausländischer Entscheidungen und der Rechtshängigkeit kann dabei nicht als eurozentrischer Akt gewertet werden. Es geht nicht darum, fremden Staaten etwas zu oktroyieren. Es geht vielmehr darum, die Union zu einem leistungsfähigen Justizstandort auch bei Sachverhalten mit Drittstaatenbezug zu machen. Dies dient nicht nur den Unionsbürgern, sondern auch Drittstaatenangehörigen, die sich nur noch einem, nicht mehr potentiell 29 (ab dem 1.1.2021: 28) unterschiedlichen Rechtsordnungen gegenübersehen.

Eine Arbeit, die sich mit einer derartigen „europäischen Lösung" eines internationalen Problems befasst, sieht sich heute mit einer krisengeschüttelten EU konfrontiert. Nach einem massiven Wachstum in den letzten 25 Jahren hat mit dem Vereinigten Königreich am 1.2.2020 erstmals ein Staat die Europäische Union verlassen. Obwohl die Staaten Europas heute in der längsten Phase von Frieden, Stabilität und Wohlstand leben, erhalten nationalistisch-europakritische Parteien in vielen EU-Mitgliedstaaten starken Zulauf – sogar in den Gründungsmitgliedstaaten von 1957. Längst überwunden geglaubte nationale Strömungen verstärken sich in den Mitgliedstaaten. Die innereuropäische Ausgangslage ist folglich nicht optimal für weitere Europäische Maßnahmen.

Wenn die Union aber ihren wahren Wert unter Beweis stellen will, muss sie auch in dieser Situation versuchen, das Beste für die Unionsbürger und den Standort Europa zu erreichen. Sich in dieser weltpolitischen Situation allein auf den Abschluss völkerrechtlicher Verträge zu verlegen, wird ihrer Verantwortung nicht gerecht: In den Vereinigten Staaten ist seit dem 20.1.2017 ein Präsident im Amt, der mit einer streng nationalistischen, ja isolationistischen Politik unter den Slogans „America first" und „Make America great again" nach den vermeintlich besten „Deals" für sein Land sucht. In der Türkei fand ein Verfassungsreferendum statt, das den Präsidenten mit einer quasidiktatorischen Machtfülle ausstattete. Ob heute eine gute Zeit für völkerrechtliche Verträge ist, scheint unwahrscheinlich.

Die EU steht heute – rund 60 Jahre nach ihrer Grundlegung durch die Römischen Verträge – am Scheideweg: Sie kann in Stillstand ausharren. Oder aber als der starke globale, impulsgebende Akteur auftreten, zu dem sie sich längst entwickelt hat.

Literatur

Adolphsen, Jens, Zivilprozessrecht, 5. Auflage, Baden-Baden 2016, zitiert als: *Adolphsen*, ZPR.

Adolphsen, Jens, Europäisches Zivilverfahrensrecht, 2. Auflage, Berlin, Heidelberg 2015, zitiert als: *Adolphsen*, EuZVR.

Adolphsen, Jens, Konsolidierung des Europäischen Zivilverfahrensrechts, in: Geimer, Reinhold/Schütze, Rolf A. (Hrsg.), Recht ohne Grenzen – Festschrift für Athanassios Kaissis zum 65. Geburtstag, München 2014, S. 1–14, zitiert als: *Adolphsen*, in: FS Kaissis.

Adolphsen, Jens, Internationale Dopingstrafen, Tübingen 2003, zitiert als: *Adolphsen*, Internationale Dopingstrafen.

Antomo, Jennifer, Aufwind für internationale Gerichtsstandsvereinbarungen – Inkrafttreten des Haager Übereinkommens, NJW 2015, S. 2919–2922.

Arden, Mary Howarth, Proportionality: the way ahead?, abrufbar unter: https://www.judiciary. uk/wp-content/uploads/JCO/Documents/Speeches/lj-arden-speech-ukael-proportionality-12112012.pdf (abgerufen am 1.4.2020).

Arnold, Hans, Über die Haager Konferenz für Internationales Privatrecht aus Anlaß ihrer zehnten Tagung, JZ 1965, S. 708–712.

Aull, Jacques Matthias, Der Geltungsanspruch des EuGVÜ: „Binnensachverhalte" und Internationales Zivilverfahrensrecht in der Europäischen Union – Zur Auslegung von Art. 17 Abs. 1 S. 1 EuGVÜ, Frankfurt am Main 1996.

Bach, Ivo, Drei Entwicklungsschritte im europäischen Zivilprozessrecht – Kommissionsentwurf für eine Reform der EuGVVO, ZRP 2011, S. 97–100.

Bamberger, Heinz Georg/*Roth*, Herbert/*Hau*, Wolfgang/*Poseck*, Roman (Hrsg.), BeckOK BGB, 53. Edition, München 2020, zitiert als: *Bearbeiter*, in: BeckOK BGB.

Bar, Christian von/*Mankowski*, Peter, Internationales Privatrecht – Band 1: Allgemeine Lehren, 2. Auflage, München 2003.

Basedow, Jürgen, EU-Kollisionsrecht und Haager Konferenz – Ein schwieriges Verhältnis, IPRax 2017, S. 194–200.

Basedow, Jürgen, Internationales Einheitsprivatrecht im Zeitalter der Globalisierung, RabelsZ 81 (2017), S. 1–31.

Basedow, Jürgen, The Communitarisation of Private International Law, RabelsZ 73 (2009), S. 455–460.

Basedow, Jürgen, Was wird aus der Haager Konferenz für Internationales Privatrecht, in: Rauscher, Thomas/Mansel, Heinz-Peter (Hrsg.), Festschrift für Werner Lorenz zum 80. Geburtstag, München 2001, S. 463–482, zitiert als: *Basedow*, in: FS Lorenz.

Baumbach, Adolf (Begr.)/*Lauterbach*, Wolfgang/*Albers*, Jan/*Hartmann*, Peter, Zivilprozessordnung mit FamFG, GVG und anderen Nebengesetzen, 76. Auflage, München 2018, zitiert als: *Hartmann*, in: Baumbach.

Benecke, Lars, Die teleologische Reduktion des räumlich-persönlichen Anwendungsbereichs von Art. 2 ff. und 17 EuGVÜ, München 1993.

Bernasconi, Christophe/*Gerber*, Alexandra, Der räumlich-persönliche Anwendungsbereich des Lugano-Übereinkommens, SZIER 1993, S. 39–72.

Bigalke, Silke, „Briten sind nicht willkommen", Süddeutsche Zeitung vom 21.8.2016, abrufbar unter: http://www.sueddeutsche.de/politik/brexit-briten-sind-nicht-willkommen-1.3130430 (abgerufen am 1.5.2020).

Bischoff, Jan Asmus, Notwendige Flexibilisierung oder Ausverkauf von Kompetenzen? – Zur Rückübertragung von Außenkompetenzen der EG für privatrechtliche Abkommen durch die Verordnungen (EG) Nr. 662/2009 und Nr. 664/2009, ZEuP 2010, S. 321–337.

Bischoff, Jan Asmus, Die Europäische Gemeinschaft und die Haager Konferenz für Internationales Privatrecht, ZEuP 2008, S. 334–254.

Bidell, Daniela, Die Erstreckung der Zuständigkeiten der EuGVO auf Drittstaatensachverhalte unter besonderer Berücksichtigung des Kommissionsvorschlags KOM (2010) 748 endg., Frankfurt am Main 2014, zitiert als: *Bidell*, Erstreckung auf Drittstaatensachverhalte.

Bonomi, Andrea, European Private International Law and Third States, IPRax 2017, S. 184–193.

Borrás, Alegría, Application of the Brussels I Regulation to external situations: From Studies carried out by the European Group for Private International Law (EGPIL/GEDIP) to the proposal for the revision of the regulation, Yearbook of Private International Law, Volume 12 (2010), S. 333–350.

Borrás, Alegría, Competence of the Community to Conclude the Revised Lugano Convention on Jurisdiction and the Recognition and Enforcement of Judgments in Civil and Commercial Matters – Opinion C-1/03 of 7 February 2006: Comments and Immediate Consequences, Yearbook of Private International Law, Volume 8 (2006), S. 37–52.

Brödermann, Eckart, Paradigmenwechsel im Internationalen Privatrecht – Zum Beginn einer neuen Ära seit 17.12.2009, NJW 2010, S. 807–813.

Bülow, Artur, Vereinheitlichtes Internationales Zivilprozessrecht in der Europäischen Wirtschaftsgemeinschaft – Der Entwurf eines Abkommens über die internationale Zuständigkeit, die Anerkennung und die Vollstreckung gerichtlicher Entscheidungen, RabelsZ 29 (1965), S. 473–510.

Buhr, Axel, Europäischer Justizraum und revidiertes Lugano Übereinkommen – Zum räumlich-persönlichen Anwendungsbereich des europäischen Rechts über die internationale Zuständigkeit in Zivil- und Handelssachen, Bern 2010.

Calliess, Christian/*Ruffert*, Matthias (Hrsg.), EUV/AEUV – Das Verfassungsrecht der Europäischen Union mit Europäischer Grundrechtecharta – Kommentar, 5. Auflage, München 2016, zitiert als: *Bearbeiter*, in: Calliess/Ruffert.

Coester-Waltjen, Dagmar, Die Bedeutung des EUGVÜ und des Luganer Abkommens für Drittstaaten, in: Heldrich, Andreas/Uchida, Takeyoshi (Hrsg.), Festschrift für Hideo Nakamura zum 70. Geburtstag am 2. März 1996, Tokyo 1996, S. 89–114, zitiert als: *Coester-Waltjen*, in: FS Nakamura.

Czernich, Dietmar/*Kodek*, Georg E./*Mayr*, Peter G. (Hrsg.), Europäisches Gerichtsstands- und Vollstreckungsrecht – Brüssel Ia-Verordnung (EuGVVO 2012) und Übereinkommen von Lugano 2007, 4. Auflage, Wien 2015, zitiert als: *Bearbeiter*, in: Czernich/Kodek/Mayr.

Dickinson, Andrew, Back to the Future – The UK's EU Exit and the Conflict of Laws, abrufbar unter: https://papers.ssrn.com/sol3/papers.cfm?abstract_id=2786888 (abgerufen am 1.5.2020), zitiert als: *Dickinson*, Back to the Future.

Dickinson, Andrew, Close the Door on Your Way out. Free Movements of Judgments in Civil Matters– A ‚Brexit' Case Study, ZEuP 2017, S. 539–568.

Dickinson, Andrew, The Proposal for a Regulation of the European Parliament and of the Council on Jurisdiction and the Recognition and Enforcement of Judgements in Civil and Commercial Matters (Recast) „Brussels I bis" Regulation, Sydney Law School – Legal Studies Research Paper No. 11/58, September 2011, abrufbar unter: https://papers.ssrn.com/sol3/papers.cfm?abstract_id=1930712 (abgerufen am 1.4.2020), zitiert als: *Dickinson*, Recast Brussel I.

Dilger, Jörg, Die Regelung zur internationalen Zuständigkeit in der Verordnung (EG) Nr. 2201/2003 – Vergemeinschaftung, Anwendungsbereich und insbesondere die Anknüpfung an die Staatsangehörigkeit, Tübingen 2004.

Dörr, Oliver/*Schmalenbach*, Kirsten (Hrsg.), Vienna Convention on the Law of Treaties – A Commentary, Heidelberg, Dordrecht, London, New York 2012, zitiert als: *Bearbeiter*, in: WVRK.

Domej, Tanja, Das Verhältnis nach „außen": Europäische v. Drittstaatensachverhalte, in: Hein, Jan von/Rühl, Giesela (Hrsg.), Kohärenz im Internationalen Privat- und Verfahrensrecht der Europäischen Union, Tübingen 2016, S. 90–109, zitiert als: *Domej*, in: Kohärenz im IPR und IZPR.

Domej, Tanja, Die Neufassung der EuGVVO – Quantensprünge im europäischen Zivilprozessrecht, RabelsZ 78 (2014), S. 508–550.

Drobnig, Ulrich, Anwendungsnormen in Übereinkommen zur Vereinheitlichung des Privatrechts, in: Stoffel, Walter A./Volken, Paul (Hrsg.), Conflits et harmonisation – Kollision und Vereinheitlichung – Conflicts and Harmonisation – Mélanges en l'honneur d'ALFRED E. von Overbeck – Freiburg 1990, S. 15–30, zitiert als *Drobnig*, in: FS v. Overbeck.

Einhaus, David, Erste Erfahrungen mit dem Europäischen Zahlungsbefehl – Probleme und Verbesserungsmöglichkeiten, EuZW 2011, S. 865–868.

Fallon, Marc/*Kruger*, Thalia, The Spatial Scope of the EU's Rules on Jurisdiction and Enforcement of Judgements: From Bilateral Modus to Unilateral Universality?, Yearbook of Private International Law, Volume 14 (2012/2013), S. 1–35.

Ferrari, Franco/*Kieninger*, Eva-Maria/*Mankowski*, Peter/*Otte*, Karsten/*Saenger*, Ingo/*Schulze*, Götz/*Staudinger*, Ansgar (Hrsg.), Internationales Vertragsrecht: Rom I-VO, CISG, CMR, FactÜ, 3. Auflage, München 2018, zitiert als: *Bearbeiter*, in: Internationales Vertragsrecht.

Fötschl, Andreas, Keine Anwendung des Lugano-Übereinkommens für Kläger aus Drittstaaten – Zur Entscheidung des norwegischen Høyesterett in Raffles Shipping v. Trico Subsea AS (Norwegisches Høyesterett, 20.12.2012 – HR-2012-2393-A), IPRax 2014, S. 187–194.

Frau, Robert, Ist das Brexit-Abkommen zu Recht gescheitert?, EuR 2019, S. 502–522.

Fricke, Martin, Neues vom Vermögensgerichtsstand?, NJW 1992, S. 3066–3069.

Fridgen, Alexander/*Geiwitz*, Arndt/*Göpfert*, Burkhard (Hrsg.), BeckOK Inso – mit InsVV und EuInsVO, 19. Edition, München 2020, zitiert als: *Bearbeiter*, in: BeckOK InsO.

Fuchs, Felix, Das Haager Übereinkommen vom 2. Juli 2019 über die Anerkennung und Vollstreckung ausländischer Urteile in Zivil- und Handelssachen, GWR 2019, S. 395–399.

Gebauer, Martin, Drittstaaten- und Gemeinschaftsbezug im europäischen Recht der internationalen Zuständigkeit, ZEuP 2001, S. 943–962.

Geiger, Rudolf/*Khan*, Daniel-Erasmus/*Kotzur*, Markus (Hrsg.), European Union Treaties – Treaty on European Union, Treaty on the Function oft the European Union, München 2015, zitiert als: *Bearbeiter*, in: Geiger/Khan/Kotzur, European Union Treaties.

Geimer, Reinhold, Internationales Zivilprozessrecht, 7. Auflage, Köln 2015, zitiert als: *Geimer*, IZPR.

Geimer, Reinhold, Neues und Altes im Kompetenzsystem der reformierte Brüssel I-Verordnung, in: Adolphsen, Jens/Goebel, Joachim/Haas, Ulrich/Hess, Burkhard/Kolmann, Stephan/Würdinger, Markus (Hrsg.), Festschrift für Peter Gottwald, München 2014, S. 175–187, zitiert als: *Geimer*, in: FS Gottwald.

Geimer, Reinhold, Bemerkungen zur Brüssel I-Reform, in: Geimer, Reinhold/Schütze, Rolf A./Garber, Thomas (Hrsg.), Europäische und internationale Dimension des Rechts – Festschrift für Daphne-Ariane Simotta, Wien 2012, S. 163–186, zitiert als: *Geimer*, in: FS Simotta.

Geimer, Reinhold, Salut für die Verordnung (EG) Nr. 44/2001 (Brüssel I-VO): Einige Betrachtungen zur „Vergemeinschaftung" des EuGVÜ, IPRax 2002, S. 69–74.

Geimer, Reinhold, Ungeschriebene Anwendungsgrenzen des EuGVÜ: Müssen Berührungspunkte zu mehreren Staaten bestehen?, IPRax 1991, S. 31–35.

Geimer, Reinhold, Das Nebeneinander und Miteinander von europäischem und nationalem Zivilprozessrecht, NJW 1986, S. 2991–2994.

Geimer, Reinhold, Zur Rechtfertigung des Vermögensgerichtstands – Kritik der Reformvorschläge, JZ 1984, S. 979–981.

Geimer, Reinhold, Eine neue internationale Zuständigkeit in Europa, NJW 1976, S. 441–446.

Geimer, Reinhold/*Schütze*, Rolf A., Europäisches Zivilverfahrensrecht – Kommentar zur EuGVVO, EuEheVO, EuZustellungsVO, EuInsVO, EUVTVO, zum Lugano-Übereinkommen und zum nationalen Kompetenz- und Anerkennungsrecht, 3. Auflage, München 2010, zitiert als: *Bearbeiter*, in: Geimer/Schütze, EuZVR.

Geimer, Reinhold/*Schütze*, Rolf A., Internationale Urteilsanerkennung, Band 1 – 1. Halbband: Das EWG-Übereinkommen über die gerichtliche Zuständigkeit und die Vollstreckung gerichtlicher Entscheidungen in Zivil- und Handelssachen: Systematischer Kommentar, München 1983, zitiert als: *Bearbeiter*, in: Geimer/Schütze, Internationale Urteilsanerkennung I.1.

Gottwald, Peter, Grenzen zivilgerichtlicher Maßnahmen mit Auslandswirkung, in: Lindacher, Walter F./Pfaff, Dieter/Roth, Günther H./Schlosser, Peter/Wieser, Eberhard (Hrsg.), Festschrift für Walther Habscheid zum 65. Geburtstag: 6. April 1989, Bielefeld 1989, zitiert als: *Gottwald*, in: FS Habscheid.

Grabitz, Eberhard (Begr.)/*Hilf*, Meinhard/*Nettesheim*, Martin (Hrsg.), Das Recht der Europäischen Union, Band 1: EUV/AEUV, 69. Ergänzungslieferung, München 2020; zitiert als: *Bearbeiter*, in: Recht der EU.

Groeben, Hans von der/*Schwarze*, Jürgen/*Hatje*, Armin (Hrsg.), Europäisches Unionsrecht – Vertrag über die Europäische Union, Vertrag über die Arbeitsweise der Europäischen Union, Charta der Grundrechte der Europäischen Union, 7. Auflage, Baden-Baden 2015, zitiert als: *Bearbeiter*, in: Europäisches Unionsrecht.

Grolimund, Pascal, Drittstaatenproblematik des europäischen Zivilverfahrensrechts – eine Never-Ending-Story?, in: Fucik, Robert/Konecny, Andreas/Lovrek, Elisabeth/Oberhammer, Paul (Hrsg.), Zivilverfahrensrecht Jahrbuch 2010, Wien, Graz, 2010, S. 79–95, zitiert als: *Grolimund*, in: Jahrbuch ZVR 10.

Grolimund, Pascal, Drittstaatenproblematik des europäischen Zivilverfahrensrechts, Tübingen 2000, zitiert als: *Grolimund*, DSP.

Grolman, Karl Ludwig Wilhelm von, Theorie des gerichtlichen Verfahrens in bürgerlichen Rechtsstreitigkeiten – Nach d. gemeinen deutschen Gesetzen entworfen von Karl Grolmann, Gießen 1800.

Gruber, Urs Peter, Methoden des internationalen Einheitsrechts, Tübingen 2004.

Hallstein, Walter, Angleichung des Privat- und Prozessrechts in der Europäischen Wirtschaftsgemeinschaft, RabelsZ 28 (1964), S. 211–231.

Hanschel, Dirk, Der Rechtsrahmen für den Beitritt, Austritt und Ausschluss zu bzw. aus der Europäischen Union und Währungsunion – Hochzeit und Scheidung à la Lissabon, NVwZ 2012, S. 995–1001.

Hau, Wolfgang, Gegenwärtigkeitsprobleme internationaler Zuständigkeit, in: Kronke, Herbert/Thorn, Karsten (Hrsg.), Grenzen überwinden – Prinzipien bewahren: Festschrift für Bernd von Hoffmann zum 70. Geburtstag am 28. Dezember 2011, Bielefeld 2011, S. 617–633, zitiert als: *Hau*, in: FS Hoffmann.

Heckel, Martin, Beachtung ausländischer Rechtshängigkeit in Drittstaatenfällen – ein Beitrag zu Art. 34 EuGVO-E, GPR 2012, S. 272–282.

Heidel, Thomas/*Hüßtege*, Rainer/*Mansel*, Heinz-Peter/*Noack*, Ulrich (Hrsg.), Nomos Kommentar: BGB, EGBGB (Band 1), 3. Auflage, Baden-Baden 2016, zitiert als: *Bearbeiter*, in: Nomos Kommentar BGB.

Hein, Jan von, Die Neufassung der Europäischen Gerichtsstands- und Vollstreckungsverordnung (EuGVVO), RIW 2013, S. 97–111.

Heinze, Christian A./*Dutta*, Anatol, Ungeschriebene Grenzen für europäische Zuständigkeiten bei Streitigkeiten mit Drittstaatenbezug (zu EuGH, 1.3.2005 – Rs. C-281/02 – Owusu ./. Jackson u. a.), IPRax 2005, S. 224–230.

Hess, Burkhard, Back to the Past: BREXIT und das europäische internationale Privat- und Verfahrensrecht, IPRax 2016, S. 409–418.

Hess, Burkhard, Binnenverhältnisse im Europäischen Zivilprozessrecht: Grenzüberschreitende v. nationale Sachverhalte, in: Hein, Jan von/Rühl, Giesela (Hrsg.), Kohärenz im Internationalen Privat- und Verfahrensrecht der Europäischen Union, Tübingen 2016, S. 68–89, zitiert als: *Hess*, in: Kohärenz im IPR und IZPR.

Hess, Burkhard, Urteilsfreizügigkeit nach der VO-Brüssel Ia: beschleunigt oder ausgebremst?, in: Adolphsen, Jens/Goebel, Joachim/Haas, Ulrich/Hess, Burkhard/Kolmann, Stephan/Würdinger, Markus (Hrsg.), Festschrift für Peter Gottwald, München 2014, S. 273–281, zitiert als: *Hess*, in: FS Gottwald.

Hess, Burkhard, Europäisches Zivilprozessrecht, Heidelberg, München, Landsberg, Frechen, Hamburg 2010, zitiert als: *Hess*, in: EuZPR.

Hess, Burkhard, Stellungnahme zum Grünbuch KOM (2009) 175 endg. über die Reform der VO Brüssel I, Anhörung im Europaparlament am 5.10.2009, abrufbar unter: http:// www.europarl.europa.eu/document/activties/cont/200910/20091009ATT62257/20091009 ATT62257DE.pdf (abgerufen am 1.5.2020), zitiert als: *Hess*, Stellungnahme zum Grünbuch KOM (2009) 175 endg.

Hess, Burkhard, Die „Europäisierung" des Internationalen Zivilprozessrechts durch den Amsterdamer Vertrag – Chancen und Gefahren, NJW 2000, S. 23–32.

Hess, Burkhard, Der Binnenmarktprozeß – Neuer Verfahrenstyp zwischen nationalem und internationalem Zivilprozessrecht, JZ 1998, S. 1021–1032.

Hess, Burkhard/*Pfeiffer*, Thomas/*Schlosser*, Peter, The Brussels I-Regulation (EC) No 44/2001 – The Heidelberg Report on the Application of Regulation Brussels I in 25 Member States (Study JLS/C4/2005/03), München 2008, zitiert als: *Hess/Pfeiffer/Schlosser*, Heidelberg Report.

Heuck, Jennifer, Die Außenkompetenzen der Europäischen Union nach dem Vertrag von Lissabon, Jura 2013, S. 199–208.

Huber, Peter, Die Haager Konvention über Gerichtsstandsvereinbarungen und das (amerikanische) Ermessen, in: Adolphsen, Jens/Goebel, Joachim/Haas, Ulrich/Hess, Burkhard/Kolmann, Stephan/Würdinger, Markus (Hrsg.), Festschrift für Peter Gottwald, München 2014, S. 283–292, zitiert als: *Huber*, in: FS Gottwald.

Hüßtege, Rainer/*Mansel*, Heinz-Peter (Hrsg.), Nomos Kommentar: Rom-Verordnungen: Rom I, Rom II, Rom III, HUP, EuErbVO (Band 6), 3. Auflage, Baden-Baden 2019, zitiert als: *Bearbeiter*, in: Nomos Kommentar Rom-VO.

Jaeger, Thomas, Einheitspatent – Zulässigkeit der Verstärkten Zusammenarbeit ohne Spanien und Italien, NJW 2013, S. 1998–2001.

Jayme, Erik, Zum Jahrtausendwechsel: Das Kollisionsrecht zwischen Postmoderne und Futurismus, IPRax 2000, S. 165–179.

Jayme, Erik, Das Europäische Gerichtsstands- und Vollstreckungsübereinkommen und die Drittländerproblematik – Das Beispiel Österreichs, in: Schwind, Fritz (Hrsg.), Österreichs Stellung heute in Europarecht, IPR und Rechtsvergleichung, Wien 1988, zitiert als: *Jayme*, in: Europarecht, IPR, Rechtsvergleichung.

Jayme, Erik/*Kohler*, Christian, Europäisches Kollisionsrecht 2005: Hegemonialgesten auf dem Weg zur Gesamtvereinheitlichung, IPRax 2005, S. 481–493.

Jayme, Erik/*Kohler*, Christian, Europäisches Kollisionsrecht 1999 – Die Abendstunde der Staatsverträge, IPRax 1999, S. 401–413.

Jellinek, Walter, Die zweiseitigen Staatsverträge über Anerkennung ausländischer Zivilurteile, Berlin, Tübingen 1953.

Jenard, Paul, Bericht zu dem Übereinkommen über die gerichtliche Zuständigkeit und die Vollstreckung gerichtlicher Entscheidungen in Zivil- und Handelssachen, ABl. EG 1979 C 59, S. 1–65, zitiert als: *Jenard*-Bericht, ABl. EG 1979 C 59.

Junker, Abbo, Internationales Zivilprozessrecht, 3. Auflage, München 2016.

Kaufhold, Ann-Katrin, Gegenseitiges Vertrauen: Wirksamkeitsbedingung und Rechtsprinzip der justiziellen Zusammenarbeit im Raum der Freiheit, der Sicherheit und des Rechts, EuR 2012, S. 408–432.

Kereameus, Konstantinos D., Angleichung des Zivilprozeßrechts in Europa – Einige grundlegende Aspekte, RabelsZ 66 (2002), S. 1–17.

Kindl, Johann/*Meller-Hannich*, Caroline/*Wolf*, Hans-Joachim (Hrsg.), Gesamtes Recht der Zwangsvollstreckung, ZPO, ZVG, Nebengesetze, Europäische Regelungen, Kosten – Handkommentar, 3. Auflage, Baden-Baden 2015, zitiert als: *Bearbeiter*, in: Nomos Zwangsvollstreckung.

Kischel, Uwe, Die Kontrolle der Verhältnismäßigkeit durch den Europäischen Gerichtshof, EuR 2000, S. 380–402.

Kohler, Christian, Staatsvertragliche Bindungen bei der Ausübung internationaler Zuständigkeit und richterliches Ermessen – Bemerkungen zur *Harrods*-Entscheidung des englischen Court of Appeal, in: Ballon, Oskar J./Hagen, Johann J. (Hrsg.), Verfahrensgarantien im nationalen internationalen Prozeßrecht: Festschrift Fran Matscher zum 65. Geburtstag, Wien 1993, S. 251–263, zitiert als: *Kohler*, in: FS Matscher.

Kralik, Winfried, Die internationale Zuständigkeit, ZZP 74 (1961), S. 2–48.

Kropholler, Jan/*Hein*, Jan von, Europäisches Zivilprozessrecht – Kommentar zu EuGVO, Lugano-Übereinkommen 2007, EuVTVO, EuMVVO und EuGFVO, 9. Auflage, Frankfurt am Main 2011.

Kropholler, Jan, Internationales Privatrecht einschließlich der Grundbegriffe des Internationalen Zivilverfahrensrechts, 6. Auflage, Tübingen 2006, zitiert als: *Kropholler*, IPR.

Kropholler, Jan, Internationales Einheitsrecht: Allgemeine Lehren, Tübingen 1975, zitiert als: *Kropholler*, Internationales Einheitsrecht.

Kruger, Thalia, Civil Jurisdiction Rules of the EU and their Impact on Third States, New York 2008.

Krüger, Wolfgang/*Rauscher*, Thomas (Hrsg.), Münchener Kommentar zur Zivilprozessord-nung, Band 3: §§ 946–1117, EGZPO, GVG, EGGVG, UKlaG, Internationales und Euro-päisches Zivilprozessrecht, 5. Auflage, München 2017, zitiert als: *Bearbeiter*, in: MüKo-ZPO.

Krüger, Wolfgang/*Rauscher*, Thomas (Hrsg.), Münchener Kommentar zur Zivilprozessord-nung, Band 1: §§ 1–354, 5. Auflage, München 2016, zitiert als: *Bearbeiter*, in: MüKo-ZPO.

Lappalainen, Juha, Recognition and Enforcement of Foreign Judgments Outside the Scope od Application of the Brussels and Lugano Conventions: Finland, in: Walter, Gerhard/Baum-gartner, Samuel P. (Hrsg.), Recognition and Enforcement of Foreign Judgments Outside the Scope of the Brussels an Lugano Conventions/Reconnaissance et Exécution des Juge-ments Etrangers hors des Conventions de Bruxelles et de Lugano/Anerkennung und Voll-streckung ausländischer Entscheidungen ausserhalb der Übereinkommen von Brüssel und Lugano, The Hague, London, Boston 2000, S. 169–184, zitiert als: *Lappalainen*, in: Re-cognition an Enforcement of Foreign Judgments.

Laugwitz, Helena Charlotte, Die Anerkennung und Vollstreckung drittstaatlicher Entschei-dungen in Zivil- und Handelssachen – Rechtsvergleichende Betrachtung und europäische Regelungsoptionen, Tübingen 2016, zitiert als: *Laugwitz*, Anerkennung und Vollstreckung.

Leible, Stefan, Die Zukunft des Europäischen Zivilprozessrechts, in: Adolphsen, Jens/Goebel, Joachim/Haas, Ulrich/Hess, Burkhard/Kolmann, Stephan/Würdinger, Markus (Hrsg.), Festschrift für Peter Gottwald zum 70. Geburtstag, München 2014, zitiert als: *Leible*, in: FS Gottwald.

Leipold, Dieter, Neues zum Verhältnis zwischen dem Europäischen Zivilprozessrecht und dem einzelstaatlichen Recht – die Bestimmungen der EuGVVO 2012 zur Zuständigkeit für Kla-gen gegen Parteien mit Wohnsitz in Drittstaaten und zur Beachtung der Rechtshängigkeit in Drittstaaten, in: Meller-Hannich, Caroline/Haertlein, Lutz/Gaul, Hans Friedrich/Be-cker-Eberhard, Ekkehard (Hrsg.), Rechtslage – Rechtserkenntnis – Rechtsdurchsetzung: Festschrift für Eberhard Schilken zum 70. Geburtstag, München 2015, S. 353–367, zitiert als: *Leipold*, in: FS Schilken.

Lenz, Carl Otto/*Borchardt*, Klaus-Dieter (Hrsg.), EU-Verträge Kommentar, 6. Auflage, Köln, Wien 2012, zitiert als: *Bearbeiter*, in: EU-Verträge Kommentar.

Linke, Hartmut/*Huu*, Wolfgang, Internationales Zivilverfahrensrecht, 7. Auflage, Köln 2018.

Luginbühl, Stefan/*Stauder*, Dieter, Die Anwendung der revidierten Zuständigkeitsregeln nach der Brüssel I-Verordnung auf Klagen in Patentsachen, GRUR Int. 2014, S. 885–892.

Magnus, Ulrich, Gerichtsstandsvereinbarungen im Vorschlag zur Reform der EuGVO, in: Kronke, Herbert/Thorn, Karsten (Hrsg.), Grenzen überwinden – Prinzipien bewahren: Festschrift für Bernd von Hoffmann zum 70. Geburtstag am 28. Dezember 2011, Biele-feld 2011, S. 664–682, zitiert als: *Magnus*, in: FS Hoffmann.

Magnus, Ulrich/*Mankowski*, Peter (Hrsg.), European Commentaries on Private International Law – ECPIL – Volume I: Brussels Ibis Regulation, Köln 2016, zitiert als: *Bearbeiter*, in: Magnus/Mankowski, ECPIL.

Mankowski, Peter, Die neuen Regelungen über gemeinsame Gerichte in Artt. 71a–71d Brüs-sel Ia-VO, GPR 2014, S. 330–342.

Mansel, Heinz-Peter, Anerkennung als Grundprinzip des Europäischen Rechtsraums – Zur Herausbildung eines europäischen Anerkennungs-Kollisionsrechts: Anerkennung statt Verweisung als neues Strukturprinzip des Europäischen internationalen Privatrechts?, RabelsZ 70 (2006), S. 651–731.

Mark, Jürgen/*Ziegenhain*, Hans-Jörg, Der Gerichtsstand des Vermögens im Spannungsfeld zwischen Völkerrecht und deutschem internationalem Prozessrecht, NJW 1992, S. 3062–3066.

Markesinis, Basil, Rechtsvergleichung in Theorie und Praxis: Ein Beitrag zur rechtswissenschaftlichen Methodenlehre, München 2004.

Marongiu Buonaiuti, Fabrizio, The Brussels I-bis Regulation and Future Perspectives: Lis Alibi Pendens and Related Actions in the Relationships with the courts of Third Countries in the Recast of the Brussels I Regulation, Yearbook of Private International Law, Volume 15 (2013/2014), S. 87–111.

Martiny, Dieter, Handwörterbuch des Europäischen Privatrechts, Stichwort: Rechtshängigkeit, EUP 2009, abrufbar unter: http://hwb-eup2009.mpipriv.de/index.php/Rechtsh%C3%A4ngigkeit (abgerufen am 21.8.2018).

Maunz, Theodor/*Dürig*, Günter (Begr.), Grundgesetz Kommentar, 82. Ergänzungslieferung, München 2018, zitiert als: *Bearbeiter*, in: Maunz/Dürig.

Mayer, Franz D., Die Europäische Union als Rechtsgemeinschaft – Europäische Integration und 70 Jahre NJW, NJW 2017, S. 3631–3638.

McGuire, Mary-Rose, Reformbedarf der Rechtshängigkeitsregel? Ein Überblick über die im Grünbuch zur Brüssel I-VO vorgeschlagenen Änderungen der Art 27 ff EuGVO, in: Fucik, Robert/Konecny, Andreas/Lovrek, Elisabeth/Oberhammer, Paul (Hrsg.), Zivilfahrensrecht Jahrbuch 2010, Wien, Graz, 2010, S. 133–149, zitiert als: *McGuire*, in: Jahrbuch ZVR 10.

Mehren, Arthur von, The Hague Jurisdiction and Enforcement Convention Project Faces an Impasse – A Diagnosis and Guidelines for a Cure, IPRax 2000, S. 465–468.

Musielak, Hans-Joachim/*Voit*, Wolfgang (Hrsg.), Zivilprozessordnung mit Gerichtsverfassungsgesetz – Kommentar, 15. Auflage, München 2018, zitiert als: *Bearbeiter*, in: Musielak/Voit, ZPO.

Nagel, Heinrich, Die Begrenzung des internationalen Zivilprozeßrechts durch das Völkerrecht – zugleich ein Versuch, einige Wechselwirkungen dieser beiden Zweige des Rechts aufzuzeichnen, ZZP 75 (1962), S. 408–446.

Netzer, Felix, Status quo und Konsolidierung des Europäischen Zivilverfahrensrechts, Tübingen 2011.

Netzer, Felix, Krimi, Tragödie und Lehrbuch-Klassiker: Der Fall Krombach, ZJS 2009, S. 752–758.

Neuhaus, Paul Heinrich, Die Grundbegriffe des Internationalen Privatrechts, 2. Auflage, Tübingen 1976.

Neuhold, Hanspeter, Völkerrechtlicher Vertrag und „Drittstaaten", in: Tomuschat, Christian/Neuhold, Hanspeter/Kropholler, Jan (Hrsg.), Völkerrechtlicher Vertrag und Drittstaaten, Heidelberg 1988, zitiert als: *Neuhold*, in: Völkerrechtlicher Vertrag und Drittstaaten.

North, Cara, The 2019 HCCH Judgments Convention: A Common Law Perspective, IPRax 2020, S. 202–210.

Nußberger, Angelika, Das Verhältnismäßigkeitsprinzip als Strukturprinzip richterlichen Entscheidens in Europa, NVwZ-Beilage 2013, S. 36–44.

Overbeck, Alfred E. von, Internationale Zuständigkeit und anwendbares Recht – Verhältnis und Bedeutung ihrer Regelung, namentlich in den neueren Arbeiten der Haager Konferenz für IPR, Schweizerisches Jahrbuch für internationales Recht XXI (1964), S. 25–48.

Pache, Eckhard, Der Grundsatz der Verhältnismäßigkeit in der Rechtsprechung der Gerichte der Europäischen Gemeinschaften, NVwZ 1999, S. 1033–1040.

Palandt, Otto (Begr.), Bürgerliches Gesetzbuch mit Nebengesetzen, 77. Auflage, München 2018, zitiert als: *Bearbeiter*, in: Palandt.

Pechstein, Matthias/*Nowak*, Carsten/*Häde*, Ulrich (Hrsg.), Frankfurter Kommentar zu EUV, GRC und AEUV, Band II (AEUV, Präambel Artikel 1–100), Tübingen 2017, zitiert als: *Bearbeiter*, in: Frankfurter Kommentar.

Piltz, Burghard, Vom EuGVÜ zur Brüssel I-Verordnung, NJW 2002, S. 789–794.

Piltz, Burghard, Die Zuständigkeitsordnung nach dem EWG-Gerichtsstands- und Vollstreckungsübereinkommen, NJW 1979, S. 1071–1075.

Pfeiffer, Max Christoph, Grenzüberschreitende Titelgeltung in der Europäischen Union – Die Wirkungen der Anerkennung und Vollstreckbarerklärung und Vollstreckbarkeit ausländischer Entscheidungen und gemeinschaftsweiter Titel, Berlin 2012, zitiert als: *Pfeiffer*, Grenzüberschreitende Titelgeltung.

Pfeiffer, Thomas, Nascetur ridiculus mus – Haager Gerichtsstandsübereinkommen in Kraft getreten (Teil 1), IWRZ 2016, S. 19–21.

Pfeiffer, Thomas, Nascetur ridiculus mus – Haager Gerichtsstandsübereinkommen in Kraft getreten (Teil 2), IWRZ 2016, S. 69–73.

Pfeiffer, Thomas, Die Fortentwicklung des Europäischen Zivilprozessrechts durch die neue EuGVO, ZZP 127 (2014), S. 409–430.

Pfeiffer, Thomas, Die Vergemeinschaftung des Internationalen Privat- und Zivilverfahrensrechts, in: Müller-Graff, Peter-Christian (Hrsg.), Der Raum der Freiheit, der Sicherheit und des Rechts, Baden-Baden 2005, S. 75–94, zitiert als: *Pfeiffer*, in: RFSR.

Pfeiffer, Thomas, Internationale Zuständigkeit und prozessuale Gerechtigkeit: die internationale Zuständigkeit im Zivilprozess zwischen effektivem Rechtsschutz und nationaler Zuständigkeitspolitik, Frankfurt am Main 1995, zitiert als: *Pfeiffer*, Internationale Zuständigkeit.

Philipps, Günther, Erscheinungsformen und Methoden der Privatrechts-Vereinheitlichung: Ein Beitrag zur Methodenlehre der Privatrechts-Vereinheitlichung unter besonderer Berücksichtigung der Verhältnisse Westeuropas, Frankfurt am Main, Berlin 1965.

Priebe, Reinhard, Brexit: Aufschub und Neuwahlen, EuZW 2019, S. 923.

Queirolo, Ilaria, Choice of Court Agreements in the New Brussels I-bis Regulation: A Critical Appraisal, Yearbook of Private International Law, Volume 15 (2013/2014), S. 113–142.

Rauscher, Thomas (Hrsg.), Münchener Kommentar zum FamFG – Gesetz über das Verfahren in Familiensachen und in den Angelegenheiten der freiwilligen Gerichtsbarkeit (FamFG) mit Internationalem und Europäischem Zivilverfahrensrecht in Familiensachen (IZVR, EuZVR) – Band 2: §§ 271–493, Internationales und Europäisches Zivilverfahrensrecht in Familiensachen), 3. Auflage, München 2019, zitiert als: *Bearbeiter*, in: MüKo-FamFG.

Riezler, Erwin, Internationales Zivilprozessrecht und prozessuales Fremdenrecht, Berlin, Tübingen 1949.

Rauscher, Thomas (Hrsg.), Europäisches Zivilprozess- und Kollisionsrecht – EuZPR/EuIPR – Kommentar, Band I: Brüssel Ia-VO, 4. Auflage, Köln 2016, zitiert als: *Bearbeiter*, in: *Rauscher*, EuZPR/EuIPR.

Rösler, Hannes, Die Europäisierung von IZVR und IPR als Herausforderung für die deutsche Gerichtsorganisation, ZVglRWiss 115 (2016), S. 533–556.

Rühl, Giesela, Im Schatten des Brexit-Abkommens – Perspektiven für das Internationale Privat- und Verfahrensrecht, NJW 2020, S. 443–447.

Säcker, Franz Jürgen/*Rixecker*, Roland/*Oetker*, Hartmut/*Limperg*, Bettina (Hrsg.), Münchener Kommentar zum Bürgerlichen Gesetzbuch, Band 11: Internationales Privatrecht I, Europäisches Kollisionsrecht, Einführungsgesetz zum Bürgerlichen Gesetzbuche (Art. 1–26) (Redakteur: Hein, Jan von), 7. Auflage, München 2018, zitiert als: *Bearbeiter*, in: MüKo-BGB.

Säcker, Franz Jürgen/*Rixecker*, Roland/*Oetker*, Hartmut/*Limperg*, Bettina (Hrsg.), Munchener Kommentar zum Bürgerlichen Gesetzbuch, Band 12: Internationales Privatrecht II, Internationales Wirtschaftsrecht, Einführungsgesetz zum Bürgerlichen Gesetzbuche (Art. 50–253) (Redakteur: Hein, Jan von), 7. Auflage, München 2018, zitiert als: *Bearbeiter*, in: MüKo-BGB.

Saenger, Ingo (Hrsg.), Zivilprozessordnung – Familienverfahren, Gerichtsverfassung, Europäisches Verfahrensrecht, 8. Auflage, Baden-Baden 2019, zitiert als: *Bearbeiter*, in: Saenger.

Samtleben, Jürgen, Internationale Gerichtsstandsvereinbarungen nach dem EWG-Übereinkommen und nach der Gerichtsstandsnovelle, NJW 1974, S. 1590–1596.

Savigny, Friedrich Carl von, System des heutigen Römischen Rechts – Band 8, Berlin 1849.

Schack, Haimo, Das neue Haager Anerkennungs- und Vollstreckungsübereinkommen, IPRax 2020, S. 1–6.

Schack, Haimo, Internationales Zivilverfahrensrecht mit internationalem Insolvenz- und Schiedsverfahrensrecht: Ein Studienbuch, 7. Auflage, München 2017, zitiert als: *Schack*, IZVR.

Schack, Haimo, Wiedergänger der Haager Konferenz für IPR: Neue Perspektiven eines weltweiten Anerkennungs- und Vollstreckungsübereinkommens?, ZEuP 2014, S. 824–842.

Schack, Haimo, Die EG-Kommission auf dem Holzweg von Amsterdam, ZEuP 1999, S. 805–808.

Schack, Haimo, Wechselwirkungen zwischen europäischem und nationalem Zivilprozessrecht, ZZP 107 (1994), S. 279–300.

Schack, Haimo, Perspektiven eines weltweiten Anerkennungs- und Vollstreckungsabkommens, ZEuP 1993, S. 306–334.

Schack, Haimo, Vermögensbelegenheit als Zuständigkeitsgrund – Exorbitant oder sinnvoll?, ZZP 97 (1984) S. 46–68.

Scherpe, Jens M., The Present and Future of European Family Law – Volume IV of European Family Law, Cheltenham, Northampton 2016.

Schlosser, Peter F./*Hess*, Burkhard, EU-Zivilprozessrecht: EuGVVO, EuVTVO, EuMahnVO, EuBagVO, HZÜ, EuZVO, HBÜ, EuBVO, EuKtPVO – Kommentar, 4. Auflage, München 2015, zitiert als: *Bearbeiter*, in: Schlosser/Hess, EuZPR.

Schröder, Jochen, Internationale Zuständigkeit – Entwurf eines Systems von Zuständigkeitsinteressen im zwischenstaatlichen Privatverfahrensrecht aufgrund rechtshistorischer, rechtsvergleichender und rechtspolitischer Betrachtungen, Opladen 1971.

Schulz, Andrea, Die EU und die Haager Konferenz für Internationales Privatrecht, in: Hein, Jan von/Rühl, Giesela (Hrsg.), Kohärenz im Internationalen Privat- und Verfahrensrecht der Europäischen Union, Tübingen 2016, S. 110–144, zitiert als: *Schulz*, in: Kohärenz im IPR und IZPR.

Schwarze, Jürgen/*Becker*, Ulrich/*Hatje*, Armin/*Schoo*, Johann (Hrsg.), EU-Kommentar, 4. Auflage, Baden-Baden 2019, zitiert als: *Bearbeiter*, in: EU-Kommentar.

Schwatang, Friedrich, Gegenseitigkeit und „loi uniforme" in Abkommen zum Internationalen Privat- und Prozeßrecht, Freiburg (Breisgau) 1976.

Sonnentag, Michael, Die Konsequenzen des Brexits für das Internationale Privat- und Zivilverfahrensrecht, Tübingen 2017.

Stadler, Astrid, Das Europäische Zivilprozessrecht – Wie viel Beschleunigung verträgt Europa? Kritisches zur Verordnung über den Europäischen Vollstreckungstitel und ihre Grundidee, IPRax 2004, S. 2–11.

Stein, Andreas, Das Haager Anerkennungs- und Vollstreckungsübereinkommen 2019 – was lange währt, wird endlich gut?, IPRax 2020 S. 197–202.

Streinz, Rudolf (Hrsg.), EUV/AEUV – Vertrag über die Europäische Union und Vertrag über die Arbeitsweise der Europäischen Union, 3. Auflage, München 2018, zitiert als: *Bearbeiter*, in: Streinz, EUV/AEUV.

Spellenberg, Ulrich, Die Vereinbarung des Erfüllungsortes und Art. 5 Nr. 1 des Europäischen Gerichtsstands- und Vollstreckungsübereinkommens, IPRax 1981, S. 75–79.

Szászy, István, International Civil Procedure – A Comparative Study, Leyden 1967.

Terhechte, Jörg Philipp, Strukturen und Probleme des Brexit-Abkommens, NJW 2020, S. 425–430.

Terhechte, Jörg Philipp, Der Vertrag von Lissabon: Grundlegende Verfassungsurkunde der europäischen Rechtsgemeinschaft oder technischer Änderungsvertrag?, EuR 2008, S. 143–190.

Thole, Christoph, Die Entwicklung der Anerkennung im autonomen Recht in Europa, in: Hess, Burhard (Hrsg.), Die Anerkennung im Internationalen Zivilprozessrecht – Europäisches Vollstreckungsrecht, Bielefeld 2014, S. 25–55, zitiert als: *Thole*, in: Anerkennung im IZPR.

Trstenjak, Verica/*Beysen*, Erwin, Das Prinzip der Verhältnismäßigkeit in der Unionsrechtsordnung, EuR 2012, S. 265–285.

Ungerer, Johannes, Brexit von Brüssel und den anderen EU-Verordnungen zum Internationalen Zivilverfahrens- und Privatrecht, in: Kramme, Malte/Baldus, Christian/Schmidt-Kessel, Martin (Hrsg.), Brexit und die juristischen Folgen, Baden-Baden 2017, S. 297–320, zitiert als: *Ungerer*, in: Brexit und die juristischen Folgen.

Vedder, Christoph/*Heinschtel von Heinegg*, Wolff (Hrsg.), Europäisches Unionsrecht: EUV, AEUV, GRCh, EAGV – Handkommentar, 2. Auflage, Baden-Baden 2018, zitiert als: *Bearbeiter*, in: Nomos Kommentar Unionsrecht.

Vorwerk, Volkert/Wolf, Christian (Hrsg.), BeckOK ZPO, 28. Edition, München 2018, zitiert als: *Bearbeiter*, in: BeckOK-ZPO.

Wagner, Rolf, Ein neuer Anlauf zu einem Haager Anerkennungs- und Vollstreckungsübereinkommen, IPRax 2016, S. 97–102.

Wagner, Rolf, Das Haager Übereinkommen vom 30.6.2005 über Gerichtsstandsvereinbarungen, RabelsZ 73 (2009), S. 100–149.

Wagner, Rolf, Die Haager Konferenz für Internationales Privatrecht zehn Jahre nach der Vergemeinschaftung der Gesetzgebungskompetenz in der justiziellen Zusammenarbeit in Zivilsachen – mit einem Rückblick auf die Verhandlungen zum Haager Gerichtsstandsübereinkommen, RabelsZ 73 (2009), S. 215–240.

Wagner, Rolf, Zur Kompetenz der Europäischen Gemeinschaft in der justiziellen Zusammenarbeit in Zivilsachen, IPRax 2007, S. 290–293.

Wagner, Rolf, Zur Vereinheitlichung des Internationalen Privat- und Zivilverfahrensrechts sieben Jahre nach In-Kraft-Treten des Amsterdamer Vertrags, EuZW 2006, S. 424–428.

Weber, Johannes, Universal Jurisdiction and Third States in den Reform of the Brussels I Regulation, RabelsZ 75 (2011), S. 619–644.

Weber, Johannes, Rechtshängigkeit und Drittstaatenbezug im Spiegel der EUGVVO, RIW 2009, S. 620–625.

Weimer, Thomas, Grundfragen grenzüberschreitender Rechtsetzung, Baden-Baden 1995.

Weitz, Karol, Die geplante Erstreckung der Zuständigkeitsordnung der Brüssel I-Verordnung auf drittstaatsansässige Beklagte, in: Geimer, Reinhold/Schütze, Rolf A./Garber, Thomas (Hrsg.), Europäische und internationale Dimension des Rechts – Festschrift für Daphne-Ariane Simotta, Wien 2012, S. 679–689, zitiert als: *Weitz*, in: FS Simotta.

Weller, Matthias, Der Ratsentwurf und der Parlamentsentwurf zur Reform der Brüssel I-VO, GPR 2012, S. 328–333.

Wengler, Wilhelm, Das Bürgerliche Gesetzbuch mit besonderer Berücksichtigung der Rechtsprechung des Reichsgerichts und des Bundesgerichtshofs, Kommentar – Band VI – Internationales Privatrecht, 12. Auflage, Berlin, New York 1981, zitiert als: *Wengler*, in: BGB-RGRK VI.

Wolf, Christian, Renaissance des Vermögensgerichtsstands?, in: Geimer, Reinhold/Schütze, Rolf A./Garber, Thomas (Hrsg.), Europäische und internationale Dimension des Rechts – Festschrift für Daphne-Ariane Simotta, Wien 2012, S. 717–730, zitiert als: *Wolf*, in: FS Simotta.

Zacharakis, Zacharias, „Verlängerung, die dritte?", Zeit vom 22.10.2019, https://www.zeit.de/politik/ausland/2019-10/grossbritannien-brexit-eu-austritt-verlaengerung-faq, abgerufen am 14.1.2020).

Zöller, Richard (Begr.), Zivilprozessordnung mit FamFG (§§ 1–185, 200–270, 433–484) und Gerichtsverfassungsgesetz, den Einführungsgesetzen, mit Internationalem Zivilprozessrecht, EU-Verordnungen, Kostenanmerkungen – Kommentar, 32. Auflage, Köln 2018, zitiert als: *Bearbeiter*, in: Zöller.

Sachverzeichnis

Perrine Angelika Kobsik

Antizipierte Erklärungen in Gesundheitsangelegenheiten im grenzüberschreitenden Verkehr

Eine rechtsvergleichende Analyse der materiell-rechtlichen Regelungen sowie des einschlägigen Kollisionsrechts in Deutschland, Italien, Schottland, England und Wales

Ausgehend von der Darstellung der Grundlagen des Einwilligungserfordernisses zu medizinischen Behandlungen, untersucht Perrine Kobsik zunächst das materielle Recht von Deutschland, Italien, Schottland, England und Wales im Hinblick darauf, wie die medizinisch-therapeutische Selbstbestimmung durch antizipierte Erklärungen nach Art einer Betreuungsverfügung, Vorsorgevollmacht oder Patientenverfügung verwirklicht werden kann.

Anschließend wird die kollisionsrechtliche Behandlung der zuvor dargestellten Rechtsinstitute betrachtet. Die Verfasserin gelangt zu dem differenzierten Fazit, dass sich das anwendbare Recht für Betreuungsverfügungen und Vorsorgevollmachten nach dem Haager Erwachsenenschutzübereinkommen, für Patientenverfügungen dagegen sachgerecht nach der Rom I- bzw. Rom II-VO bestimmen lässt, weshalb hierfür keine neuen Kollisionsnormen geschaffen werden müssten, gleichwohl jedoch eine den Erwachsenenschutz und all diese Erklärungen erfassende europäische Verordnung wünschenswert wäre.

Schriften zum Betreuungsrecht, Band 5
528 Seiten, 2020
ISBN 978-3-428-15732-7, € 109,90
Titel auch als E-Book erhältlich.

www.duncker-humblot.de